The Power of Us

Harnessing Our Shared Identities for Personal and Collective Success

Jay Van Bavel / Dominic J. Packer

私たちは同調する

「自分らしさ」と集団はいかに影響し合うのか

ジェイ・ヴァン・バヴェル
ドミニク・J・パッカー
［訳］渡邊真里

すばる舎

THE POWER OF US:
Harnessing Our Shared Identities to Improve Performance,
Increase Cooperation, and Promote Social Harmony
by Jay J. Van Bavel and Dominic J. Packer

われわれはみな、カメレオンのようなもので、
つねに身近なものから色を取り込む。

——ジョン・ロック『教育に関する考察』

アイデンティティ。それは関心を持つ領域であり、
愛と献身を捧《ささ》げると決めた対象でもある。

——ゼイディー・スミス『Intimations』

はじめに

会場は研究に関する真剣な会話でざわめいていた。そのただなかで私たち2人は特別研究員の大学院生の雑談に加わり、その場に溶《と》け込もうとしていた。私たちは研究室の同僚になったばかりで、お互《たが》いのことをほとんど知らなかった。ジェイはアルバータ州〔カナダ中西部〕出身の垢《あか》ぬけない若者。ドミニクはイングランドのインテリ家庭の生まれで、モントリオールからトロントにやってきた。私たちの関係は数週間前、ドミニクの研究室にある木製の古い予備机をジェイが拝借したときに険悪な始まりを迎《むか》えた。都会のちっぽけなアパートをいささか窮屈《きゅうくつ》に思ったジェイは、アイスホッケー用具の入った、鼻をつく匂《にお》いの巨大なバッグを、風通しの悪い地下2階の共同研究室に持ち込んで保管することにしたのだ。

このバッグのせいで、生まれていたかもしれない友情は凍《こお》りつき、私たちはそれぞれ別個に過ごすようになっていた。だが、大学院生の厳《きび》しい懐《ふところ》ぐあいからすれば、安ワインとタダ飯にありつく機会には抗《あらが》いがたい。しばしのあいだ、私たちのもめごとはひとまず脇におき、神経科学の手法をグループ・ダイナミクス（集団力学）の研究にもちいる利点について議論した。2人とも、人々がお互いに影響を与え合ったり、チームを組んだり、自分たちの偏見と懸命に向き合おうとしたりする際の心理を研究するための新しい手段として、グループ・ダイナミクスをもちいることの可能性に心底《しんそこ》興奮していた。

会場を埋めつくす著名な学者や新進気鋭《きえい》の教授のなかで、私たちの序列はいちばん下だった。だが気にしなかった。トロント大学の心理学科では毎月、他大学から第一線で活躍する話し手を招いて学会を開く。そして、私たちは彼らをランチに連れ出して質問攻《ぜ》めにし、その後、教職員用のラウンジで仕出し料理を囲んで行われる懇親会に参加する機会があった。これは私たちにとって学内で最も刺激的なイベントで、2人とも毎月数時間、これらの儀式に招かれていたからだ。

だが、このときは何かがひどく恐ろしくまちがっていた。

私たちがアイデアを討議しているさなかに、ジェイがチェダーチーズを2～3個、口に放り込んだ。チーズは賽《さい》の目《め》にカットされていた。誰かがウィットに富《と》んだ意見を述べた。そのときジェイはチーズを嚙《か》んでいたのだが、声を上げて笑い、その後のみ込もうとした。だが、うまくいかず、その瞬間チーズが喉《のど》にしっかりつかえてしまった。

会話は続いている。会場の誰一人として、ジェイが突然の災難に顔を赤くして額《ひたい》に汗を光らせていることに気づいていない。会場いっぱいの教授らのなかで気恥ずかしい思いをしたくなかったジェイは、ビールをがぶりと飲んでチーズを流し込もうとした。だが、障害物を取りのぞくどころか事態はさらに悪化し、空気が遮断《しゃだん》されて肺に届かなくなった。

大半の人は、生死に関わるような恐ろしい目に一度や二度は遭《あ》ったことがあるものだ。さしせまった危険に直面すると、私たちの脳は脅威に立ち向かうべく、一連の心理的・生理的な反応を作動させるよう設計されている。心臓はバクバクし、瞳孔《どうこう》はひらき、ホルモンを一気に放出して闘争か逃走の準備をととのえる。そのとき人は、いかにして命を守るかに集中し、世界が縮《ちぢ》んだように見える。

ジェイには、ドミニクや他の大学院生たちが訝《いぶか》しげな顔を自分に向けてくるのが、まるでスローモーションのように見えた。口を利《き》くことができず、首を絞めるようなしぐさで自分の喉をぎゅっと摑《つか》んだ。だが、他の人たちには伝わらず、当惑した目で見るだけだ。背後では、不都合なことなど何もなかったかのように、いくつもの陽気な会話が続いている。

限界が刻一刻と近づいてくる。

ジェイはさっと室内を見まわした。自分を教授陣に印象づけたいと切《せつ》に望んでいる。命に関わる危機に瀕《ひん》してなお助かりたいという欲求と、人前で恥をかくのはごめんだという馬鹿げた思いとの板挟《いたばさ》みになっていた。

突然、ずいぶん前に見た古い安全啓蒙《けいもう》ビデオが脳裏に浮かんだ。それは、アルバータの油田で働いていたあいだに何度も受けた安全講習の一つだった。呼吸が苦しくなったときにトイレのような人目《ひとめ》につかない場所にこもると、たいがい命を落とすことになる。反対に、人目につく空間にいて助けを求めれば、大抵はハイムリック法〔腹部突き上げ法とも呼ばれる応急処置法〕の施《ほどこ》し方を知っている人が誰かしらいて命を救ってくれるというのだ。

ジェイは、数メートル離れたところにいるバーテンダーに目をつけた。この会場にいる数少ない、学界とは無縁な一人だ。この男なら、オードブルで喉をつまらせた学生を救う訓練を受けているかもしれないし、冷静さもそなえているかもしれない。ジェイは、よろめきながらバーカウンターの向こう側に行った。口が利《き》けないので、再度首を絞めるようなしぐさをした。万国共通のこの苦痛のサインをバーテンダーは理解し、ジェイの背後に立つと、鳩尾《みぞおち》のあたりに腕をまわして胴体を数回圧迫《あっぱく》した。

そのころにはもう、教授や他の大学院生たちも、バーカウンターの奥で何か、ただならぬことが起きていると気づいていた。会話は静まり、みな2人の男性を凝視《ぎょうし》していた。

チーズの位置が少しずれ、ジェイはわずかな空気が肺にもどるのを感じた。これ以上恥をかくのはごめんだったので、ドミニクの腕をつかみ、人混みをかき分けて会場をあとにした。ホールを挟《はさ》んで向かいには男性用トイレがある。ジェイはまだ息をするのがやっとで、助けが必要だった。

ここにきて、ドミニクは状況を完全に把握した。サマーキャンプでハイムリック法を学んだことはあるが、もう何年も前のことで、やり方を覚えているかは心許《こころもと》なかった。だが、ジェイの心理学者としての未来と、トイレのなかでさしせまっている死とのあいだにいるのは自分だけだと覚《さと》った。ドミニクは新しい研究仲間の身体に腕をまわした。ためらいがちに腹部を数回圧迫したところでコツをつかんだ。ドミニクが拳《こぶし》でもう一度ジェイの横隔膜《おうかくまく》を突き上げると、チーズがぽんと飛び出し、床《ゆか》を転がった。

ジェイは安堵《あんど》の、長く、深い感謝のこもった息を吐《は》いた。

私たちは互いに見つめ合った。

この死と隣り合わせの経験をした直後の私たちの反応は、これ以上ないほどちがっていた。トイレを出入りする教授たちが怪訝《けげん》な顔をこちらに向けるなか、ジェイはこの状況の滑稽《こっけい》さに大笑いした。ワインとチーズのせいで死ぬなど、真面目《まじめ》に考えるのも馬鹿らしい。ジェイは皿が空《から》になる前に会場へもどって、ワインとチーズをもう少し口にしたいようすだった。

一方、ドミニクはつい先ほどのできごとの重大さに驚き、動揺していた。ジェイがまたチーズをつまもうとするのを見るのだけはごめんだった。

だが、このときのストレスは、私たちに感情を共有させ、深い影響をおよぼした。この衝撃的で、いくぶん屈辱的でもある一件は、私たち2人が科学者チームとなる道を歩む出発点となった。私たちはもはや、地下の狭い研究室で互いに我慢し合うだけの2人ではない。学会で死と隣り合わせの経験を共有したことで結びついた、柔軟性のある若い科学者の2人組だ。

その後数週間で、私たちは以前よりひんぱんに研究について話し合うようになった。悪臭を放つアイスホッケーの用具を入れたバッグが、2人のあいだに立ちはだかることはなくなった（とはいえ、最終的にジェイがもっと広いアパートに引っ越してバッグを持ち去ると、ドミニクは内心、胸をなでおろした）。ほどなくして私たちは、ともに持ち寄ったアイデアを展開し、実験を考案し、データを分析するようになっていた。研究室の他の仲間たちはきっと、えんえんと続く私たちの冗談にうんざりしていたことだろうが、私たちは窓のない生活を楽しんでいた。

あの恐ろしい窒息事件をきっかけにして生まれた私たちの絆《きずな》は、在学期間を通していっそう深まり、2人がオハイオ州立大学の博士課程を修了し、その後、アメリカ東海岸の大学の教授職に就《つ》いてもなお続いた。私たちはともに社会心理学者の、より一般的に言えば、科学者のコミュニティに参加した。やがてほんの数週間ちがいで、すばらしくも疲労困憊《こんぱい》する育児の世界に参入し、そして今、私たちは本の共著者となった。これらのすべてが私たちのアイデンティティの中心をなすものだ。

私たちは社会心理学者として、所属する集団がいかにしてその人の自意識の一部となるか、さらには、そうしたアイデンティティがいかにして世界のとらえ方、感じ方や信じる対象、そして意思決定の仕方に本質的な影響を与えているかを研究している。本書はそれらについて述べている。

本書では読者とともに、共有されたアイデンティティの力学について探求していく。社会的アイデンティティを発達させる要素は何か？　集団の一員であるという観点で自身を定義するとき、何が起こるか？　そして、私たちの研究室で生じたように、共有されたアイデンティティはいかにしてパフォーマンスを高め、協力関係を強め、社会的調和を促進するか？　といったことなどだ。

本書では、この「私たち」という意識に内在する力を探求していく。アイデンティティの力学が人間の生活の大部分を理解するうえで、いかに重要であるかを説明する。哲学者アリストテレスは、

「自分自身を知ることは、すべての知恵の始まりである」という有名な言葉を残している。だが私たちは、そうは思わない。本当の意味で自分自身を知るというのは、自分は何者か？　という不変で揺るぎない本質的な自分を突き止めようとすることではない。自分自身を知るとは、むしろ、その人がきっちりと組み込まれた社会によって自身のアイデンティティがいかに形成され、変化させられるのか、ひいては、あなたが周囲の人のアイデンティティをどう形成しているのかを理解することだ。

アイデンティティがいかに作用するかを理解することで、ある種特殊な知恵を身につけられる。それは、あなたに影響をおよぼす社会的な力を見きわめ、理解し、ときにその力に抵抗する能力だ。また、所属する集団に影響をおよぼす手段も与えてくれるだろう。そして何より、あなたはそれによって効果的なリーダーシップを発揮し、集団思考に陥《おちい》ることを回避し、協力をうながし、差別と闘う術《すべ》を身につけることができる。

私たちの目的は、アイデンティティについてより深く理解してもらい、人々が「私は何者なのか？」という問いを発展させて「私はどうなりたいのか？」を自問できるようになってもらうことである。

『私たちは同調する』＊もくじ

。本文中の〔 〕内の割注、および［ ］内の補足的文言は訳者および編集部によるものです。

1

「私たち」の力

The Power of Us

ヘルツォーゲンアウラッハは南ドイツののどかな町で、その名は町の中央を貫流するアウラッハ川に由来する。この川は、かつて激しく張り合う2つのライバルを隔《へだ》てる境界線の役を果たした。長い争いの物語は、その多くがそうであったように、2人の兄弟から始まった。兄ルドルフ（ルディ）と弟アドルフ（アディ）のダスラー兄弟は製靴《せいか》業者で、第二次世界大戦前は手をたずさえて事業を営《いとな》んでいた。母親の洗濯《せんたく》室でほそぼそと始めたのだが、やがてダスラー兄弟商会を創設し、スポーツシューズの製造に特化する。

陸上競技のスター選手でアフリカ系アメリカ人のジェシー・オーエンスが1936年のベルリンオリンピックで履《は》いたシューズは、ダスラーの工場がつくったものだった。ドイツ総統アドルフ・ヒトラーは無念きわまりなかっただろうが、オーエンスは4種目で金メダルを獲得。そのときに履いていたのがダスラー兄弟のシューズである。この金メダルによって兄弟は世界的に知られることとなり、売れ行きは爆発的に増加した。

どういう経緯《いきさつ》で兄弟の対立が始まったのか、正確なところは誰も知らない。だが一説によれば、その引き金となったのは１９４３年の空爆だったという。ルディ一家の避難していた防空壕《ごう》にアディ夫妻が逃げ込み、アディが「まただ。汚《きたな》いろくでなしの奴《やつ》らめ」と吐き捨てた。おそらく連合国側の戦闘機に向けて言ったのだろうが、ルディはその言葉を自身と家族に向けられた侮辱《ぶじょく》の言葉と捉《とら》えたようだ。

戦後に本格化したアディとルディの内輪もめは、何十年にもわたって郷里の町を煽《あお》り立て、分断することになる。ダスラー兄弟商会はもはや存続不可能だった。１９４８年に２人は事業を分割し、ヘルツォーゲンアウラッハは世界最大の靴メーカー２社の本拠地となった。川を隔てた両岸をそれぞれのブランドへの忠誠心が支配した。

現在、合わせて何百億ドルもの企業価値を持つ、この製靴業界の巨大企業２社は、町を二分する不倶戴天《ふぐたいてん》の敵となった。争いは社員やその家族にも波及した。町の住民はアディ派かルディ派かで、まっぷたつに割れた。町を歩けば、互いの靴を見下ろして、話している相手が自派の一員であることを確かめた。かくしてヘルツォーゲンアウラッハは「首の曲がった町」として知られることになった。

バーバラ・スミットが著書『アディダスVSプーマ　もうひとつの代理戦争』（２００６年、ランダムハウス講談社）で書いているが[1]、２派に分かれた町のそれぞれに自派のパン屋、レストラン、商店があり、相手側の住民がうっかりまちがって入ってくると、接客を拒否した。家族は引き裂かれ、以前親しくしていた隣人は敵となった。企業を跨《また》いでの交際も結婚も阻止《そし》された。この緊張はダスラー兄弟の死後、ようやく和《やわ》らぎ、両社の競争は、もっとまともにビジネスとサッカー場に集中している。だが、兄弟の反目《はんもく》は、文字どおり墓場まで持ち越された。アディとルディは町にある墓地の両端に埋葬されているのだ。[2]

ダスラー兄弟が創設した2社は生き存《なが》らえた。アディが創設したアディダス、ルディが創設したプーマは、いずれも広く知られている。ヘルツォーゲンアウラッハの市長は近年こう語っている。「おばがプーマ派だったため、私もプーマファミリーの一員でした。全身をプーマで固めた子どもの一人だったのです。お笑い種《ぐさ》ですが、当時は『きみはアディダス。私はプーマ。だって私はプーマ一家』というジョークがあったほどです」。アディとルディの死、そして何十年にもおよぶ対抗心ののち、2009年、アディダスとプーマ両社の社員がサッカーの親善試合を行い、世代を超えた確執《かくしつ》にようやく終止符を打った。

ダスラー兄弟が口火を切り、長年繰《く》り広げられたこの激しい抗争で興味ぶかいのは、その原因が町を二分するほど重要だとはとうてい考えられないことである。この争いは政治や宗教に関するものではない。土地や金、イデオロギーをめぐるものでもない。靴をめぐる、より正確にいえば、靴を起因として対立するアイデンティティをめぐる争いである。この社会的アイデンティティはひとたび形成されると、社員とその家族、さらには後の世代までもがどこに住み、どこで食事をし、どこで買い物をするかを決めるほど強い支配力を持った。

だが、いちばんの問題は、ダスラー兄弟はなぜ靴をめぐって内紛を始めることになったのかではない。だいたい兄弟というのはカインとアベル以来、最も嫉妬《しっと》ぶかいライバル関係となるものだ。問題は、なぜ誰も彼もがその争いに加わったのかだ。どうして、町の住民たちまでがたちまち一方の側に肩入れしたのか。

飛行機のなかの心理学

旅行中、機内の狭い座席に荷物と自分自身を押し込むと、感じのいい見知らぬ乗客と言葉を交《か》わすことがあるだろう。そのおしゃべりは、大抵は決まり切ったものだ。「どちらから？」、「なぜダラスに？（あるいはポートランドに、シドニーに、台北《タイペイ》に）」というパターンで進み、そしてもちろん「お仕事は？」とくる。

「ああ、ええと、心理学者をしています」

この答えは十中八九、同じ反応を引き起こす。「おっと、では今あなたは、私の分析を？　私が何を考えているか、わかりますか？」

大抵は笑って、「いえ、ご心配なく。私はその手の心理学者ではないんです」と受け流すが、ときたま面白《おもしろ》半分で分析しようとすることもある。

私たちは社会心理学者、より具体的にいえば、社会的アイデンティティを研究する心理学者であり、人が帰属意識を持つ集団が、その人の自意識や、周囲の認識や理解の仕方、意思決定の仕方にどのように影響するかを研究している。

同乗者を分析するとしたら、他分野の心理学者は、私たちとは異《こと》なる質問をするだろう。臨床心理学者なら、不安感や憂鬱《ゆううつ》感、精神疾患の家族歴について尋《たず》ねるだろうし、古いタイプの臨床精神科医なら、あなたが見た夢や、母親との関係を尋ねるかもしれない。パーソナリティ心理学者なら、ビッグファイブ（5大因子）と呼ばれる性格特性にしたがって、外向性、誠実性、経験への開放性のレベルを測定するかもしれない。また、兄弟姉妹のなかで第何子か、人生で最も影響を受けた体験は何かを尋ねる心理学者もいるだろう。

私たち社会心理学者は、所属する集団について尋ねる。**所属していることを誇りに思うのはどの集団か？　所属していることをひんぱんに意識するのはどの集団か？　あなたの待遇に影響するのはどの集団か？　連帯感を感じるのはどの集団か？**　などだ。

これらの問いに対する答えが、その人を知る有益な手がかりを与えてくれる。おそらく、あなたはこれらの集団の規範に従い、その伝統を尊重し、そのシンボルを誇らしく感じる傾向にあるだろう。また異議を申し立てたり、忌憚《きたん》のない意見を述べたりするのも、おそらくその集団にいるときだろうと推測できる。これは意外に思われるかもしれないが、何かに反論したりするのは大変なことなので、人は心から大事に思う集団内にあってこそ、あえて異議を唱《とな》えるものなのだ。

また、多くの人は集団の仲間に好意を持ち、信頼をおき、必要とあらば、仲間のため喜んで自らの資源や幸福を犠牲にすると私たちは考えているし、自分の集団の一つに手強《てごわ》いライバルが現れた場合、そのライバル集団のメンバーに人がどんな感情を向け、どんな態度に出るかも私たちは予測できる。さらに、大切な集団が不当な扱いを受けているとあなたが感じていることがわかれば、あなたがその後に何を提案し、どのような運動に参加する可能性があるのか、誰のために戦うのかもかなり正確に把握できる。

もちろん、あなたはそれだけの人間ではない。だが、高度3万フィート〔約９０００メートル〕の上空で、見知らぬ同乗者にこれ以上の分析は望めない。

旅先でこの種の会話をすると、束《つか》の間《ま》、小さな絆《きずな》が生まれることもあるが、それ以上に発展することはほとんどない。たとえば、その絆がアイデンティティの一部となることは、ほぼない。

本書では、いかにして集団が実際に私たちのアイデンティティの一部となるのかについて、さまざまに言及していく。その前に、「集団」が何を意味するのかを明らかにしておく必要がある。同じ飛行機に乗り合わせた50人とか１５０人というのは、集団ではない――少なくとも、心理学的には集団ではない。しばし狭苦《せまくる》しい空間と、よどんだ空気と、食欲をそそらない機内食を共有する人々の、ただの集まりだ。彼らには連帯感や集団意識、絆で結ばれている感覚はない。したがって、乗客として意味のある社会的アイデンティティは持っていない。

大半のフライトはこんなふうにして、ただ過ぎていく。乗務員どうしは一つの集団であり、ともに旅する家族や同僚のような一体感を共有していることだろう。だが、乗客は大抵はそうではない。とはいえ、状況によっては、ほんの一瞬とはいえ、集団としての連帯感が芽生《めば》えることもある。

数年前のある嵐の夜、ドミニクは仕事からの帰途、アメリカ東海岸上空を飛行していた。コミューター機の小さな窓からは、雷雲が連《つら》なっているのが見えた。塔《タワー》のように発達したその巨大な黒雲は、数秒ごとに稲妻《いなずま》が走るたびに不気味な輝きを発していた。機体は雲のあいだを縫《ぬ》って北上を続けた。小型のコミューター機はガタガタと揺れ動き、揺さぶられ、ギシギシと不吉な音を立てていた。「当機は、ただいま乱気流のなかを通過しております」とパイロットの雑音まじりのアナウンスが響く。「しかし、安全性に問題はないと思われますので、ご安心ください」

問題はないと思われる、という言葉に説得力はなかった。乗客たちは不安そうな面持ちで顔を見合わせ、ざわつきはじめる。激しいエンジン音が響くなか、乗客たちは過去に経験した嵐のなかのフライトについて語り、絶対に大丈夫だと声をかけ合う。そのとおりになった。飛行機はやがて嵐を脱出し、定刻どおりに無事着陸した。

だが、乗客の心理は通常とは異なっていた。飛行のあいだずっと共通の体験をしたことで、一時的に集団としての絆と共同体意識が生まれたのだ。乗客は精神的な重圧のかかる特殊な状況をともに乗り越えた。機体が着陸したとき、誰もが拍手喝采《かっさい》した。しばらくのあいだ彼らはともに、あるアイデンティティを共有していたのだ。

本章では、今後の章の基礎となるアイデンティティの原理についていくつか述べていく。その一つは、私たちは、強力で、意味ぶかく、長期にわたる永続的な社会的アイデンティティを持つが、人間の心理にはまた、束の間の連帯のなかで互いにつながり合うレディネス〔心理学の用語で、「準備ができている状態」のこと〕があるというものだ。たとえば、同僚に応急処置を施《はどこ》すとか、飛行機が無事着陸するようにと願うというような状況によって、他者との一体感が形成されることがある。さまざまな状況が重なって、他者と体験や特性を共有しているのだと気づかされたとき、一連の心理プロセスにギアが入って、自分が集団の一員であるような気になる――否《いな》、実際に一つの集団になってしまうのだ。

この集団を志向する心理の影響力は絶大である。私たちの社会的アイデンティティは、団結を生み出す強力な基盤となる。だが、「首の曲がった町」で見たように、深刻な分断を生む原因にもなりうるのだ。

社会的真空状態

集団と集団が対立する理由を網羅《もうら》したリストをつくったとしたら、それは厖大《ぼうだい》なものになる。土地、石油、食料、財宝、水などの稀少資源をめぐる競争。信仰、神、聖地をめぐる争い。軽視された、侮蔑《ぶべつ》されたといった心のわだかまり。富《とみ》や名声、世間からの好意的な評価を求める名誉欲の強い指導者。誤解、勘ちがい。未知なるものや他者への恐怖。地位や栄光を誇る権利、そして権力をめぐる闘争。

どんなものでも集団間の対立を引き起こす引き金となりうるようだ。結局のところ、靴でさえも。「首の曲がった町」のように、集団的アイデンティティの基盤や集団的アイデンティティをめぐる対立は部外者からすれば些細《ささい》なものかもしれないが、集団のメンバーにとっては深い意味がある。靴は人々を団結させるには取るに足らないものに見えるかもしれないが、こうした一見恣意《しい》的なものが、いかにしてアイデンティティの強固な基盤となりうるのか、そのことを理解するために、私たちが心理学史上きわめて重要であると考える研究にふれておく必要がある。

それは「最小条件集団研究」である。これは、もとはといえば単なる対照条件をつくるために始まったものだ。

ある集団と別のある集団は互いに嫌悪《けんお》感をいだいたり、差別したり、危害を加えたいとまで思うことがあるが、そこには多くの要素がからみ合っている。たとえば稀少な資源をめぐる対立には、否定的なステレオタイプや力の差がからんでいるかもしれない。それらが指導者によって、さらなる対立を生むレトリックで煽《あお》り立てられたり、数十年前、数百年前の争いの記憶によって強められたりする場合もある。他にもありとあらゆる要素が独自にからみ合い、集団間の対立に発展するのである。

社会科学者は集団間の関係の根底にあるダイナミクスについて手がかりを得るために、化学者が化合物の特性をより深く理解する目的でその物質を単離《たんり》する〔特定の物質をとりだす〕ように、さまざまな要因を一つひとつ切り離して個別に研究できれば、と考えている。だが、現実に存在する、たとえば宗教的、民族的、政治的な集団どうしの対立では、個々の要因は同時に発生しているため、それらを単離するのはきわめて難しい。そうした要因はからまり合って、ひとかたまりになっていることが多いのだ。

この問題を解決して対立の原因を探るため、ブリストル大学のヘンリー・タジフェルとその共同研究者たちは、ある名案を思いついた。科学者は化合物を単離するために密閉された真空空間をつくるが、タジフェルらはその論理をもちいて、一種の社会的真空をつくる方法を編み出した。集団間の対立に関係する要因であるステレオタイプ、資源の差、侮辱的な言動などといったあらゆる要因を排除し、「集団間」という最低限の文脈だけを残した。つまり、2つの集団は存在するが、一般的に差別や対立を生む要因はいっさい含まれない状態である。

こうした鍵《かぎ》となる要因をすべて取りのぞいて社会的真空をつくり出し、さまざまな要因をゆっくりと加えていくことで、何が差別や対立を生み出すのかを見ることができる。ここに資源をめぐる競争をひと振り、ここにステレオタイプをひとしずく、といったぐあいに加えていくことで、それぞれの要因が集団間の関係にどう影響するかを研究できるのだ。

真空をつくるためには、すでに現実に存在している集団は利用できない。そうした集団はある程度、心理的な思い込みを持っているからだ。研究者は、被験者を任意の、かつ実質的に何ら意味のない基準において新しい2つの集団に分けた。[3] ある研究では、被験者は画像に描かれた点の数を推測し、それにもとづいて「過大評価者」か「過小評価者」に分けられたと伝えられた。また別の研究では、被験者はパウル・クレー〔日本でも人気のあるスイス出身の画家〕とワシリー・カンディンスキー〔ドイツやフランスなどでも活躍したロシアの画家〕のどちらの抽象画を好むかでグループ分けされた。だが、このグループ分けは実際には被験者の推測や好みとは無関係だった。「過大評価者」集団のメンバーが本当に点を多く見積もったり、「クレー派」集団のメンバーが必ずしも《さえずり機械》（こちらは実際にクレーが描いた有名な作品名）を好んだりするわけではなかった。いずれの場合も研究者は偶然にまかせ、いわばコインを投げてグループ分けをしたからだ。こうして、実際に推測した点の数や絵画の好みが、被験者の内集団（自身の所属する集団）と外集団（それ以外の集団）への接し方にいっさい関係しないようにしたのだ。

これらの実験の被験者はその後、内集団（たとえばクレー派）と外集団（たとえばカンディンスキー派）のメンバーに資源を分配するよう指示された。いくつかの研究では、被験者は匿名《とくめい》の内集団メンバーと匿名の外集団メンバーへの報酬の分配をまかされた。研究者は社会的真空を可能なかぎり維持し、参加者が完全に互いに関係を持たないようにした。互いを知り合う時間や個人的なつながりを築く機会はなく、資源をめぐる競争も起きない。そこにあるのは、ただ「私たち」と「彼ら」、2つの最小条件集団だった。

被験者の意思決定はゼロサムではなかった。ここが重要なところで、こうすれば一方の集団の報酬を増やしたからといって、もう一方の集団の報酬を減らすことにはならない。さらに、被験者の意思決定は彼ら自身の成果に直接影響しない、すなわち、どのようにふるまおうと、被験者の個人的な利益は増減することがないというわけだ。

研究者は、これで優《すぐ》れた対照条件をつくれるだろうと考えた。集団間の差別要因になりうる要素をおそらくすべて排除したこの状態は、2つの集団どうしで協力し合うための盤石《ばんじゃく》な基礎であると思われた。一度この状態が確立されれば、その後の実験で集団間の対立を生むさまざまな要因を体系的に追加していくことで、厳密に問題を特定できる。だが、その結果は、研究者自身にとって驚くべきものだった。

最小条件集団を構成する人々は、集団間バイアスがないどころか、一貫して自分が所属する集団をひいきしたのだ。コイン投げでたまたまカンディンスキー派だと伝えられた人々は、カンディンスキー派の仲間にクレー派より多くの資源を割り当てた。クレー派と伝えられた人々もまた、自身の集団により多くの資源を割り当てていた。

驚くことに、なかには集団間の差を**最大化**する人々もいた。彼らは外集団のメンバーの報酬を減らすためならば、たとえ内集団の報酬を減らしてでも、その差を最大化した。

研究者は、ステレオタイプ、資源をめぐる対立、身分の差など、考えられる差別要因をすべて取りのぞいたはずだった。それなのに、何が残っていたのだろうか？　社会的真空に残されていた何によって、このきわめて任意で意味を持たない集団の人々が、これほどあからさまな選好を示すようになったのだろうか。

タジフェルらが出した答えは、**社会的アイデンティティ**だった。[4]他の集団でなくこの集団に分類されたという、ただそれだけの事実が、集団への帰属意識と個人の自意識を結びつける、じゅうぶんな理由になったのだ。人々は実験室に座っていただけなのにもかかわらず、自分自身を妙な資源分配実験に参加した公正なオブザーバーとしてではなく、意味と価値を持つ実際の社会的集団の一員として考えたのだ。社会的真空状態のなかでさえ、ただ同じ集団に属していると信じるだけで、名前も知らない他人と一体感を共有した。被験者は意味と価値のあるアイデンティティを持ちたいという動機を実現するために、その状況のなかでの唯一の行動をとった。それが、外集団よりも多くの資源を内集団に割り当てるという行動だ。彼らは自身の真新しいアイデンティティがポジティブで独特なものであることを確実にするために動いた。そうすることで、個人としての明らかな利益は生じないにもかかわらず、集団の利益を促進し始めたのだ。

これに類する実験は世界じゅうで行われ、「私たち」という感覚の共有が、他者への配慮、認知、記憶、また共感やシャーデンフロイデ（schadenfreude〔ドイツ語からの借用語で、不幸（シャーデン）と喜び（フロイデ）を合成した語〕。他人の苦悩を知って喜ぶ意地悪な感情）といった感情など、心理的プロセスのあらゆる作用にどのような影響をおよぼすかが研究されてきた。

その後の研究により、人が（最小条件集団であれ、現実の集団であれ）ある集団に加わり、一体感を持った際に生じるバイアスは、外集団への嫌悪より内集団への愛着に強くあらわれることが証明されている。つまり、人は通常、自身の所属する集団のほうを好ましく思うが、それは必ずしも外集団を嫌ったり、害をおよぼしたいと思うということではない。たとえば、最小条件集団のメンバーが外集団に好ましくない結果をもたらすよう指示された場合、内集団への選好傾向は減少する。彼らは特に外集団に害を与えたいとは思っていないのだ[5]。

私たち自身が実施した最小条件集団に関する研究でも、人は自然と内集団のメンバーに肯定的な感情をいだき、外集団には中立的な感情を持つことがわかっている。[6] もちろん、集団と集団の関係が険悪になることはある。屈辱的なステレオタイプ、煽動的《せんどうてき》な演説、資源の奪い合いなどがからむ場合はなおさらだ。本書ではこうしたグループ・ダイナミクスについて考察するとともに、最小条件集団に関する私たち自身の研究についても、くわしく説明する。

人は任意の集団に分類されることで脳の活動パターンが直《ただ》ちに影響を受け、他者への見方が変わること、少なくとも一時的に人種的な偏見が覆《くつがえ》ることを私たちは理解している。最小条件集団研究によって私たちの作業は大いに刺激され、人間のアイデンティティの本質理解も根本的に変化した。また、本当の意味での社会的真空状態は存在しないことも明らかになった。さまざまな意味で、集団の心理は人間にとって自然な状態なのだ。

アイデンティティの変容と目的の変化

人は自己を省《かえり》みることができるようになってからというもの、自己の本質について考えてきた。自己を持つとはどのようなことか？　その目的は何か？　あるとき万物の存在に疑いを持った哲学者ルネ・デカルトは、自己とは、そこから他のすべてのものが存在することを推論できる確実な点だと考え、「我《われ》思う、故《ゆえ》に我在《あ》り」という言葉を残した。哲学者ダニエル・デネットが、自己を「物語の重心」と表現しているのも印象ぶかい。言い換えれば、私たちは自分自身の物語の中心にいるということだ。

だが、最小条件集団研究により、この重心、つまり人の自意識は、つねに同じ位置にあるわけではないことが明らかになった。人はコイン投げによって選ばれた集団にあっても、わずか数分でまったく新しいアイデンティティを構築する。自意識はさまざまなアイデンティティのあいだを次々と移動する。そしてこの動きこそが、人がどのように世界をとらえ、理解し、意思決定を行うかに結果的に影響を与えている。

一人の人間のアイデンティティ、つまりその瞬間瞬間に活性化している自意識は、通勤途上の車中で渋滞に苦々しい思いをする自己から、会社の代表として電話会議に出席する自己、またはある政党の支持者として、ソーシャルメディアでニュースについて議論する自己、テレビで試合観戦をするスポーツファンとしての自己、そして、その日の終わりには誰かの恋人である自己など、数時間のうちに変化しているものだ。一人の人間のなかにこれらすべてのアイデンティティが存在しうるし、さらに多いこともある。

「自己の重心」が移動し、いずれかのアイデンティティが活性化されると、私たちを動機づける目標や誰に関心を持つかも同じように変化する。より一般的にいえば、アイデンティティが個人のレベルから社会的、集団的なレベルの自己へと拡大するにつれて、自己利益の範囲のなかに他者が含まれるようになる。「**私**《アイ》」は「**私たち**《ウィー》」に、「**私に**《ミー》」は「**私たちに**《アス》」に、「**私のもの**《マイン》」は「**私たちのもの**《アウワーズ》」になるのだ。

こうした動機づけの変化は、社会心理学者のデイビッド・デ・クレマーとマルク・ファン・ヴュットによる実験で巧《たく》みに説明されている。[7] 彼らはまず「社会的価値志向性」と呼ばれる概念にもとづいて大学生を分類した。社会的価値志向性とは、意思決定を行うときに、自分と相手の利益をそれぞれどの程度考慮する傾向があるかを示すものだ。あなたと相手が異なる金額となるよう報酬を分け合う場合に、あなたはどのように分配するだろうか。そのつど選択がせまられる。あなたは自分の利益を最大にしようとするだろうか？　相手の利益に貢献するだろうか？　それとも、自分と相手との差を最大にしようとするだろうか？　これが社会的価値志向性を測る方法である。

例を出そう。次の選択肢のうち、どれを選ぶか想像してほしい。

選択肢Ａでは、自分と相手がそれぞれ５００点ずつ獲得できる。

選択肢Ｂでは、自分が５６０点、相手が３００点獲得できる。

選択肢Ｃでは、自分が４００点、相手が１００点獲得できる。

あなたならどれを選ぶだろうか。

つねに選択肢Ａのような配分を選ぶのであれば、あなたは**協力的**／**向**《こう》**社会的**（プロソーシャル）**志向**を持っている。この選択肢は成果が公平に配分されているからだ。選択肢Ｂのような選択を好むのなら、より**個人主義的志向**を持っている。この選択肢は相手の利益に関係なく、自身の成果を最大化しようとしているからだ。最後に、選択肢Ｃを選ぶ傾向にあるあなたは、**競争的志向**を持っている。この配分は、自分と相手の成果の差を最大化しているからだ。これは「首の曲がった町」

でアディとルディを、少なくともお互いに対して駆《か》り立てることになった志向である。

このケースで研究者は、個人主義的志向のある人と競争的志向のある人をいずれも**向自己的**（プロセルフ）というカテゴリーに分類し、**向社会的**な人たちと比較した。被験者の社会的価値志向性を特定したうえで、彼らの自己概念のどの側面が最も顕現化《けんげんか》あるいは活性化するか一時的に操作できるよう、実験を考案したのだ。まず、大学生としてか、個人としてか、いずれかのアイデンティティが強調される課題を無作為に被験者に与えて完了させる。それから、ある経済ゲームをしてもらい、同じ大学の集団にどれだけすすんで貢献しようとしたかを測定した。

この経済ゲームは、集団にとって最善の選択をするには、ある程度個人を犠牲にしなければならないように構成されていた。よって、集団に利益を多く割り当てるよう選択すれば、自分の割り当ては少なくなる。予想どおり、向社会的と分類された人たちは一貫して気前の良い行動を取った。大学生としてのアイデンティティが活性化しているか否かにかかわらず集団に貢献し、ほぼ90パーセントの割合で実際のお金を寄付していた。だが、社会的価値志向が向自己的な人たちはそうではなかった。想定されたように、彼らは個人のアイデンティティが強調される課題を受けた場合、向社会的な人たちと比べて気前が良くなかった。このとき集団に貢献した割合はわずか44パーセントと、向社会的な人たちの半分だった。

だが、向自己的な人たちの場合でも、大学生という社会的アイデンティティが強調されると、このパターンは完全に変化した。向自己的な人たちのアイデンティティが一時的にでも集団の一員として定義されると、彼らの気前の良さはほぼ倍増し、79パーセントの割合で集団に貢献した。これは向社会的な人たちとほぼ変わらない。

この結果から推測できる事実は重大だ。向自己的な人たちが奇跡的に利己的ではなくなったとは考えにくい。それよりも、彼らの利己的な動機が、一個人から集団そのものに変わったと考えるのが自然だ。これは社会的アイデンティティに見られる特徴の一つである。社会的アイデンティティは目的を変化させ、利己的な人たちにさえ向社会的な行動を取らせることがあるのだ。

アイデンティティの多面性

ぼくは矛盾しているか？
それでいい、ぼくは自分に矛盾する
(ぼくは大きい、ぼくはたくさんのものを含んでいる。)

――ウォルト・ホイットマン「ぼく自身の歌」

私たちが描いているのは、アイデンティティの動的で多面的な有《あ》り様《よう》だ。しばしば人は矛盾をかかえていて、多面性を内包している。だが、人のアイデンティティは複雑で変わりやすいことを示す証拠《しょうこ》はたくさんあるにもかかわらず、この事実はひどく直観に反しているように思われる。私たちは瞬間ごとの経験につねに一貫性を感じており、時と場所に応じてアイデンティティが柔軟に変化していることを受け入れがたい。以前、私たちの一人が講義でこの話をしていたら、ある学生が苛立《いらだ》ったようすでこう言った。「先生の言っていることが正しいなら、私には何人の私がいるのですか？　私はいったい何者なんですか？」

そう、私たちはいったい何者なのか？　私たちが内包する多数の私たちは、何人いるのだろう？心理学者は、20答法（Twenty Statements Test）と呼ばれる方法を使って、人のアイデンティティを構成するさまざまな要素を探る。これはごく簡単な方法で、「私は……です」という文を20個完成させるだけである。

見本として、私たち自身のリストを挙げておく（次ページ図参照）。

あなたもリストを書いてみると、いくつか面白いことに気づくかもしれない。

第1に、自分を定義していると思う項目を20個かそこら考え出すのは、大抵はそこまで難しくない。私たちは終盤に少しペースが落ちたが、自分自身のさまざまな側面が難なく頭に浮かんできた。

第2に、大半の人のリストには、ある一定のカテゴリーに分類できる項目が含まれている。たとえば、明らかに個人レベルの自己に関する項目だ。「理性的」、「楽観主義者」といったその人の性格特性や、「ストレスで疲弊《ひへい》している」といった、より一時的な状態は、その人の個人的側面を示している。これらは、ある人と他の人を区別する特徴である。

これ以外のリストの要素は**関係性レベル**における自己を示している。たとえば「父親」や「夫」

ドミニク	ジェイ
◦教授	◦父親
◦父親	◦科学者
◦夫	◦カナダ人
◦理性的	◦息子
◦ストレスで疲弊《ひへい》している	◦社会神経科学者
◦社会心理学者	◦楽観主義者
◦音楽好き	◦フォックス・クリーク*出身
◦赤毛	◦アイスホッケーのゴールキーパー
◦ペンシルベニア住民	◦ソーシャルメディア中毒者
◦アマチュア料理家	◦政治マニア

〔＊フォックス・クリークはアルバータ州の都市〕

であることは、少なくとも他者との関係において自分が何者かであることを意味しており、アイデンティティの一部を定義しているのは、こうした関係性のなかでの役割である。また、その他の構成要素には、**集団的レベル**における自己がある。「ペンシルベニア住民」、「社会神経科学者」といった社会的アイデンティティは、自分が何者であるかということにおいて重要なカテゴリーの一員としての自己を定義している。

　これらのリストにおいて、興味ぶかい特徴は他にもある。研究からわかるのは、人は他者とはっきり区別できる点を、アイデンティティに取り入れる傾向があることだ。[8] 生まれついての赤毛である可能性は〔全人口の〕わずか約2パーセントと低い。その珍《めずら》しさゆえに、ドミニクが自分の「赤毛」という属性をリストに書く確率は、ジェイが「ブルネット」とリストに書く確率より高い。属性のなかには2つ以上のアイデンティティのレベルに跨《また》がるものがある。自分を赤毛と定義することは、自身の髪の色を他者と区別する特徴と見ているということだ（個人レベル）。だが髪の色はまた、社会的カテゴリー化の基準、つまり社会を集団に分ける手段としても用《もち》いられる（集団レベル）。実際、赤毛という属性には、あるステレオタイプが存在している。おそらく世界一有名な架空の赤毛キャラクター（『赤毛のアン』のアン）は「短気なところは赤毛にぴったり」だという。[9] 自分たちは他者とはちがう集団だと自覚している赤毛の人々は、独自のイベントやオンラインコミュニティ、さらには出会い系サイトまで組織するほどだ。

　じつのところ、アイデンティティの個人的側面を、社会的側面から分離するのは難しい。これは少なくとも、次の二つの点で正しいと言える。

第1には、個人的な特性の多くは本来相対的なもので、他者との比較でのみ意味を持つということである。たとえば理性的と自己定義するのは、自分は他者より賢《かしこ》いと思っているということ、楽観主義者であると自己定義するのは、自分は他者より肯定的に未来を考えていると思っているということだ。ここで重要なのは、自己評価をする際に比較する相手は、通常、あなたが比較のために適切な相手だと考える人物だということだ。比較の相手は、外集団より内集団のメンバーである可能性のほうが高い。

アイデンティティの社会的側面と個人的側面の分離が難しい第2の理由は、私たちの所属する社会集団が、あなたが一個人であるという、まさにその経験をかたちづくっている点である。独立した自己であろうとする意識や行動は、あなたが一体感を持つ集団の規範に影響される。規範は社会集団のなかで受け入れられた行動指針であり、あなたがどう行動するかに影響する。集団への一体感が強いほど、その集団の規範を守ろうとする傾向が強くなる。つまり、集団の一員であるという意識が弱い人より強い人のほうが、集団の大部分の人たちと同じように考え、感じ、行動する可能性が高いのだ。

集団主義的な文化を持つ人はこれに同意するかもしれないが、個人主義的な文化の人は、いくぶん懐疑的に思うかもしれない。あなたは自分がまわりに同調する人間だとは思っていないかもしれないが、じつはこれも社会的な規範であることが明らかになっている。

個人主義的な規範を持つ集団もあるからだ。たとえば、アメリカ人のアイデンティティは独立心が強い傾向にあり、個人の自律性、責任、個人の権利の重要性を強調する一方で、全体の合意や団結の重要性をそれほど重視していない。これは国への帰属意識が強いアメリカ人にとって何を意味するのだろうか。その強い一体感により集団の規範にいっそう順応するため、彼らは懸命に個人主義的であろうとするはずだ。

では、アメリカ人の個人主義は、じつは一種の順応ということになるのだろうか。クイーンズランド大学のヨランダ・ジェッテンらによる研究結果は、まさにそのとおりであることを示唆《しさ》している。[10] 彼らはある研究で、国への帰属意識が強いアメリカ人は帰属意識がうすいアメリカ人よりも個人主義的傾向が強いことを実証した。このように、個人主義的なアメリカ人は、じつは非常に強固な社会規範に順応していることになるのである。

アメリカの規範は、美術批評家ハロルド・ローゼンバーグによる不朽の言葉にあるように、「独立心の群れ」を生む。私たちはそれを**「独立のパラドックス」**と呼んでいる。独立しようと懸命になる人々は、しばしば、順応するために懸命になっているのだ。一方、ジェッテンの調査では、より集団主義的な規範を持つインドネシアでは、国への帰属意識が強いインドネシア人は帰属意識がうすいインドネシア人よりも集団主義的傾向が強かった。

これは、たんに国の文化の問題だと思うかもしれないが、国のなかでもさまざまなちがいがある。私たちはオハイオ州立大学に勤務していたとき、学部生が必死になって環境に溶け込み、スクールカラーである緋色《ひいろ》とグレーを誇らしげに身につけていることに気がついた。試合のある日は、学生だけでなく、コロンバスの町全体が緋色とグレーに包まれた。バッカイズ〔オハイオ州立大学のスポーツチームの愛称。バッカイ（Buckeye）はオハイオ州の木のトチのこと〕がフットボールをプレーすれば10万人以上の観客がスタジアムを埋めつくし、伝統的な応援歌を斉唱した。私たちがオハイオに赴任《ふにん》した1年目、チームは全米大学王座決定戦にコマを進めており、町全体がアイデンティティの儀式に沸《わ》いていた。

これは、アメフトチームが49連敗という全米記録を打ち立てたこともあるトロント大学からオハイオにやってきた私たちにとって刺激的で興味ぶかい人類学的体験となった。だが、そのオハイオから現在の勤務先であるリーハイ大学（ドミニク）、ニューヨーク大学（ジェイ）に移ると、規範はがらりと変わった。ニューヨーク大学の学生はスクールカラーをほとんど身につけず、何よりも重視する価値は「面白い人間であること」だった。彼らにとっては環境への順応とは、目立つことを意味していた。

もちろん、大学によって文化が異なることは知られている。これは、大学の規範や教育環境に応じて種類の異なるコミュニティのなかで、自分がどこに加わり帰属するかを選択する際の一助となる。団結力が強いコミュニティに馴染《なじ》みたいと切望する志願者は、リーハイ大学よりオハイオ州立大学のほうがより良い経験ができるだろう。際立《きわだ》った個性を伸ばして表現したいと切望する志願者は、オハイオ州立大学よりニューヨーク大学のほうがより良い経験ができるだろう。入学後は自身のアイデンティティが変化して、大学の環境規範にいっそう順応している自分に気づくこともあるかもしれない。

似たような力学は、トロント大学院の研究室でも起きていた。ジェイはビーチサンダルに風刺《ふうし》Tシャツという装《よそお》いを好み、ドミニクは少し年上の先輩教授に倣《なら》ってスーツジャケットで出勤していた。やがて、ジェイの好みは肘《ひじ》当てのついた茶色いコーデュロイのブレザーに変わっていた。この変化は、ジェイのファッションセンスが開花する自然な成長過程にも見えるが、本当の原因は、はるかに小洒落《こじゃれ》た同僚や同じ学科の教授たちに同一化したことである可能性が高い。まさに、アイデンティティや規範がいかに人の意思決定に影響をおよぼすかという好例だ。

ジェイがオハイオ州立大学に赴任し、その数カ月後にはドミニクも同大学に赴任した。ドミニクにとって不本意だったのは、オハイオの大学の人々は彼がジェイの服装を真似《まね》していると思っていたことだ。さらに厄介《やっかい》なことに、ジェイはこの誤解をまったく解こうとしなかった。

この種の規範が〈地方〉と〈都市〉に住むアメリカ人のあいだで、どう異なるか、スタンフォード大学のヘーゼル・マーカスらのチームが研究を実施している。[11] 大都市の多くでは、親友が同じ服を買ったり、アパートをまったく同じように装飾したりすれば、人々は不快感を持つ。過度な模倣は個人主義の侵害となるからだ。だが、地方では、模倣は相手を喜ばせるための誠実な方法であり、友人と体験を共有することは喜ばしいことと見なされる傾向にある。大都市の高級地区近郊に、おしゃれで本物や新奇性を追求する人々が集まる一方、伝統的な農村社会では、規範から外れた変わり者がからかいの対象や爪弾《つまはじ》きにされやすいのはこのためだ。

集団の機能で最も重要なものの一つは、大勢の人々の行動や活動を同時に協力させられる点だ。人間は有益なミツバチや天敵であるシロアリと同様きわめて社会的な動物で、恋人や家族という小規模な集団から、数億の国民を擁《よう》する国家というじつに大規模な集団まで、さまざまな集団でともに生活する。だが、ミツバチの巣やシロアリのコロニーとは異なり、私たちのつくる集団、組織、社会は、とめどなく進化する。そのことによって私たちは現状を変え、新しい制度をつくり、絶えず変化する環境に適応することができ、協力するという大きな強みから多大な恩恵を受けている。

この協力という機能の大部分を実現しているのが、規範への適応性だ。適応性は研究者が生活のなかで調べたあらゆる領域で確認されている。実験の結果、人々はファッション、政治、音楽の嗜《し》好《こう》、倫理観、飲食行動、性行為、社会的態度、協同と対立、こういったものへの適応性があることが実証された。人々の思考、感情、行動の多くは、驚くほど、他の誰もがきっとこう考え、感じ、行動するはずだと信じるものに感化されている。そして、人は集団とアイデンティティから離れることはできないため、行動を左右する特定の規範は、自身のどのアイデンティティが顕現化または活性化しているかによって変わることがある。

銀行員は不誠実か？

銀行員は弁護士や政治家と同様、誠実さとなると評判は芳《かんば》しくない。たとえば、ギャラップが

2019年に実施した世論調査では、銀行員は誠実さと倫理観が「低い」または「非常に低い」と答えた回答者は20パーセントにのぼったが、看護師の場合はわずか3パーセント、歯科医も6パーセントにすぎなかった。[12]銀行員の誠実さに対する世間の見方は、2008年の金融危機以降に悪化し、完全には回復しなかった。連邦議会議員よりはましとはいえ、それでも55パーセントもの回答者が銀行員の倫理観が低いと回答した。

銀行員へのステレオタイプが実際の行動にどの程度影響しているかを調べるため、世界有数の金融中心地の近くにあるチューリッヒ大学の経済学者が、ある巧《たく》みな実験を考案した。[13]彼らは国際的な大手銀行の行員にコインを10回投げさせ、オモテ〔表〕とウラ〔裏〕が出た回数を記録してもらった。被験者にはあらかじめ、オモテかウラのいずれかに報酬が出ると伝えられた。もしオモテが報酬の対象なら、オモテが出るたびに約20ドルがもらえるが、ウラが出れば何ももらえない。報酬への関心を高めるため、銀行員が報酬を受け取れるのは、別の実験から無作為に抽出された被験者の合計金額を上回る場合だけだと伝えられた。

この実験で重要なのは、銀行員は研究者の目の届かない離れた場所でコインを投げることだ。これなら勝手にオモテとウラの回数を申告でき、嘘《うそ》をついても誰も気づかない。不正の誘因《ゆういん》が強く働くぶん、銀行員の誠実さがしっかり試されるというわけだ。

コイン投げに先立ち、半数の銀行員には職業的アイデンティティを想起させるため、「現在どの銀行に勤めていますか」といった質問をした。コイン投げの前に仕事について聞かれることで、職業上のアイデンティティが活性化し、顕現化するという予測が立つ。一方、残りの半数の銀行員には仕事と関係のない「週に何時間テレビを見ますか」といった質問をした。これは職業ではない、個人やそれ以外でのアイデンティティを想起させるためだ。

どの銀行員が実際に何回オモテとウラを出したかという特定はされず、その結果は非公開とされた。だが、コインを投げれば50パーセントの確率でオモテが出ることは確かだ。研究者は、この予測可能な偶然の回数と、公開された各条件でのオモテとウラの回数がどれだけ近いかを比較して、銀行員はどちらかの条件下でより不正をしやすくなるのかを測定した。

テレビを見る時間や日常生活について聞かれた銀行員は、不正をしていないようだった。彼らは平均して51・6パーセントの確率で、自分にとって都合の良い面〔つまりオモテの面〕が出たと報告している――この確率は統計的に、偶然の確率と変わらない数値だ。だが、職業的アイデンティティを想起させせられた銀行員のあいだでは、不正の割合が上昇した。この集団は58・2パーセントの確率で、自分に有利な面〔オモテ〕が出たと報告した。

銀行員は不誠実か？　その答えは、当の本人が自分を銀行員だと見なしているかどうかにかかっているようだ。誰もがそうであるように、銀行員である人物にもまた多面性がある。

さらに、この実験から「銀行員は不誠実か？」という問いには、じつはさほど意味がないことが示《し》唆《さ》されている。銀行員としてのアイデンティティが誠実さに影響するかどうかは、本人が一体感を持つ銀行コミュニティの規範しだいだからだ。この規範はコミュニティによって異なるし、おそらく時間とともに変化する。

だからだろうか、近年、中東やアジアの銀行員を対象として、職業的アイデンティティの活性化が誠実さにどう影響するかを調べた論文が発表されたが、同じ結果は得られなかった[14]。これらの地域の銀行の規範は——そして銀行が事業を展開する広範な地域の文化も確実に——オリジナルのチューリッヒでの実験の規範とは異なる可能性が高い[15]。また、業務内容のちがいも影響しているかもしれない。というのも、最初の実験の被験者はおもに投資やトレーディングを行う銀行員であったのに対し、近年の実験の被験者は、おもに融資を扱う商業銀行員だったからだ。

【再現性について】

過去に発表された調査結果が再現されないことへの懸念《けねん》はここ数年、心理学だけでなく、じつに多くの科学分野で著《いちじる》しく高まっており、「再現性の危機」などと呼ばれている。銀行員研究の顛末《てんまつ》が示すように、以前の実験結果が再現されない場合、その意味を理解するのは必ずしも容易ではない。もしかすると、オリジナルの研究の結果が正しくなかったのかもしれない。統計的な偶然（サンプルの規模が著しく小さい場合はこの可能性が高くなる）なのか、信頼性のない作為的なデータ処理が行われたのか、もしくは稀《まれ》にだが、まったくの不正ということも考えられる。多くの場合、ある文脈で見つかった行動パターンが別の文脈で再現されなければ、それはある要因に重要な変化が起きており、それが結果に反映されたからである可能性がある。これは社会心理学、文化心理学上の重要な関心事の一つである。銀行員の研究の場合、一部の銀行員のアイデンティティでは不誠実性が増し、他の銀行員では変わらなかった理由は、それぞれの規範のちがいにあると思える妥当な理由があると私たちは考えている。だが、さらなる研究がないかぎり正確なところはわからない。

本書で言及するすべての研究において、特定の研究から得られた結果と、それらが明らかにする、より広範なアイデンティティの原理は、はっきりと区別されなければならない。本書の場合、人が集団の規範に強い影響を受けることを実証した報告が多数あり、その一部は後章でくわしく取り上げる。よって、もしあなたの子どもや友人が銀行員だったとしても、この研究結果を読んで、彼らに職業倫理が欠落していると見なすべきではない。とはいえ、彼らの雇用先がどのような規範を掲げているかは気にとめておくべきだ。また、あなた自身が銀行やそれ以外の企業に就職しようと思っているなら、その業界の規範には特に関心を持つことをお勧めする。というのも、その規範はあなたの行動や人生に重大な影響を与える可能性があるからだ。

本書では、信頼性が高いと思われる研究結果を重点的に取り上げるようにした。だが、本書で言及するアイデンティティの基本的な原理は、ここでは説明できないほど多くの研究によって証明されている。その原理を裏づけているのは、多数の研究室でなされた広範な研究であり、その多くが数年にわたって実施されたものだ。もちろん、すべてが解明されたわけではなく、アイデアが発展した研究もあれば、論争が続いていたり、疑問が残っていたりする研究もあるが、それらについても説明するつもりだ。実際、科学的な理解が時間を重ねてどのように進化を遂げていくのかは、本書で最も興味ぶかい話題の一つである。

アイデンティティの原理

本章では、アイデンティティとそれが人々の生活に占める役割について、いくつか重要な知識を説明している。第1に、人々の所属する集団の多くは、自意識および自分が何者かを理解するための基盤となるということ。第2に、人は他者との集団的な連帯性を探し、たとえ一時的であっても、共通の経験、共通した特徴、また偶然に割り当てられた新しい集団からさえ一体感を生み出す驚くべきレディネスを持っているということ。第3に、ある特定の社会的アイデンティティが活性化し顕現化すると、目的、感情、行動に著しい影響をおよぼす可能性があるということ。第4に、ほとんどの人は活性化したアイデンティティに関係のある規範に適応する傾向があり、必要な場合は自分を犠牲にしてでも、利益に資《し》すると思う方法で行動しようとするということだ。

他者と社会的アイデンティティを築いて共有することで、多数の利点が生まれる。だが、これには別の側面もある。協同と寛容さはアイデンティティの制約を受けるという点だ。すべての内集団には通常、外集団が存在する。社会的アイデンティティは内集団のメンバーを助けたいと思わせると同時に、外集団のメンバーに害を与えたい——少なくとも助けたくはないと思わせることがある。

集団間の対立という点については、本書では政治的アイデンティティに関して、きわめて多くの話題を挙げている。世界じゅうの多数の国で、政治的な分極化や宗派間の争いに起因する大規模な社会的対立が起きている。多くの地域で、政治はきわめて有害となっているのだ。

集団間の関係が硬化し、「私たち」と「彼ら」の利益は基本的に相反すると考え始めると、内集団に自《おの》ずといだいていた肯定感情や共感が危険な方向に向かうことがある。「私たちは善であるだけでなく、**本質的に**善《よ》い存在だ。だとすれば、**彼ら**は本質的な悪ということになり、何としても闘わなければならない」と考えるようになるのだ。問題は自分たちに都合よくモラル化される。反対意見への寛容さが失われ、私たちと彼らのきわめて重要な境界を曖昧《あいまい》にする恐れのある、規範から外れたものはなんでも警戒するようになる。敵は外にも内にもいると思うようになる。自分たちの集団の利益を追求するときには、あらゆる手段が正当化されると信じるようになる。そして、他者に実際に害をおよぼすことになっても、そのほとんどが、より壮大で高尚な目的を追求するためだということになる。

競争がどれほど協力を前提に成立しているかということに多くの人は無自覚である。だが、実際は、チェッカー〔「西洋碁」とも呼ばれることもある、相手の駒を飛びこえて取り合う盤上競技〕やアイスホッケーをしたり、昇進争いをしたりするとき、人々は暗黙のうちに互いの合意で共有された一連のルールを守るという前提に立っている。政治にもまた、憲法で定められたり、伝統や前例によって築かれたりしたルールがある。政治制度で具体化されたルールがあるからこそ、敵どうしが激しく議論を交《か》わし、流血に訴《うった》えることなく争いを解決に導けるのだ。

公正なルールと説明責任を保証する有効な制度は、人間社会の持ちうる最も重要な社会的財産《ソーシャル・グッズ》の一つだ。こうした制度は、じゅうぶんな数の人々がその正当性を信じているかぎり、また次の選挙で勝つことよりも大きな何か、まぎれもなく重要な何かがあると信じているかぎりは機能する。こうした信念が蝕《むしば》まれたとき、悪政は特に危険性を増す。国民としてのアイデンティティを国全体で共有しているという感覚の喪失と、自分たちの個々の集団の正義への信仰。これらが結びつき、集団のメンバーが「ルールに従うなど馬鹿げている」とか「相手の集団を何としてでも止めなければならない」と考えるようになると、事態は実に醜悪な様相を帯びる可能性がある。

こうした有害なパターンは一般的な集団とアイデンティティの力学から生じるが、必然的に今挙げたような悪《あ》しき事態に陥《おちい》るというわけではない。集団間の相互作用や政治は、こうした道を回避することが可能である。アイデンティティの作用を理解することが、今何が起きているかを把握し、そしておそらくこの混乱から抜け出す方法を見つける役に立つのだ。

社会的アイデンティティは人々の生活に大きな影響力を持ちうるが、それでも私たちには主体性があり、望まないアイデンティティが前面に出ないよう、ある程度は自分の意志で制御することができる。人は誰でも、たとえ他人がその集団に価値や一体感を感じているカテゴリーであっても、自分では一体感を感じない何らかのカテゴリーに所属しているものだ。そのため、私たち研究者が社会的アイデンティティを研究する際は、ジェンダー、人種、職業、宗教、国籍などにかかわらず、誰もが自分の属するカテゴリーに一様に一体感を持っているわけではないという前提に立っている。その前提で、多くの場合は一人ひとりがどの程度集団に一体感を持っているのかを調べることにしている。また、人々にその集団に所属していることを、どの程度、誇りに思うか、どの程度、自意識の中心にあるかを評価してもらうこともある。

もちろん人はどの集団に所属するかを思いどおりに決められるわけではないが、往々にして、どの集団をアイデンティティとして受け入れるかは選択できる。大学や就職先を選ぶとき、スポーツチームを応援するとき、政党に登録するとき、あなたはあるアイデンティティを積極的に選んでいる。同様に、政党から脱退するとき、退職するとき、あるいは禁煙するときは、アイデンティティをすすんで手放していることになるのだ。社会的アイデンティティが人々の感情、信念、行動に与える影響の大きさを考慮すれば、関心を持つアイデンティティ、積極的に選択をさせるアイデンティティ、世界との関係性を定義するアイデンティティを選択する主体性は、きわめて重要なことがわかる。実際、こうした選択は人生でくだす最も重要な決断の一つであるかもしれない。

人はまた、集団の規範に異議を唱えたり、リーダーシップのなかでより積極的な役割を担ったりするときにも主体性を発揮する。アイデンティティはこれらのタスクの中核を担っている。後述するように、人が異議を唱えるのは、その集団のことを深く気づかっているときであり、リーダーがより効果的に役割を果たすのは、フォロワー〔集団においてリーダーに従って行動する人〕とのあいだに共通のアイデンティティを築けたときだ。

本書の核となる前提は、アイデンティティのしくみを知れば、その影響をより制御できるようになるというものだ。先にも述べたが、社会的アイデンティティを理解することが、「私は何者なのか?」という問いを発展させて「私は何者になりたいのか?」と自問し、その答えを見つける鍵《かぎ》となるのである。

第2章以降の内容

第1章では、社会的アイデンティティが私たちの経験する世界をどのように形成し、意思決定を方向づけているかを説明した。第2章、第3章、第4章では、社会的アイデンティティがいかにして事象を知覚・認識するレンズとなり、私たちのきわめて重要な信念に影響を与えているかを論じていく。同時に、政治的な偏向におけるアイデンティティの役割と、ソーシャルメディアなどの新たなテクノロジーがその偏向を助長させた方法、そして、分断を解消するために考えられる解決策についても掘り下げる。第5章では、人々が特定の社会的アイデンティティを他のものより尊重する理由と、そのアイデンティティに関連した象徴や対象にどのようにして価値を植えつけるかを考察する。

社会的アイデンティティは集団どうしの文脈のなかにはつねに存在していて、私たちはとかく自分たちの集団を有利に、それ以外の集団を不利にするバイアスを持っている。そこで第6章では、バイアス――それが潜在的〔目につかないもの〕であれ、顕在的〔目につくもの〕であれ――そのものの性質を吟味《ぎんみ》し、抑圧や社会制度の長い歴史に、バイアスが根差しているケースがいかに多いかを論じる。バイアスを軽減する解決策として社会的アイデンティティのしくみを理解することは有効であるが、制度的差別の問題に取り組むためには、より広い範囲で行動を起こす必要がある。

それ以降の章では、集団的アクションにおいてアイデンティティが果たしている根本的な役割について考察する。第7章では、困難に対応するために社会的アイデンティティが生じ、そのアイデンティティが社会の変革を追求する連帯性の基盤となっていく過程を論じる。第8章では、集団内部のメンバーはどのように集団を変化させるか、アイデンティティの力学は意見の異なる人々にどのように影響を与えるか、集団は多様な視点をどのように利用しているのかを掘り下げる。第9章では、これらすべての領域でリーダーが担う重要な役割について説明する。メンバーの持つアイデンティティの要求を満たすため、また、彼らが自分は何者であり、どこへ向かおうとしているのかを理解する助けとなるように、有能なリーダーがどう努めているかについても詳細に見ていくことにする。そして、アイデンティティ・リーダーシップという方法が善にも悪にも活用できることを示していく。

最後に第10章では、集団生活の未来に何が待ちうけているのかを推測する。ここでは、格差の拡大、気候変動、民主主義への脅威といった、人類が直面している課題に焦点を当てる。こうした課題に効果的に取り組めるかは、アイデンティティの役割を理解できるか否かにかかっている。

まず第2章では、アイデンティティはどのように知覚を変化させるのか、その変化は私たちが周囲の情報を選《よ》り分けて理解する方法にどう影響するのかを詳細に掘り下げる。アイデンティティは私たちが世界を経験し、意味を見いだすためのレンズとして機能する。だが、私たちの注意を誤った方向に向けさせたり、判断にバイアスをかけさせたりもするのだ。

2
アイデンティティというレンズ

The Lens of Identity

1966年、FIFAワールドカップの決勝戦は延長戦に突入。4億人のファンが熱戦に釘《くぎ》づけになっていた。世界最高峰のチャンピオンシップのトロフィーをめぐり、イングランドと西ドイツは2対2の同点、延長戦が始まり、手に汗握る10分が経過したところで、イングランドのアラン・ボールがランカシャー出身の長身痩軀《そうく》のストライカー、ジェフ・ハーストにパスを出した。

ハーストはグラウンドに倒れ込みながら右足でゴールに向かってシュートを放った。ボールは西ドイツのキーパーが広げた手の指先をかすめてクロスバーの下側に当たり、ゴールラインに向かって跳《は》ね飛んだ。それを西ドイツのディフェンダーがクリアした。

ワールド・チャンピオンシップの行方《ゆくえ》が、このほんの一瞬にかかっていた。

イングランドの選手たちは、勝利を確信して歓喜し、観客はどよめいた。だが、スイス人レフェリー、ゴットフリート・ディーンストは、本当にイングランドが得点したのか確信が持てなかった。ディーンストは当時、世界最高のレフェリーと目されていた。判定を決めかねたディーンストは副審の意見を聞いた後、重大な判定をくだした。ボールはゴールラインを越えていた。ゴール！

だが当時の記録映像を見ると、実際にはボールはラインを越えてはいない。イングランドは1966年のワールドカップを獲得するべきではなかったのだ——少なくとも、このゴールでは。だが、ボールに最も近い位置にいたイングランド選手のロジャー・ハントは、ボールがラインを越え、ネットに突き刺さるのを見たと断言した。彼はまちがいなくゴールの瞬間を見たにちがいない。そうでなければ、ゴールに背を向けて喜んだりせず、ボールをゴールに押し込みにいったはずだ。

彼は自分が見たいものを見た。

こんな事態は稀《まれ》だと思うかもしれない。世界で最も広く注目を集めるスポーツの試合が、こんな物議をかもすプレーで決することなど、どれほどあるのか。だが、スポーツファンはどこでもしょっちゅうレフェリーやアンパイアや審判ともめている。多くのファンは自分のひいきするチームのアイデンティティに強く影響を受けているため、判定がひどく偏《かたよ》っていると感じるのだ。状況が曖昧《あいまい》な場合は特にそうだ。

こうした問題についての研究は、アイビーリーグのフットボール〔もちろん、このフットボールはアメリカンフットボール〕の試合から始まっている。1951年11月末の爽《さわ》やかな土曜の午後、ニュージャージー州プリンストンのパーマー・スタジアムでシーズン最後の試合が行われた。プリンストン大学タイガースがダートマス大学インディアンズを破れば、プリンストン大学は無敗でシーズンを終えることになる。

ゲームは非常に荒れた展開となった。選手たちは衝突し、怒りが巻き起こり、たちまち暴力がエスカレートした。ゲームが始まると間もなく、プリンストン大学が誇る全米代表の名クォーターバック、ディック・カズマイアーが鼻を骨折して戦列を離れることになった（カズマイアーは後に、カレッジフットボールの年間最優秀選手に贈られるハイズマン賞を、史上最大の票差で獲得している）。スーパースターを失ったことでプリンストン大学の選手たちは激怒し、報復に出た。第3クォーターで、今度はダートマスの選手が足を骨折してフィールドから運び出されることになった。

試合は13対0でプリンストン大学が勝利した。だが、これで話は終わりではない。

すぐに非難合戦が始まった。プリンストン大学の学生新聞はこのゲームを「不快きわまりない公開試合」と呼び、「責任は何よりダートマス大学の門前に置かれるべきである」と報じた。だが、ダートマス大学の学生新聞の記者は、まったく異なる見方をした。彼らはプリンストン大学の監督、チャーリー・コールドウェルが、「同害報復〔同一の害を加える報復。いわゆる「目には目を、歯には歯を」式の刑罰のやり方〕という時代遅れの姿勢を選手に植えつけている」と主張したのだ。

敵意が剝《む》き出しのこの応酬に触発されたダートマス大学とプリンストン大学の心理学者たちは、試合という客観的な事実をめぐって各大学の学生たちの意見がなぜここまで激しく対立するのかを理解するために協力することにした。彼らは試合の1週間後、ダートマス大学とプリンストン大学の学生たちにアンケートをとった。[1] どちらの大学の学生たちも、それぞれの大学新聞の記者と同様、試合について極端に異なる解釈をしていた。相手チームが先にラフプレーを始めたと主張したのは122名で、自分たちのチームが始めたと考える学生は2人しかいなかった。

もう一度言おう。122対2だ。ほぼ全員が、非は相手にあると判断したのだ。

こうした意見の相違は、記憶ちがいや偏った新聞報道が原因だと考えることもできる。研究者は各大学から別の学生に参加してもらい、試合のビデオフィルムを見せることにした。学生たちが目の前で試合を見ているあいだ、研究者は彼らの反応を記録した。このビデオが現実を直視する機会になるはずだ。

だが、みなが同一のビデオ映像を見たにもかかわらず、今度もまた2つの大学の学生は、試合の事実への認識が異なっていた。プリンストン大学の学生は、ダートマス大学の選手は自分の大学の選手の2倍以上反則を犯したと主張した。ダートマス大学の学生は、両チームとも反則の回数はほぼ同じだと主張した。全員が同じビデオを見ているときでさえ、各大学の学生たちは、まったく異なるものを見ていたようだ。

これを一部の学生の単なる勘ちがいと片づけてはいけない。オハイオ州に住むダートマス大学の卒業生が母校に送った電報を見てみよう。この卒業生は、プリンストン大学を卒業した友人グループから、愛する母校チームが行った卑劣《ひれつ》な行為を聞かされるとともに、試合のビデオを受け取った。だがビデオを見ても、彼らの言う反則を確認できず、心底困惑した。

彼は近々予定されている同窓会で試合のビデオを見せようと考えて、母校の理事に一本の電報を打った。「プリンストン大学側のビデオ映像では、重要な場面が大量に切り取られていると思われます　その理由を電報でお送りいただき、可能ならカットされた部分を、ビデオが公開される1月25日までに航空便で送ってください　編集装置は所持しています」

彼はプリンストン大学の友人から聞いた卑劣な行為が、ビデオから切り取られているにちがいないと決めつけていたのである。

60年以上前のこの論文で、研究者たちは「フットボールフィールドから感じる〝一体感〟の影響が視覚情報処理を通して脳に伝わり、それとともに異なる人に異なる経験をもたらしたことは明らかである」と結論づけている。言い換えれば、ファンは先入観に囚《とら》われており、チームとの同一化というレンズを通して試合を見たため、相手チームの反則行為にはすべて気づいたが、自チームの反則行為は見逃していたのだ。

この研究は、人間の知覚に関するある重要な事実を明らかにしている。私たちは、自分のアイデンティティによって、ある特定の方法で世界を解釈してしまうことがよくあるということだ。次章では、これが世界に関する信念という話になったとき、行動にどう影響するかを論ずるが、本章では、この事実が知覚判断、つまり、視覚、聴覚、味覚、嗅覚に影響をおよぼしていることについて論じる。

どのような試合のなかにも、個人のアイデンティティのレンズで判断されやすい曖昧な場面が何百とはいかないまでも何十はある。近年、判定技術とテクノロジーが進歩したおかげで、今ではこうした曖昧な場面を、プレー直後のビデオ再生で明らかにできるようになった。だが、アイデンティティが私たちの判断に与える影響というものは、競技場をはるかに越えて、ビデオ再生では修正できない生活の領域にまでおよんでいる。

この10年間、私たち2人は集団同一性が――スポーツチームから政党、国家にいたるまで――人々の周囲の世界のとらえ方に、いかに大きな影響を与えうるかを研究してきた。集団同一性の力学は、食卓で、刑事司法制度でと、あらゆるところで作用する。また、アイデンティティは、私たちの感覚を高めて、チョコレートの風味をより良く感じさせたり、香ばしいグリッツ〔アメリカ南部の代表的な料理〕の味を欲するようにさせたりする一方で、ものごとを正確に、あるいは公正に知覚する能力を損《そこ》ねることもある。アイデンティティがもたらすこういった影響は、意識の外側で起きている。私たちのほとんど、あるいは全員が、その影響から自由になることはできないのだ。

アイデンティティ色の眼鏡

われわれは、ものごとをありのままに見てはいない。
自分の見たいように見ているのだ。

――アナイス・ニン『ミノタウロスの誘惑』

一日を過ごすなかでのどの瞬間にも、あなたの感覚器官には意識的に処理できる以上の情報が流れ込んでいる。神経系はそうした情報をより詳細に処理するため、（おそらく）最も適切な情報を選択し、あなたが動きや音、匂《にお》いといった現象を意識する前に、いつもじつに多くの情報をフィルターにかけているのだ。価値のある感覚と、そうでない感覚を選別するシステムは、役に立つという以上に、不可欠なものである。

その古典的な例として知られているのが「カクテルパーティー効果」だ。[2] 大人数が集まる場所では、あなたが話をしている相手に注意を払っているあいだ、その場に流れている音楽や他の人たちの会話のざわめきは大抵、背景に引いている。脳が雑音をフィルターにかけて取りのぞくことで、あなたは友人が話している興味ぶかい話にもゴシップにも集中できるのだ。

ではこのとき、もし部屋の反対側で交わされている会話のなかで誰かがあなたの名前を口にしたらどうだろうか。多くの人たちは、周囲の雑音のなかから自分の名前を聞き分け、注意をそちらに移す。その瞬間、そちらにじっと耳をかたむけ、何を言われているのか聞きもらすまいとする。あの人たちは好意的な話をしているのか、それとも、きまりが悪くなるような話を一方が話して聞かせているのだろうか。

このようなカクテルパーティー効果が働くのは、脳が背景の雑音をすべて無視しているわけではないからだ。あなたは話をしながら無意識のうちに何か自分に関係することが起きた場合にそなえて周囲の会話を聞いている。誰かが誰かにあなたの名前を口にするというのは、考えられるなかでは何よりも自分に関係のあることだ。

こうした注意の働き方は非常に複雑だが、人の注意を引くものごとには2つの異なるかたちがあると考えられる。一つは、その何かが周囲を取り巻くもののなかで突出しているから注意を引くというものだ。突発的な動き、奇妙な音、美しいものや不快なもの、そしてあなた自身の名前。いずれも注意を引くものなので、適切に反応することができる。このタイプの注意の向け方は「**ボトムアップ**」**処理**と呼ばれることがある。

だが他に、あなたがすでにそれを気にかけているから注意が向くというものもある。期待しているもの、欲しているもの、必要としているものは、脳がすでに関係のあるものごとだと決めているので、なおのこと注意を向けがちになるのだ。たとえば、車の鍵を探しているときは、おそらく小さくて光るものすべてに目が行くだろう。これは視覚系が、緊急に必要とするものを探しているためだ。このタイプの注意の向け方は「**トップダウン**」**処理**と呼ばれる。目標、ニーズ、欲望、そしてもちろんアイデンティティによっても、感覚系の注目する対象は変化する。

あるアイデンティティを選ぶということは、世界の眺《なが》めをフィルタリングする眼鏡《めがね》をかけるようなものである。[3] 感覚系は絶えず膨大な情報にさらされているが、アイデンティティはその情報をどう処理するかを助けている。アイデンティティは、何が重要か、どこに目を向けるか、いつ耳をかたむけるか、そしておそらく何を味わうべきかまで、教えてくれる。

ひとたび集団に加入すると、あなたはその集団のメンバーである「私たち」が何を重要視しているか、それゆえ何を無視しても問題ないかを見抜く。これは大抵うまく機能する。たとえば、仕事ではおそらく上司に特別に注意を払い、適切なワークショップに参加し、社内の政治的な駆け引きを巧《たく》みに操《あやつ》る方法を見つける。また、あなたの時間やエネルギーを奪い取るある種のメール、大人数の会議、職場の行事を無視することも学ぶ。

一日の終わりに家に帰ると、家族間での義務、やかましい隣人、地元のパブでの交友をうまく片づけるために、別のレンズをつける。これらはアイデンティティの最も役に立つ要素の一つだ。暗いビルに入るときにサングラスをふつうの眼鏡に変えたり、パソコンを使うときには読書用の眼鏡をかけたりするように、人は立場が変わるたびにアイデンティティを切り替えることができるのだ。

人にはさまざまなアイデンティティがあり、自己の別の側面が活性化するのに合わせて、世界をどう認識するかを変える。2つの文化を持つ場合、その影響はより深いものになるかもしれない。2つ以上の文化的アイデンティティや民族的アイデンティティを持つ場合、状況によって別個の自己が活性化することがあり、これによって考え方や周囲の人の認識の仕方に影響が出るからだ。

文化的神経科学者のジョアン・チャオらは、この事象について興味ぶかい研究を行っている。[4] チャオはある実験で、黒人、白人、そして白人と黒人の親を持つ被験者に、視覚的注意に関する課題を受けてもらった。被験者は0・5秒間に最多で8人の顔を見せられ、多数の白人のなかに黒人が1人いるかどうか、また多数の黒人のなかに白人が1人いるかをすばやく判断する。

チャオらは、被験者のどのグループも、多数の黒人のなかの白人より、多数の白人のなかの黒人を視覚的に認識するほうが速いことを発見した。だが、人種的アイデンティティが視覚的注意に影響を与えていることを示す、2つの興味ぶかい知見も得られた。第1に、白人の被験者よりも黒人の被験者のほうが、大勢のなかから黒人の顔をすばやく識別できたことだ。彼らは瞬時に内集団のメンバーを見つけることができた。

2つめの興味ぶかい点は、白人と黒人の親を持つ被験者に見られた。先ほどは述べなかったが、これらの被験者には視覚的注意の課題の前に、両親のいずれかの民族的アイデンティティに関する短いエッセイを書いてもらっていた。彼らの文化的アイデンティティのいずれかを活性化させるのが目的だ。この結果、視覚情報に関する彼らの反応は変化した。

2つの文化を持つこのグループは、白人の民族的アイデンティティが活性化されたとき、白人の被験者とほぼ同じ視覚的注意のパターンを示した。だが、黒人のアイデンティティが活性化されたときは、黒人の被験者とほぼ同じ視覚的注意のパターンを示していた。つまり、彼らの注意系は、そのときに活性化しているどちらか一方のアイデンティティに応じて変化したのだ。

人間にとって視覚は、通常、最も強力な感覚だ。犬にとっては匂《にお》い、コウモリにとっては音がそうだ。だが、アイデンティティという点では、別の感覚が特に強く刺激されることがある。たとえば、祖母がつくった料理の匂いとか、ある場所に特有の匂い。特定の言語の響きとか、子どものころに覚えた歌。ある文化に昔から伝わる伝統料理の味。

実際、食とアイデンティティには深いつながりがあるようだ。シェフで作家でもあった故アンソニー・ボーデインは、『スレート』誌のインタビューでこう語っている。「食は私たちのすべてです。食はナショナリズム的な感情、民族的な感情、生い立ちや経歴、地元の州、地域、一族、祖母の思い出の延長線上にあるものです。食というのは、初めからこれらと切り離すことはできないのです」

アイデンティティの味

1992年の映画『いとこのビニー』でジョー・ペシは、いとこを弁護するニューヨークの弁護士を演じている。いとこは犯していない殺人で裁判にかけられている。アラバマに連れてこられたニューヨーク出身のこの派手なイタリア系アメリカ人は、事件が起きたアメリカ南部の田舎《いなか》町の文化を知ろうとする。

ある重要なシーンで、ペシは地元の食堂に行き、グリッツというトウモロコシ粉のお粥《かゆ》が南部のアイデンティティの大部分を占《し》めていることを知る。本式にグリッツをつくると20分ほどかかるが、インスタントのグリッツは使わない。これは南部人のプライドの問題である。

まもなく、ペシ扮《ふん》する弁護士は、検察側の証人の一人であるティプトンという名の南部人の尋問を開始する。ティプトンは、ビニーのいとこが店に入るのを見たとき、ちょうど朝食をつくり始めたところで、その5分後、朝食を食べようとしたときに銃声が聞こえたという。

ティプトンは朝食に何を食べたのか? ビニーは追及する。卵とグリッツだ、とティプトンは答える。ビニーは、仕入れたばかりの南部料理の知識のおかげで、昔ながらのグリッツはそんなに早くつくれないことを知っている。そこで、朝食にはインスタントのグリッツをつくったのかと尋ねる。この質問はこの上ない侮辱で、ティプトンの南部人としてのプライドを踏みにじるものだ。この瞬間、証人は自分の証言がまちがいだったか、質の劣るグリッツで南部の伝統を裏切ったか、そのどちらかを認めなければならなくなった。

無実の男の命が懸《か》かっている。

裁判官の前で、法廷を埋めつくす地域住民の前で、証人は決断した。南部人のアイデンティティを守らなければならない、と。たとえそれによって時系列が疑われることになろうとも。ティプトンは挑《いど》みかかるような口調で言い切った。「自尊心のある南部人はインスタントグリッツを使わない。私は自分のグリッツに誇りを持っている」

ただ自分のグリッツを擁護するためだけに、偽証をしたことを認める人がいるだろうか。おそらくいない。これは断じてグリッツの問題ではない。アイデンティティの問題なのだ。なぜなら文化的伝統の多くは食と密接にからみ合っており、多くの人にとってアイデンティティと食は強く結びついているからだ。

人は異国の料理を求めて世界を旅するが、一つの国を巡《めぐ》るだけでも、味、触感、材料、そして調理の伝統が実に多様であることがわかる。アメリカでも、地域が異なれば食の好みは大きく異なる。ニューヨーカーは彼らがアメリカ一《いち》と信じているピザを好み、フィラデルフィアの人々は名物のチーズステーキを味わう。カリフォルニア人はアボカドトーストを食べるものと思われているし、南部はグリッツ、ささげ豆、美味《おい》しいバーベキューで知られている。

私たちは『いとこのビニー』にインスピレーションを受けて、南部人のアイデンティティと食体験とのつながりを調査することにした。グリッツへの愛着は、南部のアイデンティティにどのくらい深く刻み込まれているのか？　南部のアイデンティティがいつも頭にある人々は、南部人の伝統を想起させる料理を無性に食べたくなるのだろうか。

レオ・ハッケルが主導した一連の実験で、私たちは250人以上の南部人に参加してもらい、彼らのアイデンティティと食の好みについて話してもらった。[5] まず気づいたのは、今回対象となった南部人のあいだでは、南部への帰属意識が人によって大きく異なるということだ。多くの人が南部はアイデンティティの中核を成していると語った一方、それと同じくらい多くの人が南部地域とのつながりをほとんど感じていないか、あるいはまったく感じていないと語った（第1章で論じたように、集団内にこうした差異が生じることはよくある。たとえば、私たちの大学でも、一部の学生は大学に深い帰属意識をいだいている。彼らはスクールカラーを身につけ、カレッジスポーツに参加し、信じられないほど誇らしげに大学のことを語る。だが、自分の大学に複雑な感情を持つ学生もいるし、また進んでコミュニティから離脱する学生もいる）。

私たちは被験者に南部とのつながりについて話してもらった後、キャットフィッシュ（なまず）フライからささげ豆までのいくつもの料理について、それらが南部のアイデンティティとどのくらい密接につながっているか、また、それぞれの料理をどれくらい食べたいと思うかを評価してもらった。これにより、南部の食べ物を他の地域のものと比べてどれくらい美味しく感じているかが、南部人としてのアイデンティティの強さとどれくらい密接に結びついているかを調べようとしたのだ。

予想どおり、南部人としてのアイデンティティの強さは、南部料理を好むことと明らかに関連していた。南部出身というだけで南部料理を好むわけではない。食の好みに関していえば、重要なのは南部との同一性だった。そして、もちろん、そういう南部人としての誇りが高い人は、ピザやツナサンドなど、他の地域の食にはあまり興味がなかった。食の好みに関してはアイデンティティが重要であり、カロリー以上に食への共感を覚えさせる。

だが、これまで見てきたように、アイデンティティは永続的なものでも不変なものでもない。南部の人々にはつねにこの文化的伝統が根づいているが、だからといって、自我のこの面はいつも活性化しているわけでも、働いているわけでもない。そして私たちは次のように推測した。職業的アイデンティティが活性化したときにより不誠実な行動に出た銀行員のように、南部人もそのアイデンティティが刺激され、実際に自身のアイデンティティを気にかけるようになったとき、料理の好みがより南部寄りになるのではないか。

新しい被験者を集めて行った2つめの研究では、被験者を半々に分けた。片方のグループには、南部人としてのアイデンティティを活性化させるため、南部人がひんぱんに行うことを2つ、得意なことを2つ、そして南部人の特性の肯定的なものと否定的なものを2つずつ計4つ挙げてもらい、もう1つのグループには、個人として行っていること、自分自身の特性と見なしているもので肯定的なものと否定的なものを挙げてもらった。これらの質問は、被験者の南部人としてのアイデンティティ、もしくは個人としてのアイデンティティを活性化させ、それによって食の好みが変化するかを調べるためのものだ。

この結果、南部人でグリッツやコラードグリーン〔アメリカ南部で栽培されるケールの一種〕といった南部料理の味を好んだのは、個人のアイデンティティが活性化された人たちよりも、南部人としてのアイデンティティが活性化された人たちだった。自分を個人として考え、自身の人格により意識を集中するように仕向けられた人たちのあいだでは、南部人というアイデンティティと南部料理への好みとに関連性は見られなかった。

同様の結果は、カナダの首都、オタワの屋外マーケットで実施した研究からも得られている。[6] 私たちは、カールトン大学の同僚で心理学教授のマイケル・ウォールと協力し、カナダ国内でも有数の歴史を誇るパブリックマーケットであるバイワードマーケットにブースを出し、通りがかりの人たちに、新鮮な蜂蜜《はちみつ》とメープルシロップの甘さを比較してもらった。

どちらも甘くて、べとべとしているが、メープルシロップはカナダのアイデンティティの象徴である。「メープルリーフ」はもちろん国旗の中央に堂々と描かれているし、カナダでは万が一不足したときにそなえ、メープルシロップを国家戦略として備蓄《びちく》している（これはジョークではない）。アイスホッケーやビーバーと同じく、メープルシロップは国の財産とみなされているのだ。

この味覚調査に応じたカナダ人は、隣人であるアメリカ南部の人たちとほぼ同じ反応を示した。つまり、自分たちの伝統（この場合はメープルシロップ）に関係する食べ物を好むが、それは私たちが最初にカナダ人としてのアイデンティティを活性化させたときだけだった。カナダ人のアイデンティティについて考えることで、彼らは美味しいメープルシロップに食欲をそそられたのだ。

この研究が示唆しているのは、あるアイデンティティの活性化が、食べたいものの種類に影響するということだ。文化に固有の料理を提供するレストランの多くが本場の雰囲気を出そうと工夫を凝《こ》らしているのは、おそらくこのためだ。ギリシャ料理の店が壁にパルテノン神殿の写真を飾ったり、韓国の焼き肉店がKポップのヒット曲を流したりすることで、その国の文化に関わる料理を食べたいという気持ちが強まるのかもしれない。

この効果は大人《おとな》（もしくは熱狂的Kポップファン）だけに限らない。子どももまた社会的アイデンティティを持っており、同じような手がかりによって食べ物を選んでいる。幼児を対象としたある一連の実験では、1歳の子どもであっても、社会的アイデンティティという手がかりによって食べるものを選択することがわかっている。実験に参加した幼児に2種類の食べ物から1つを選ばせたところ、幼児は自分と母語が同じ人がすすめた食べ物を選び、母語の異なる人がすすめた食べ物にはそっぽを向いたのである。[7]

これは注目すべき結果である。1歳の子どもがグルメだとは考えられないから、彼らは何を食べるかの手がかりを大人から得ていると考えられる。人は幼いころからアイデンティティに関する手がかりに敏感であり、そのなかで言語は連帯感を生む最も強力なきっかけとなるようだ。子どもは食べ物とアイデンティティとのつながりを、他の多くを理解しないうちからすでに直観で知っているようだ。

こうした研究から、アイデンティティが私たちの食の好み、そしておそらくは食生活をどのようにかたちづくっているのかがわかる。だが、これはさまざまなアイデンティティが人々の世界観をどのように形成しているか、その表面をなぞったにすぎない。私たちの考えでは、こうした影響は食べ物の好みにとどまらず、実際に基本的な知覚により直接的に働きかけ、嗅覚にすら影響を与えている。

魅力的な匂い

アイデンティティが持つより深い影響を調べるため、私たちは同僚のジェラルディン・コパンとスイスのジュネーブ大学で一連の研究を行った。[8] アイデンティティは周囲の匂いの感じ方にどのような影響を与えるか、私たち自身が背徳感を感じるものの一つを材料に調べることにした。それはチョコレートだ（ドミニクはダークチョコレートを好むが、ジェイはよりまろやかなミルクチョコレート派である）。

スイスといえば、銀行、雄大なアルプス山脈、多機能のアーミーナイフ、そして世界有数のチョコレートメーカーで名高い。私たちは化学者と協力し、この実験のために、ある刺激物質を作製した。それは、スイス製の美味しいチョコレートの香りがついたサインペンだ（子どもが使う、フルーツの香りのするペンのようなものである)。

この実験では、ジュネーブにある一つの大学からスイス人とスイス人以外の学生が含まれるように被験者を集めた。南部料理やメープルシロップの研究と同じく、私たちは被験者のなかから無作為に小集団を選び、彼らにはスイス人のアイデンティティを、もう一つの小集団には個人としてのアイデンティティを思い起こしてもらった。その後で、チョコレートの香りのするペンの匂いを20回嗅《か》いでもらい、1回ごとに匂いをどれくらい強く感じたかを記録してもらった。こうして私たちは、アイデンティティが嗅覚に与える影響とその経時的変化を調査した。

対照条件として、バター風味のポップコーンの香りがついたペンも作製した。どちらも香りを感じやすい食べ物だ。だが私たちは、ポップコーンの匂いは映画観賞を連想させる可能性があるのに対し、チョコレートの香りはスイスのアイデンティティを強く連想させるだろうと考えた。チョコレートの香りだけがスイス人被験者の共感を刺激する。とりわけ、彼らがスイス人としてのアイデンティティというレンズを通して世界のことを考えたときにはそうなると予測したのだ。

こうした実験によくあるパターンは、最初はどの香りも強く感じるが、「馴化《じゅんか》」と言われる作用が働くことで、時間とともに匂いを感じなくなっていくというものだ。たとえば、パン屋に入った瞬間に焼き立てのパンの匂いを強く感じたり、オフィスに入ったとたんに香水の匂いしか感じられなくなったことがあるだろう。だが、それも数分もすればうすれ、背景の一部になる。意識すればまだ匂いを感じることはできるが、最初ほどの強烈さはない。感覚器官が適応したからだ。

同じことは、私たちの実験でポップコーンの匂いを嗅いでもらったときにも起きた。初めは匂いを強く感じるが、最後は匂いがうすれる。実際、チョコレートの香りのマーカーの場合を含め、この実験のほぼすべての条件において被験者に馴化が見られた。しかし、驚くべき例外が一つあった。スイス人としてのアイデンティティを刺激されたスイス人は、チョコレートの香りに馴化しなかったのだ。20回目の試行の後でさえ、彼らはこの甘い香りを強く感じていた。これは彼らにアイデンティティを想起させる芳香であり、スイス人は美しいアルプス山脈、最高級の時計、世界的に有名な銀行制度といったものを思い浮かべると、チョコレートへの感度が変化するようである。

いずれにしても、チョコレートの香りはほとんどの人にとって魅力的で心を引きつける。だが匂いには、食欲をそそるものから不快なものまである。では、社会的アイデンティティは生活臭のような、より不快な匂いにも影響を与えるのだろうか？　スティーブン・ライヒャーが主導したイギリスの研究チームは次のような実験を行っている。[9]

この研究で使われた道具は、まちがいなく異色の部類に入る。チームは男性の研究助手に、1週間、運動中や睡眠中も含めてずっと同じTシャツを着てもらった。1週間連続で着用されたTシャツは、かなり饐《す》えた臭いがしたと言っていい。そのTシャツは研究の準備がととのうまで臭いが消えないよう、慎重に密封容器に保管された。

しばらくして、何も知らない不運なサセックス大学の学生たちは、悪臭を放つ衣類の匂いを嗅いでもらえないかと頼まれた（研究のために足を運んだら、他人の汚れたシャツの匂いを嗅がされたのだ）。

学生たちにはシャツの匂いを嗅いだ後、嫌悪感のレベルを評価してもらった。当然のことながら大半がかなりの嫌悪感を覚えたと報告した。

だが、このとき研究者は、社会的アイデンティティが悪臭の感じ方に影響するかどうかを調べるために巧妙なトリックをもちいていた。全被験者が匂いを嗅がされた悪臭を放つシャツには、ライバル校であるブライトン大学のロゴがついていた。そして学生の半数には、匂いを嗅ぐ前にサセックス大学のアイデンティティを、残りの半数には、大学生としての幅広いアイデンティティを顕在化させたのだ。

体臭というものの場合、実験の被験者がサセックス大学の学生としてのアイデンティティ、または一般的な意味での大学生というアイデンティティのどちらを強く意識しても、嫌悪感の度合いとほぼ関係ないと思うかもしれない。だが実際には、自分を広義の大学生の一員だと考えたときのほうが、ライバル校のロゴ入りTシャツの匂いにあまり嫌悪感を覚えないと報告した。大学生という共通のアイデンティティが前面に出ることで、カビ臭いシャツも、いくぶん許容できるようになったのだ。

研究者はこの実験を、スコットランドのセント・アンドリュース大学の学生を対象にも行っている。[10] この実験では、1人の女子学生に2種類のTシャツを着てジョギングをしてもらった。1枚はセント・アンドリュース大学のネイビーブルーのロゴの入ったTシャツ、もう1枚はライバル校のダンディー大学のロゴがついたTシャツだ。その後、被験者の学生たちにこの両方のTシャツを手に取ってもらった。その結果、学生たちは自分たちの大学のロゴ入りTシャツを手にした後より、ライバル校のロゴがついたTシャツを手にした後のほうが、手を洗うのに手指消毒剤をより多く使い、より長い時間をかけたのである。この実験でも同じく、社会的アイデンティティの共有が、汚れたシャツを手にした際の嫌悪感を軽減(あるいは、少なくとも同等に)したようだ。

匂いの研究は、アイデンティティが私たちの世界の知覚をいかに形成するかを、かなり明確に示している。魅力的なもの、不快なもの、どちらの匂いを嗅ぐかにかかわらず、私たちの感覚的な体験というものは、その瞬間に活性化しているアイデンティティによってかたちづくられる。そこではアイデンティティの内側か外側か、それが大きな影響を与えているのだ。ここからは、アイデンティティというレンズが、境界の外、つまり「アウトサイダー」への認識にどのような影響をおよぼすかを、より深く探求していく。

友は近くに、敵はそれ以上に近くに見えるもの

万里の長城から、完成はしなかったが議論を呼んだメキシコとアメリカを隔《へだ》てる壁にいたるまで、人類はアウトサイダーとの距離を保つために計り知れないほどの血と財を投じてきた。ときには脅威が現実であった例もある(にはある)が、ほとんどはありもしない、あるいは誇張されたものだ。

ここ数年、私たちはいくつかの研究で、集団の対立と空間的経験の関係、特に集団間の物理的距

離の認識について調査してきた。ジェニー・シャオが主導した一連の研究では、外集団に脅威を感じている人は、安全だと感じている人に比べて、外集団が物理的により近い距離にいると考えていることがわかった。[11]

「メキシコからの移民はアメリカの文化を蝕《むしば》んでいる」といった意見に賛同する人々は、移民に脅威を感じたことのない人に比べて、メキシコシティが自分たちの居住地のより近くにあると考えていた。このパターンは、私たちがニューヨーカーを対象に行った調査でも、全米の人々を対象に行った再調査でも同様だった。住んでいる場所にかかわらず、人々は脅威を感じることによって、外集団がより身近にせまっているような感覚を覚えていた。

外集団はまた、数の多さという点でも感覚に影響する。別の調査では、こうした脅威を感じる人は感じない人に比べて、国境を越えてアメリカにやって来る移民の数がかなり多いと考えていた。[12]

特筆すべきなのは、移民を近くに、また多く感じるというこのパターンは、現実的脅威というより、心理学者が象徴的脅威とか文化的脅威と呼ぶ感覚によって生じていることだ。象徴的脅威を感じる人は、自分たちの文化、ひいては、まさにアイデンティティが外集団のメンバーに侵《おか》されていると感じる。一方で、現実的脅威を感じる人は、より実際的な問題に焦点を当て、たとえば、外集団のメンバーに職を奪われているとか、重要な資源が乱用されていると信じている。多くのアメリカ人にとっては、移民への現実的な懸念ではなく象徴的な懸念が、外集団を実際以上に近くに感じさせていた。

だが、この現象が見られるのは、国への帰属意識が強いアメリカ人のあいだでだけであることに注目しよう。自国に最も強く誇りを感じると答えた人はまた、象徴的脅威の感覚と、メキシコシティが近すぎて不安だという印象とが強く結びついていた。国への帰属意識があまり強くない人にはこのようなパターンは見られなかった。

実験では、アメリカとメキシコのあいだに堅固な境界があるという文章を読んだ後、このパターンは一変した。移民に恐怖を感じているアメリカ人は、アメリカ南部の国境は「世界で最も厳重に守られている」という文章を読むことで、メキシコシティが実際以上に近すぎるとは思わなくなったのだ。だが、国境が「ひんぱんに越境されている」、「ほとんど守られていない」という文章を読むと、ほぼ元どおりのパターンが見られた。

私たちがこのプロジェクトを終えた直後、ドナルド・トランプがアメリカとメキシコとの国境に壁を建設するという公約を掲《かか》げて大統領選に出馬した。このアイデアはトランプの選挙活動の目玉のようになり、トランプと彼の支持者は政治集会で「Build that wall! Build that wall!（壁をつくれ！壁をつくれ！）」と連呼した。[13] 大半の専門家は壁は愚策であり、移民対策としての効果はないと考えていたにもかかわらず、トランプは壁の建設に固執した。トランプは私たち2人が研究のなかで見てきた心理状態を利用し、象徴的脅威を煽《あお》ることで、移民や移住者に対する支持者の懸念を増大させたのだ。

アウトサイダーに対して実際にも、また比喩的にも壁をつくることは、政治的権力を手にするための有効性が実証されている（これについては第9章でリーダーシップについて論ずる際に詳述する）。だが、こうした力学は、移民や政治的な文脈でのみ適用されるわけではない。社会的アイデンティティの別の形態を調査したときにも、アウトサイダーへの認識には似たようなパターンが見られた。

ある夏の美しい夜、私たちはニューヨーク市のヤンキー・スタジアムで開催される野球の試合に研究チームを送り込んだ。ヤンキースファンが（旅行者や相手チームのファンとも入り混じって）球場になだれ込むなか、その数名にアンケート用紙を渡し、好きなチームと他のチームにいだく感情を記入してもらった。彼らにはその後、ノースカロライナ州からメイン州まで５００マイル〔約８００キロメートル〕に広がる東海岸の、地名の記載されていない地図を手渡した。そして、一人ひとりにその地図上で、ヤンキースの宿命のライバルであるボストン・レッドソックス（フェンウェイ・パークを本拠地とする）と、ヤンキースと同地区のボルチモア・オリオールズ（オリオール・パーク・アット・カムデン・ヤーズを本拠地とする）のスタジアムの位置を指し示してもらった。地図にはあらかじめ、両スタジアムのほぼ中間に位置するヤンキー・スタジアムの位置をピンで示しておいた。被験者が両スタジアムを正確に示した場合、フェンウェイ・パークはヤンキー・スタジアムから北へ約１９０マイル〔約３００キロメートル〕離れたボストンの中心部、カムデン・ヤーズは南へ約１７０マイル〔約２７０キロメートル〕離れたボルチモアの位置に×印をつけるはずである。

　ヤンキースのファンとレッドソックスのファンが相手を忌《い》み嫌っていることは、野球界ではよく知られている。これを全米のスポーツ界における最も激しい敵対感情と見る人も多い。調査を実施した日、ヤンキースは東地区の首位、レッドソックスはわずか1ゲーム差で2位につけていた。オリオールズは最下位（ヤンキースとは23ゲーム差）で、プレーオフ進出は絶望的だった。ヤンキースとレッドソックスが繰り広げる地区優勝の熱い争いが、1世紀にわたって敵対心をいだき合うファンにとって憎み合う要素をまた一つ増やしていた。

敵対感情は、物理的な距離に対する人々の判断に影響を与えていた。ニューヨーク・ヤンキースのファンは、ボルチモア・オリオールズの球場よりもボストン・レッドソックスの球場のほうが、ニューヨークに近いと考えていた。実際はその逆だ。ここで重要なのは、同じ質問をヤンキースファンではない観客にしたところ、概してより正しく、正確な答えが返ってきたことだ。彼らはオリオールズの本拠地がレッドソックスの本拠地よりもニューヨークに近いと回答した。[14]

また、これらの都市を訪れたことがあるかどうか、自分の判断に自信があるかどうかは関係ないことも判明した。ヤンキースファンが旅行で得たと思われる知識は、彼らがより正確な判断をする役には立たなかった。どうやら、激しい敵意は経験を凌《しの》ぐようだ。

こうした誤認は、さらなる影響をおよぼす。私たちは翌年、ヤンキースファンを対象に新たな調査を実施した。その目的は、宿敵を近くに感じることが差別の動機になるかどうか、である。[15]今回は被験者が相手にいだく距離感を操作するため、レッドソックスとヤンキースのロゴが描かれた2枚の画像を用意した。そのうち一方の画像では2チームのロゴが（不快なほど）近くにあり、もう一方ではかなり離れている。

ヤンキースファンは、憎きレッドソックスのロゴとヤンキースのロゴが物理的に接近しているのを見て、敵に対する差別的な手段を積極的に支持するようになった。レッドソックスファンには、ヤンキー・スタジアムであまり好まれない座席を与えておけばよいというのだ。私たちはまた、ヤンキースファンにスタジアムの座席表を見せ、レッドソックスファンが座るべきだと思う場所に印をつけてもらった。すると驚いたことに、一部のヤンキースファンは、レッドソックスファンをスタジアムから完全に追い出したいと望んでいた。

私たちのこうした研究は、社会的アイデンティティがいかにして世界を解釈するレンズとなり、集団間の対立を拡大するのかを明らかにしている。だがこれは氷山の一角にすぎない。アイデンティティには、ものごとの見方にバイアスをかけ、甚大《じんだい》な影響を与える側面があり、法制度における正義に対して明らかにマイナスの結果をもたらすことがあるのだ。

ビジュアル監視

２０１４年8月、ミズーリ州セントルイスの警官が、精神疾患の病歴を持つ25歳の黒人男性ケイジーム・パウエルを射殺した。警官はパウエルが栄養ドリンク2本とドーナツ数個を万引きしたとの通報を受け、逮捕《たいほ》するべく現場に到着してから20秒と経たないうちに数発の弾丸をパウエルに撃ち込んだ。

この悲劇が起きたのは、ミズーリ州ファーガソン。ほんの数日前、黒人のマイケル・ブラウン・ジュニアが警官に射殺された現場から数マイルしか離れていなかった。警官の手によるこの黒人2人の暴力的な死は、アメリカじゅうで警察の暴力に対する抗議運動を引き起こした。

ケイジーム・パウエルの死に関する警察の証言は、映像証拠と矛盾していた。警察署長によれば、パウエルが「ナイフを出してそれを握りしめ、振りかざしながら警官に向かっていき」、「2〜3フィート〔60センチメートルから1メートル弱〕手前まで行った」ところで警官が発砲、彼を射殺したという。[16] だが、携帯電話で撮影された発砲時の映像では、パウエルは警官から2〜3フィート以上離れており、両腕を身体の両脇に降ろしているように見えた。

実際には何が起きていたのか、警官の武力行使は正当だったのか。この射殺事件は激論を巻き起こした。法医学鑑定、ビデオ、目撃者の証言が長期にわたって調査された後、セントルイスの巡回弁護士、ジェニファー・M・ジョイスは「どちらの警官の犯罪行為も、合理的な疑問を残さない程度までの証明はできないと判断した」。警官を告発しないという彼女の決定は、国じゅうで見られるパターンだった――市民の命を奪ったとして告発される警官は、ほぼいないのが現状だ。

警官がボディカメラを装着し始めたとき、多くの人は、ボディカメラは市民とのやり取りのあいだに何が起きたかという論争を解決する助けとなるだろうと考えた。ビデオがあれば、実際に何が起こっていたのかを客観的に判断できる。ボディカメラの映像により、警察と市民が等しく説明責任を負うようになると期待された。緊迫した争いのなかで何が起きたかは、最終的に、確かな証拠にもとづいて判断されることになる。裁判官と陪審員は、命にかかわる衝突で何が起きたか、自分の目で確かめられるというわけだ。

世界じゅうの何百という警察が警察活動を改善しようと、多額の資金を投じてボディカメラを警官に装着させてきた。なかには警官に無作為にカメラを割り当てている部局もある。その結果はまちまちで、ボディカメラの装着によって、警官の暴力的武力行使や、市民から警官の行為に対する苦情が減少したかどうかははっきりしない。[17] もう一つわからないのは、刑事司法の捜査において、ビデオの映像そのものが、はたして偏見を減らすのかということだ。ビデオによって検察官、陪審員、裁判官は、実際に起きたことを偏見なく理解できるようになったのだろうか？

サウスカロライナ大学の法学部教授であるセス・ストウトンは、警官とのやり取りにおいて何が起きたのか、その合意形成のためにボディカメラがどこまで有効に機能するのかを直接的に調べるため数本のビデオを作製した。[18] 自身、元警官であるストウトンは、警官と民間人のやり取りのなかで何が起きたかを判断する助けになるよう、警官にカメラを装着させる取り組みを支持する一人だ。

だが、ストウトンの期待に反して、ビデオに対する人々の反応は一様ではなかった。ほとんどの人は、ビデオに映っている警官は、身の安全を脅《おびや》かす危機にさらされていると判断した。だが警官に高い信頼を置いている人は、信頼していない人と比べたときに、その警官が命にかかわる深刻な危機に直面していると考える傾向が高いことがわかったのだ。

ボディカメラに収められた実際の多数のもめごとと同様、このビデオの映像も曖昧につくられており、警官への先入観や信頼度によって、警官が直面しているのが命にかかわる危機かどうかの判断に影響を与えた。ロールシャッハテストのように、人々がビデオに見るものは、彼らがすでに信じているものによってつくられる傾向にあり、警官と市民との対立をどう解釈するかに影響していた。ビデオに登場する警官や市民にいだく一体感の度合いは人によって異なる。その一体感の度合いが彼らの解釈を誘導し、同じ映像でも見方がまったく異なったのだ。

ヤエル・グラノットらは、こうした判断が行われるプロセスをさらに調べるために、警官と容疑者の暴力的ないざこざを収めたビデオを見ているときの人々の目の動きを観察した。[19] 彼女の実験では、警官と民間人の本物の口論を収録した45秒間のビデオが使用された。ビデオでは、警官が容疑者を逮捕する際に必要以上に力を入れたかどうかなど、警官が非倫理的行動もしくは暴力的な行動をとったかは判然としない。

ある場面で、薬物の包みを飲み込んで逮捕されまいとしている容疑者に警官が手錠をかけようとする。2人はもみ合い、警官が容疑者をパトカーに押しつける。容疑者が警官の腕に嚙《か》みつき、警官は容疑者の後頭部を殴る。被験者がそうしたビデオを見ているあいだ、研究者はひそかに、モニターに内蔵された機器で被験者の目の動きを追い、視覚的な注意を観察した。その後、警官は被疑者を殴った件で罰せられるべきか、罰せられるとすればどの程度かを被験者に尋ねた。

まったく同じビデオを見ていたにもかかわらず、警官に一体感を覚えてより長く注視していた人たちは、警官に一体感は持たなかったが警官の行動に目を釘づけにしていた人たちと比べて、警官が罰せられないように望む傾向がより強かった。

ビデオでは、人々のあいだで矛盾する印象をほとんど解消できなかった。むしろ、ビデオのなかの警官に視覚的な注意を払えば払うほど、処罰への判断は大きく分かれた。人々は警官に注意を向けることで、自分自身のアイデンティティに沿ったかたちで責任に対する心理的ストーリーを紡《つむ》ぎ出していたのだ。

実際、アイデンティティは私たちの思想、哲学、理論、言語を形成し、私たちが重要なことに注意を向け、私たちを取り巻く世界で何が起きているのかを自分自身に（そして他者に）説明できるように助けている。こうしたアイデンティティが社会的・物理的な世界に対する私たちの認識をかたちづくっており、アイデンティティによって、どこに目を向けるか、どう世界を解釈するかは変化している。同じできごとを経験しても、何が起きたのかについてまったく異なる結論にいたるのは、こうした選択的注意とフィルタリングプロセスが行われているからだ。だが、ありがたいことに、認識の相違という難題を解決できる可能性はいくらかある。

異なる視点

アイデンティティというレンズを通して世界を見ることが社会に問題を引き起こす事例は、取り締まり時のバイアスだけに限らない。とはいえバイアスもまた、きわめて重要な問題の一つだ。残念ながら、アイデンティティのレンズは第三者が警官の行動をどう判断するかだけでなく、警官が市民をどう判断するかにも影響している。人種的アイデンティティに関する視覚的情報が警官の決断をいかにかたちづくっているかを解明するために、2011年から2018年のあいだに警官が全米で実施した1億件近い職務質問について、研究者が調査を行っている。[20]

警官にとって、運転者の人種的アイデンティティは日中のほうがわかりやすく、日没後は運転者の人種を判断するのが難しくなる。このことは重要である。というのも、取り締まりでは、曖昧な状況で非常に多くの判断をくだす場合があるからだ。車は不規則な動きをしていないか？　運転者は怪しい行動を取っていないか？　運転者は指名手配中の容疑者に似ていないか？　警官がこうした小さなことをどう判断するかが、非常に重大な結果をまねく可能性があるのだ。

警官が車を停止させるかどうかを決めるのに肌の色が影響しているとすれば、人種を判別しにくい夜間より日中のほうが、人種によって車を止められる確率が大きく異なるはずだ。実際、研究者は人種によって偏りがあるのを発見した。交通取り締まりを受ける人物に占める黒人の割合は、日中と日没後で比べた場合、日没後のほうが割合が低くなっていたのだ。「暗闇のベール」のなかでは、人種によって偏りのある判断は少なくなった。曖昧な状況を補うために、警官が人種的アイデンティティやステレオタイプを使うことができないからだ。

研究チームはまた、麻薬や武器などを違法に所持していないか、その確認のために車内を調べるときの警官の判断についても分析した。ここでも人種的偏見があるという証拠が得られた。たとえば、地方の警察署が交通取り締まりにおいて車内を調べた割合は、黒人の運転者の場合は9パーセント以上、ヒスパニック系の運転者の場合は7パーセント、白人の運転者の場合はわずか4パーセントだった。

だが、警官が車内を捜索して、実際に違法なものを発見する割合は、運転者が白人のときのほうが多い。先ほどと同じ地方警察では、車内を捜索したときに、18パーセントの白人運転者が麻薬や武器などを違法に所持していたのに対し、ヒスパニック系の運転者の所持率はわずか11パーセント、黒人の運転者では14パーセントだった。つまり、停車を命じられた際に違法なものを所持している割合は白人より黒人の運転者のほうが低いのだ。だが、黒人は停車を命じられる回数がきわめて多いため、白人より黒人の運転者のほうが逮捕される回数も多いことになる。

こうしたパターンが生じる原因は、警官が日々の業務で誰を取り締まって捜索するかを判断する際の心理的なバイアスにある。警官がもちいる視覚情報――この事例では肌の色――が、その他の情報をどう解釈して行動するかにも影響を与えている。

これは、アイデンティティが問題の一端を担っている状況だが、また同時に、アイデンティティが部分的な解決策になりうる状況であることもわかっている。たとえば、近年シカゴで実施された大規模な調査では、警官の多様性を高めることで、取り締まりでのふるまい方に有意《ゆうい》な差が生じることがわかった[21]〔「有意」は統計用語で、偶然でなく必然である可能性が高いと推定されること〕。黒人とヒスパニック系の警官は白人の警官より、車を止めることも逮捕することも、また武力を行使することも少なかった。これは黒人の一般市民とのやり取りでは特に顕著だった。研究者はこのデータを詳細に調べ、こうしたちがいがどこからきているかに気づいた。彼らは黒人一般市民のあいだの些細《ささい》ないざこざを取り締まることに、あまり焦点を当てていなかった。こういう些細ないざこざというのは、アイデンティティが人の注意や解釈に強く影響を与えがちな曖昧な状況の一種である。

こうしたデータは、多様性の表出が重要である理由をとても具体的に示している。取り締まりに関して言えば、より多様な人種、多様な民族の警官を雇用し、地域社会の人種の割合を代表するかたちにすることで、人種格差へとつながる攻撃的な法執行を減らす助けとなる。こういう警官たちは異なるレンズを通して世界を見ることができるため、警官が曖昧な状況をどう解釈して取り締まるのか、そのやり方を変えることになる。

これと同じ原則は他の文脈や組織にも適用できると私たちは考えている。私たちのアイデンティティは、この世界を理解する手助けをしてくれる。だが、アイデンティティは多くのことを明らかにする一方で、他のことを見えなくしてしまう。私たちは一つのことに集中すると、どうしても他のことを見落としてしまうのだ。さらにまずいことに、自分自身のバイアスを受け入れるのは容易なことではない。他人の認識がいかにあてにならないかは簡単にわかるのに、自分自身の経験がいかに自分のアイデンティティというレンズによってフィルターにかけられているかには、しばしば気づかない。

これは研究者が「バイアスの盲点《もうてん》」と呼ぶもので、よくあることだ。661人のアメリカ人を対象とした一連の研究では、85パーセント以上の人が自分はふつうの人よりバイアスが少ないと考えていた。[22] 驚くことに、**平均よりバイアスが強い**と認めた人は1人しかいなかった。スポーツイベントから警官の取り締まりまで、なにごとにおいても私たちの解釈はアイデンティティによってかたちづくられていると理解することは、私たちに立ち止まるきっかけを与えてくれる。重要なのは、結論に飛びつく前に、自分が持っている可能性のあるバイアスについて、そしてまたバイアスはしばしば私たちの目には見えていないのだという事実を考えることだ。

本章では、アイデンティティが知覚をかたちづくる過程に広く焦点を当てた。それは一つには、自分自身のなかにあるバイアスを認めることが、問題解決への第一歩だからである。次章では、集団が世界についての私たちの信念をどうかたちづくっているか、そして、私たちは正確さと真実を求めて努力するアイデンティティをどうすれば構築できるかを考察していく。

3

現実の共有

Sharing Reality

1954年秋、『シカゴ・ヘラルド』紙の最終面に、ある奇妙な記事が掲載された。見出しには「宇宙からの予言　クラリオン星から町への呼びかけ　洪水から避難せよ。12月21日、洪水で町は沈《しず》む。外宇宙が郊外居住者に警告する」とあった。この記事に興味を持った読者の一人が、ミネソタ大学の社会心理学者、レオン・フェスティンガーだった。

記事に登場する「郊外居住者」の名前は、ドロシー・マーティン。シカゴ在住の主婦で、終末論を唱《とな》える地元のカルト教団の指導者だった。記事によれば、マーティンは自分が「ガーディアン」という、クラリオン星とセラス星から来た知能の高い異星人と交信ができると信じており、彼らから不吉な緊急警告を受けたという。異星人は空飛ぶ円盤で地球に降り立ち、そのとき、不安定な地《ち》殻《かく》の断層に気がついた。そして、まもなく大洪水が起こり、アメリカ西海岸をのみ込むと予期したのだそうだ。マーティンと緊密に交信し合っていた異星人は、親切にもさっそく警告を発し、彼女は忠実に予言を地元紙に伝えたのだ。

当時、レオン・フェスティンガーは、人々は信念が矛盾するときにどうふるまうかについて研究しており、人々は論理や反証を前にしてもなお信念を変えられないことがあるという事実に頭を悩ませていた。彼はこの終末論の予言はグループ・ダイナミクスがどのようにして人々の信念を強めるかを知るための絶好の機会だと考えた。[1]

フェスティンガーと彼の同僚は、シーカーズと呼ばれるそのカルト教団に加わり、インサイダーとして情報を集めることにした。12月21日、黙示録さながらの大洪水が起こるとされている日に、カルトの信者がどう反応するかを観察したかったのだ。フェスティンガーは予言は馬鹿げていると考えていた。そのため、その日はカルトの信者が、自分たちの予想はまちがっていたという反駁《はんばく》の余地のない証拠に直面する瞬間になると確信していた。自分たちの世界観が音を立てて崩れ落ちるときにシーカーズがどう反応するか、彼はそれを同じ場所にいて観察したかった。

12月の中旬になるころ、ドロシー・マーティンは異星人から新たに刺激的な情報を受け取ったと発表した。彼女とその忠実な信者たちは洪水から救われるというのだ。思いがけない新たな予言によれば、12月21日の真夜中、ガーディアンから彼らに知らせがあり、メンバーを安全な場所に運ぶ宇宙船の場所を教えてくれるという。この予言はシーカーズの希望の源《みなもと》となり、集団の信念の要《かなめ》となった。

12月20日の夜、カルト信者たちはドロシー・マーティンの家に集まった。本当の信者だと証明できる者だけが入ることを許された。リーダーの指示で、信者はジッパーやアンダーワイヤー入りのブラジャー、鍵《かぎ》などの金属をすべて取り外して、異星人からの知らせを辛抱《しんぼう》強く待った。信者たちがどれほど興奮していたことか。初めて異星人と遭遇し、自分たちの共有する現実をその目で確認できるのだ。シーカーズにとってはすばらしい夜だ。

真夜中が近づく。信者たちは期待を胸に待っている。

時計がついに12時を告げたとき、信者たちはなぜ何も起こらないのかと不思議そうな顔をして周囲を見まわした。数分が経過した。何人かは心配そうな顔をしている。

別の時計が午後11時55分を指しているのに気づいたある信者が、ほっとしたように息を吐いた。これが正しい時刻にちがいない。あと5分もすれば、異星人が交信してくるだろう！

そして、その時計が真夜中を告げた。

何も起こらない。

数秒が過ぎ、その後、苦悶《くもん》の数分間が続いた。数分間は数時間になった。大洪水は、今や数時間後にせまっている。

メンバーは誰も自分たちを救いにこないという冷たい現実に、そしてもっと悪いことに、自分たちの信念体系はすべてまちがいだったという現実に直面し、呆然《ぼうぜん》として声も出なかった。信者の一人が泣き出した。

その後、午前5時になる直前、マーティン夫人が突然、新たなメッセージを受け取った。「一晩じゅう座っていた小さな集団は、多くの光を行き渡らせた。神はそれをご覧になり、世界を破滅から救ってくださった」。そう、彼らはまちがってはいなかった！　かたくなに信仰を守りつづけることで、信者たちの小さな集団が人類に救済をもたらしたのだ！

問題は、世界を救った彼らが、次に何をしたかだ。取り外していた金属類などを静かに拾い上げ、家族のもとや以前の生活にもどったのか？　気持ちを切り替え、新しい人生をはじめたのか？

そうではなかった。それまで取材を避けていたシーカーズは、数時間もしないうちに新聞社に電話をかけ、救済のメッセージをできるだけ広く報道させようとしたのだ。

この集団は自分たちの信念体系が覆《くつがえ》されるのを目の当たりにした後でさえ、なぜそれにしがみついたのだろうか？　本章では、1950年代に実在したこのカルト教団から得られる教訓を掘り下げ、アイデンティティと信念の本質を理解していく。そのなかで人々を集団の規範に同調させる重要な、そして多くの場合、非常に理にかなった心理的動機について考察する。私たちの世界は誰にとっても、自分一人でやっていくにはあまりに複雑で入り組んでいる。だから集団の規範に同調することが、自身の大切なアイデンティティを世界に示す方法であることも多い。これは通常うまく機能するが、集団や組織がカルト化したり、集団思考に陥《おちい》るようになったりすると、深刻な結果を生むことがある。とはいえ、集団は的確な目標と根拠にもとづくアイデンティティを採用することができ、そのときには私たちの分かち合う信念と、私たちのくだす決断をより良いものにしてくれるのである。

すべての現実が社会的現実であるということ

誰もが共有する幻想は、現実となる。

——エーリッヒ・フロム『キリストの教義』

フェスティンガーがシーカーズに潜入していたのとほぼ同じころ、社会心理学者のソロモン・アッシュは同調行動に関する画期的な実験を行っていた。その研究では、スワースモア大学の学生の小集団に、ごく簡単な視覚的テストを何度か受けてもらった。[2] 学生たちに3本の垂直線を見せ、その後に見せる4本めの線と同じ長さのものを最初の3本のなかから選ぶというものである。これは幼児でもできる（自分たちの子どもが幼児だったころ、同じ問題を解かせたので知っている）。

被験者が自分一人で課題を解いたときは、ほぼ必ず正解した。だがアッシュは、彼らが集団のなかにいるときにどうなるかを知りたかった。そこで学生たちをテーブルのまわりに座らせ、実験者が簡単な視覚刺激を掲《かか》げたときにそれぞれの答えを言ってもらうようにした。だが、被験者には知らされていないことがあった。実際にはどのテストでも本当の被験者は一人しかおらず、集団の他のメンバーはみなアッシュのアシスタントを務めるサクラ〔なりすました偽装の役〕で、実験中、ここぞというところで誤った答えをするよう指示されていた。さらに、何も知らない本物の被験者が必ず最後に回答するように取り決められていたのだ。

したがって、他の学生全員が誤った答えを言ったところで、本物の被験者は選択を迫られることになる。正しいことが明らかな答えを言うべきか、それとも集団に同調して誤った答えを言うべきか。まさに映画『我輩《わがはい》はカモである』でチコ・マルクスが「私の目と、きみ自身の目、どちらを信じるんだい？」と言った状況そのものだ。

視覚的根拠と他の人たちの誤った答えとの明らかな食いちがいに直面したソロモン・アッシュの被験者の76パーセントが、実際に自分の目が見たものを無視し、少なくとも一度は他のメンバーの誤った答えをそのまま繰り返した。平均すると、被験者の約3分の1はグループに同調した。どのテストでも、集団の力にとことん抵抗しつづけた被験者は、4人に1人もいなかった。

なぜ彼らはそんなことをしたのだろうか？　人はなぜ同調し、誤りとわかっているはずの答えを言ってしまうのだろうか？　もしあなたの頭に「**同調圧力**」という言葉が浮かんでいるなら、あなたは正しい。同調圧力のことを心理学者は**規範的影響**と呼ぶが、同調圧力は集団への**同調**を生むうえで主要な役割を果たしている。そしてアッシュの実験で働いていた要因が、同調圧力であることはわかっている。被験者に匿名《とくめい》で答える機会を与えたとき、つまり答えを口にするのではなく、書いてもらったときには、不正解の数はほぼゼロだったのだから。

このタイプの同調圧力は通常、人がまわりの環境に適応し、そして基準から外れることで生じる社会的な不快感や排斥《はいせき》の可能性を回避したいという欲求から引き起こされる。だが、これだけが同調する理由ではない。私たちはこれと似ているが、いくぶん難易度の高い視覚テストをもちいて実験を行っている。その一つが、向きのちがう2つの図形が同じものか異《こと》なるものかを判断するというもので、この場合、答えはいつもすぐにわかるわけではない。私たちは被験者が図形を数秒間見た後に、それまでの被験者の答えの割合を示すかのような円グラフを提示した。

被験者は、大多数が正解である円グラフを見た場合は、有意《ゆうい》に、より多くが正解し、大多数が不正解である円グラフを見た場合は、有意に、より多くが不正解だった。だが、ここで一つ言っておくことがある。被験者はみな、他の誰にも答えを見られる恐れのない小部屋でひとりコンピューター上で回答したということだ。つまり彼らは周囲に合わせたのではなく、他の被験者の回答が示された円グラフを、自身の答えを導き出す情報源としたのだ。

このタイプの**同調**は、**情報的影響**〔他人からの情報を客観的事実の基準として捉える心理〕と呼ばれる。情報的影響が働くのは、他人は概して優れた情報源であるという仮定にもとづき、ものごとを正しく行いたいという欲求のためだ。[3] どう行動すればいいかわからないとき、人はどう考え、どう行動すべきか、その手がかりを得るために他人を見る。

情報的影響は、アッシュによるオリジナルの研究では主要な要素ではなかった。なぜなら、そこでの課題はとても簡単なので、情報を他の個人に頼る必要がなかったからだ。だが、人生にはよくあることだが、課題や状況がより困難だったり曖昧だったりするとき、私たちは他人を見て何が起きているかを理解する助けにしようとする。大人はよくティーンエイジャーが同調圧力に屈しないよう、「ノーと言え！」などと忠告するが、他人の行動に同調することは、完全に理にかなっている場合も多いのだ。

もし他人の知識が自分とそう変わらないと考えるなら、意思決定の際に相手の好みを自分のものと同程度に重視するのは合理的だ。[4] たとえば、一人で長距離ドライブに出かける前、2冊のオーディオブックのどちらか1冊を選ぼうとする場面を想像してほしい。あなたは一方のオーディオブックが若干《じゃっかん》気になっているが、親友が最近、もう一方のオーディオブックを選んだことを知っている（聴いた後にどう思ったかは知らないが）。この場合、その親友があなたと同程度の知識や経験を持っていると思うなら、基本的には心のなかでコインを投げて、偶然出た面のどちらかを選ぶのが合理的だ。つまり、あなたには自分の好みに従うのと同じくらい、友人の好みに同調する理由があるということだ。もしかすると、親友はあなたの知らないことを知っているかもしれない。

次に、あなたの親友2人があなたとは別のオーディオブックを選んだと想像してほしい。この場合は、2対1となるため、コインを投げるまでもない。あなたは自分の好みのほうではなく、友人たちの好みのほうを選ぶだろう。この種の力学は行動に関する「カスケード」〔階段上に連続する滝を意味する〕現象（一時的流行）の要因である。これは特定のミュージシャン、本、服装、髪型、大学の専攻、語句や言いまわしなどへの嗜好《しこう》が、急速に多くの人々のあいだに広まる現象のことだ。昔の雑誌を見ると、肩パッドやベルボトムジーンズなど、一時的に流行しては消えていった（また復活することもあるかもしれないが）トレンドをいくらでも見ることができる。私たちは、他の人々には良い音楽や服装など、良さそうなものを見抜く力があると思い込み、自分たちの当初の考えや印象がどうであれ、大抵すばやく大勢に従ってしまうのだ。

　これは、人々がなぜ別の新しいものを好むようになり、あっというまに流行や人々の好みが移ろうのか、その理由を説明する助けになるかもしれない。[5] カスケード現象が広がると、大多数の人々が自分の知識や見解によってではなく、他の人たちがどうしているかにもとづいて決断するようになる。それがある時点になると、他の人たちは、何が美味《おい》しいのか、何がおしゃれなのか、ではなく、たんにそれが人気だからそうしているのだということが明らかになる。

　すると今度は、もっと少数の人たちによる、いっぷう変わった選択がいっそう有益な情報になる。そういうより風《ふう》変わりな選択をするには、それなりの理由があるのだろうと思うからだ。すると突然、今の流行が色あせ、古びたように見えてきて、次の流行を求める多数派にすぐにでも加わるようになるのである。

　ここまで見てきたように、私たちは周囲に溶け込みたいとき、そしてまた他人を情報源として信頼しているときに、他人に追随《ついずい》する。これに加えて、同調が生じる3つめの理由は、**尊重するアイデンティティを表現する**ためだ。[6] 第1章で論じたように、私たちが属する集団というものには、「ここではこうする」という明確な規範、つまり、その集団の一員であることを証する思考や心構え、行動などのパターンがある。そして集団への同化が強ければ強いほど、その集団の規範を自らの行動によって体現したいと思う傾向は強くなる。

同調は考え方や行動がウイルスのように集団全体に、さらに種《しゅ》全体にまで広がるという意味を含めて、「感染性のある」と表現されることがある。だが、感染というのは最適な隠喩《いんゆ》ではない。ほとんどのウイルスとは異なり、同調は通常その集団の端《はし》までしか広がらないからだ。そこには境界が存在する。この境界があるからこそ、私たちは外集団の規範より、内集団の規範に同調しやすくなるのである。同調が生じる3つの理由はみな、この傾向を助長する。私たちは内集団の仲間に受け入れられることと彼らに溶け込むことを重視する。私たちはしばしば外集団よりも内集団のほうが賢明で、それゆえより優れた情報源であると思い込む。そして、それは私たちの表現したい私たち自身の集団のアイデンティティなのである。

実際は、同調は集団の境界内だけに限られない。ある集団が、他の集団の人々がそれをしているからというだけで自分たちはしないという選択をする場合や、逆に〔他の集団の人々が〕それをしていないから〔自分たちは〕するといった場合がそうだ。[7] これは裕福な人たちや情報通の集団が、それまで取り入れていた自分たちの流行が大衆にまで広がると、別のスタイルを採用するときによく見られる。この類のアイデンティティの力学は、対立が激しい状況でライバルとの差異を保てるよう、一部の集団が反発から偏った思い込みに囚《とら》われたり破滅的な行動に走ったりすれば、問題を孕《はら》みかねない。この力学はときにソーシャルメディアで見られる。特定の企業の政治的姿勢を拒絶すると伝えるために、自分の靴を燃やしたり、コーヒーメーカーを壊したりする自身の動画を投稿するのがいい例だ。

だが、同調には負の側面もあるとはいえ、人間の集団においてきわめて重要な機能を果たしている。思考や情報を共有し、それによって行動をともにするというヒトの能力は、他の霊長類も含めたあらゆる種とヒトをはっきりと区別するものだ。認知科学者のフィリップ・ファーンバックとスティーブン・スローマンは、「チンパンジーは数字や空間を認識するタスクでは幼児を凌《しの》ぐことができるが、目標を達成するために他の個体と協働することが必要な課題では、幼児にも遠くおよばない。私たち一人ひとりの情報量はわずかだが、私たちはそれらを合わせることで、すばらしい偉業をなしとげられる」と指摘している。[8]

一人の知性では、この世界で生活していくのに必要なすべての情報を習得し、保持することはできない。知識は私たちの頭のなかにあるものではない。私たちのあいだで共有されているものなのだ。アイザック・ニュートンは「私が彼方《かなた》を見渡せたのだとしたら、それは巨人の肩に乗っていたからです」と書き、知識の集合的性質へのありがたみを表している。[9]

人間はたった一人になると、事実と虚構を区別することができない。エイリアンの宇宙船がシーカーズを助けに向かっているという考えをあなたが馬鹿にするなら、それはおそらく、あなたがUFOとの遭遇や終末論的物語に懐疑的なコミュニティに属しているからで、あなたに社会的アイデンティティが欠けているということではない。あなたの信条はシーカーズとはまったく異なる集団の信条と同調しているということだ。

属するコミュニティに頼るのは、通常、独力で生きるよりずっと賢明だが、明らかに重大な例外がある。ペテン師、カルト集団の指導者、政治や思想の宣伝者に過度な影響を受けると、ひどく道を踏み外しかねない。カルト集団のメンバーは特殊な人種だと思いたくなるかもしれないが、政界や実業界も含め、どの生活圏でも同様の集団心理に苦しめられることはあるのだ。実際のカルト教団ほどではないにせよ、集団がメンバーを同調させるために圧力を強めるとき、メンバーに与える情報をより狭めてゆくとき、また、世界における自身の立ち位置についての自分たちのストーリーを強く信じ込むようになるとき、何が起きるのか、私たちは知っている。集団心理の負の力学を野放しにすれば、経済コストや人的損失は深刻なものになる可能性がある。

マンハッタンの執着心

2019年5月のある早朝、ドミニクはぐずる子どもたちをベッドから起こし、子ども一人ひとりにグラノーラ・バーを手渡して車に乗せた。日曜の朝6時半で、道路はがらがら。数分で目的地、リーハイ大学内同窓会記念館の立体駐車場の2階に着いた。そこには驚くほど大勢の人が集まっていた。多くはまだパジャマ姿で、そしてほとんどの人がコーヒーを手にしていた。早朝のそっけない場所であるにもかかわらず、集まった人たちには静かな熱気があった。彼らはそこに、マーティンタワーの解体を見にきたのだ。

マーティンタワーは、ペンシルベニア州リーハイ・バレーにおいて、それまでいちばん高いビルだった。1970年代初期に建てられたこの堂々たる建造物は、アメリカ合衆国で一時は生産量第2位だった製鉄会社ベスレヘム・スチールの本社として使われていた。同社は国の軍事力には不可欠な存在で、第二次世界大戦中には1000隻以上の軍船の資材を提供した。ゴールデンゲートブリッジはベスレヘムの鋼材で造られ、1955年にはベスレヘム・スチールはフォーチュン500の第8位に挙げられている。[10]

マーティンタワーは、会社の力の象徴となるべく建てられた。だが意に反して、ついには同社の消滅の一因ともなる、偏狭で傲慢《ごうまん》な企業文化の象徴ともなっていた。タワーはプラス記号を模して造られていた。これは構造的に何か意味があったわけではなく、角部屋の数を最大にすることで経営陣や幹部の自尊心を満たすためだった。

あなたが管理職ならベスレヘム・スチールは働きやすい、いい会社である。幹部との食事は「四つ星」体験として知られ、ランチはゆったりとした優雅な部屋で、銀食器で供された。当時は多くの企業がゴルフコースをまわりながら重要なビジネスを行っていたので、ベスレヘムは経営陣のために、いくつもある工場の近くに実際にゴルフ場を建設した。

一時は、全米で最も報酬の高い幹部12名のうち9名がベスレヘム・スチールの幹部だった。彼らが自分たちに満足するのも尤《もっと》もだし、自分たちの地位は揺るぎないと感じていた。CEOのユージン・グレースが述べたように、マンハッタン島付近の花崗岩《かこうがん》の上には印象的な稜線を描くビル群が聳《そび》えている。その多くはベスレヘムの鉄鋼で建てられ、ベスレヘム・スチール社の堅固さの象徴だった。

だが、ベスレヘム・スチール社の外の現実の世界では、すべてがうまくいっているわけではなかった。国際競争や技術革新が進んでいたからだ。これらは20世紀後半にますます加速し、最終的にはアメリカ鉄鋼業界全体が存亡の機に立たされることになる。なかには外的な現実に適応して生き延びた企業もあるが、ベスレヘム・スチールはそうではなかった。

もちろん、大企業が衰退する要因はいくつもある。だがベスレヘム・スチールの話は、組織が偏狭になると――つまり、内部にのみ情報を求め、自身の神話に囚《とら》われると、どうなりかねないかということへの教訓を呈《てい》している。

同社では、創立からの66年間でCEOを務めた人間は4人しかいない。ユージン・グレースは80代まで務めたが、後年は取締役会で居眠りすることもあり、会議は彼が起きるのを待って進められた。取締役会自体がほぼ社内の人間のみで構成されていた。同様に管理職も内部昇進が大半で、経験を積んだ油断のならない競合相手からの採用者はいなかった。競争の激化する業界において、部外者の視点が欠けていたことは致命的だっただろう。

結局、ベスレヘム・スチールにとどめを刺したのは、会社が繁栄していて経営が盤石《ばんじゃく》だったころに導入した年金や健康保険に関わるコストだった。[11] 経営陣は福利厚生には惜しみなく資金を投じる一方で、将来に備えることを怠《おこた》った。今日《きょう》のような日が明日《あす》も続くと勘ちがいし、これらのコストを将来に先送りにした。だが、その将来がきたときには、問題は解決できないほど膨《ふく》れ上がっていた。2001年、ベスレヘム・スチールは破産し、2003年にはすでに消滅していた。

こうして2019年、ある晴れた日の朝7時過ぎ、駐車場の上に集まった大勢の人々は、爆薬が構造支柱を破壊する瞬間、揺らめく光がプラスのかたちをしたビルの側面を駆け抜けるのを目にすることになった。見物人が息を呑《の》むなか、マーティンタワーはほんの一瞬持ちこたえ、その後濛々《もうもう》と埃《ほこり》を巻き上げて崩落した。

企業カルト

本章を私たちはあるカルト集団の話から始めた。ベスレヘム・スチールは決してカルト集団ではないが、自社の優越性、見識、回復力を信じ込むなど、組織としてカルトと同様の症状を示している。20世紀後半、ベスレヘム・スチールが凋落《ちょうらく》しているときに、別のアメリカの大企業が同じ轍《てつ》を踏もうとしていた。

1980年代半ば、ケネス・レイは、エネルギー大手2社の合併により誕生した新会社エンロンの実権を握《にぎ》っていた。それから10年あまり、レイと、結束の固い最高幹部の主導により、石油インフラ、ガスインフラという物的資産を基盤とする伝統的なエネルギー供給会社だったエンロンは、大規模な商品相場を扱う金融機関に変貌《へんぼう》した。[12] エンロンは大成功を収めた。2000年には社員が2万人を超え、収益は1000億ドルを超えた――少なくとも書類上では。

だが、蓋《ふた》を開けてみれば、エンロンの見かけの価値の多くは架空のもので、実際の利益ではなく巧妙な経理操作のうえに成り立っていた。不正の手口は多彩で複雑で独創的だった。たとえば、経営陣は多額の負債を当時、別会社としていたリミテッドパートナーシップ（合資会社）に移し、エンロンの帳簿から除外していた。この操作が結局は監査役に追及されることになり、砂上《さじょう》の楼閣《ろうかく》は崩壊し始めた。

エンロンの不正をジョージ・ブッシュ元大統領は「ごく一部の腐《くさ》ったリンゴ」のせいだと述べた。だが、不正の規模はあまりにも莫大《ばくだい》で、「ごく一部」といえるものではなかった。『エコノミスト』紙〔イギリスの週刊新聞。見た目は雑誌のような体裁〕の記者を含めた評論家たちは、エンロンは「ある種の福音《ふくいん》主義的なカルト集団」と考えるべきだと提唱した。組織研究者のデニス・トゥーリッシュとナヒド・ヴァッチャはこの意見を真剣に検討し、この比喩は妥当であると結論づけた。彼らが特に注目したのは、カルトには全盛期のエンロンと共通するさまざまな特徴が見られることだ。[13]

たとえば、カルト集団には大抵カリスマ的な指導者がいる。シーカーズで言えば、高次の存在と交信する特殊な力を授《さず》かっているドロシー・マーティンがそうだ。エンロンでは、最高幹部の統率力は神話のごとく尊敬されていた。経営陣は自らを、莫大な利益を追求して、堅実で保守的な業界を大転換する天才的革命家だと見なしていたし、そのように広く認識されていたのだ。

ケネス・レイの後任としてCEOに就任したジェフリー・スキリングは、「ダース・ベイダー」というキャラクター像を喜んで受け入れた。それは彼が勝ち取った評判だった。というのも彼は「人の心を自在に操れるエネルギー業界のマスターだ。その力は絶頂にあり、誰をも震《ふる》えあがらせた」からだ。[14]彼は、配下のトレーダーを突撃歩兵《ストームトルーパー》と呼んでいた。

カルト集団の指導者たちは、「全体主義者的なビジョン」を集団内部に広める。それは超越的なイデオロギーですべてを説明し、明快な行動指針を示すものだ。たとえば、「世界は終わりに近づいているが、救済を得られる手段が一つだけある」という主張ほど包括的なビジョンはない。エンロンのビジョンは、エネルギー産業の主要プレーヤー以上の存在になるというものだった。

ビルのエントランスに掲げられた巨大な横断幕にはこうあった。「エンロンの使命は、世界一のエネルギー会社から世界一の会社に成長することです」。トゥーリッシュとヴァッチャは、これは宗教的ビジョンとか終末論的ビジョンというよりむしろ世俗的なビジョンではあるとしながらも、「地上の楽園を人々に約束している。会社が目標を達成したとすれば、幸運にも当時社員だった多くの人々は、想像を絶する富と幸福を得ることができた」と述べている。

カルト集団が一般的にそうであるように、エンロンは採用の過程を、社員を洗脳する手段として利用していた。選考は過酷で競争が激しいことで悪名高く、8名の面接官が矢継《やつ》ぎ早《ばや》に質問をすることもあった。この試練をみごと切り抜けて入社した人は誰しも、自分は特別に選ばれて選《よ》り抜きの一団に加わったのだと感じるようになる。新入社員の優越感は強化され、会社への帰属意識に縛《しば》られる。そして「エンロンの人間はことあるごとに、彼らは世界で最も有能で優れた社員だと言われ、そう信じるようになった」。この賞賛の言葉は高額な報酬と多額のボーナスというかたちで示された。じゅうぶんな積極性を持って会社の利益を追求していると評価された社員がその対象だった。

さらにエンロンの幹部たちは、社員の信念が揺らがないように、いっさいの異論を許さなかった。異論をおさえる手段のなかでもとりわけ重要なのは、「ランク・アンド・ヤンク」〔年に一度、業績が下位10パーセントの社員を解雇する制度〕と呼ばれる厳しい評価制度を採用したことだろう。これによって熾烈《しれつ》な競争の環境をつくり、執務者は気に入らない人間をすぐに排除できた。エンロンについて述べた他の著述者も指摘しているように、「エンロンは役に立たない社員をすばやく効率的に会社から追い出そうとし、非倫理的で違法にもなりかねないビジネス慣行に対して、大半の社員が意見を述べたり反論したりすることを恐れるような環境をつくり出した。ランク・アンド・ヤンクは恣意《しい》的かつ主観的に運用できるシステムであったため、執務者は盲目的な忠誠心に報《むく》いたり、また異論の芽《め》を摘《つ》むために簡単に利用できた」[15]。

こうしたカルト的な特徴――カリスマ性の高い指導者、全体主義的なビジョン、念入りな洗脳、異分子の排除など――は、熱狂的信奉者を持つ集団や組織をつくり出す。信奉者は集団の使命に献身し、異なる見方が頭からなくなり、集団内部の矛盾や厳しい金銭的な負担、さらには違法性も見えなくなる。そして、この世界観は仲間集団により、人づき合いのなかで社会的に強化される。ドロシー・マーティンの終末論的カルト「シーカーズ」でそうであったように。

幻想と誤った信条が音を立てて崩れ落ちたとき、エンロンは破産し、消滅した。ケネス・レイとジェフリー・スキリングはともに裁判にかけられ、詐欺《さぎ》で有罪判決を受けた。レイは判決前に死去したが、スキリングは収監された。他の幹部も刑務所送りとなった。何千人もの社員が職と年金を失った。夢は終わった。この点で、期待が実現しなかったとき、企業のカルトのメンバーに起きることと、シーカーズのような集団のメンバーにしばしば起きることは異なる。

予言が誤るとき

ドロシー・マーティンの地球外生命体の友人がその姿を見せなかった50年後、ハロルド・キャンピングという名の伝道師が新たに「この世の終わり」を予言した。ファミリーラジオというキリスト教放送ネットワークの社長を務めるキャンピングは、２０１１年5月21日に携挙《けいきょ》〔至福千年説で、キリストが信者を天国へ運ぶこと〕が起こると予言した。

キャンピングは自身のラジオ番組で、数えきれないほどの時間を「最後の審判の日」の話題に費《つい》やし、40カ国以上の人々に警告を発するため、広告用掲示板に何百万ドルもつぎ込んだ。この宣伝が功を奏し、『ニューヨーク・タイムズ』紙、ＡＰ通信、『タイム』誌を含む多数の主要な報道機関が彼の予言に注目した。

経済学者のチームも注目した。彼らはフェスティンガーが「シーカーズ」を対象にしたオリジナルの研究をもとに、別の研究を始めるつもりだった。経済学者として、信仰の力を実質的な金額で測定しようと考えたのだ。そして、シーカーズの調査にはなかった重要な対照群を追加した。対照群は、「セブンスデー・アドベンチスト」と呼ばれる数名の人々だ。彼らはキャンピングの支持者と似ているところがあり、自分たちの存命中に携挙が起こると信じている。ただ、それがキャンピングの予言した5月21日に起こるとは思っていない。これにより、研究者は2つの類似した、だが終末論への信仰が異なる宗教集団の反応を直接比較できることになった。

研究者たちは、聖書研究のクラスの外でファミリーラジオの支持者とセブンスデー・アドベンチストに接触し、お金の提供を申し出た。その際、彼らはその場で5ドルを受け取るか、4週間後に最大500ドル（提示した金額はそれぞれ異なる）を受け取るかを選択しなければならなかった。[16] ここで重要なのは、被験者が大きいほうの額を受け取れるのは、最後の審判の日とされている5月21日より後だということだ。

これを読んでいる合理的な投資家なら誰だって、数週間待つだけで、株式市場のどのファンドより収益率の高い金額を得られるのだとわかる。だがもちろん、支払ってもらえるまでちゃんと世界が存在すると思っていれば、の話だ。

セブンスデー・アドベンチストたちの選択は、経済学の研究で過去に見られた結果と変わらなかった。概して、彼らはその場で5ドルを受け取るのではなく、受け取るのをしばらく待つことにしたのだ。少なくとも7ドル、対照群の誰もが数週間待つことを選択した閾値《しきいち》〔ある変化や反応が起こる最小の値。「いきち」とも〕は20ドルだった。彼らはわずかな臨時収入を得るために、待つことを厭《いと》わなかった。賢《かしこ》い経済的選択だ。

対照的に、ハロルド・キャンピングの支持者たちはみな、今すぐお金を受け取ることを選択した。5ドルをすぐに受け取らないのは損だと考えたのだろう。実際、圧倒的多数の支持者たちが数週間後に数百ドルを手にする機会を断り、今すぐ受け取ることを望んだ。

では、2011年5月21日に、実際に何が起こったのか。

研究チームのメンバーは、フェスティンガーとちがって教団に潜《もぐ》り込んでいたわけではないが、それに次ぐいいポジションを得ることができた。ヤフーで集団の掲示板を見ることができたのだ。携挙が起こるとされた日の数日前――キャンピングによれば、携挙はいちばん早いタイムゾーンにあたる地点が5月21日の日没を迎えた瞬間に始まり、世界を巡る――掲示板は信仰と希望の書き込みが大部分だった。いちばん早いタイムゾーンが日没を迎える数時間前、掲示板に沈黙が訪れた。

そして、予言の瞬間が訪れ、過ぎ去ると、掲示板には再び投稿が集中した。それらの投稿に見られたのは、半世紀前にフェスティンガーが目にしたのと同じ類《たぐい》の反応だった。支持者は希望を捨てるどころか、予言の重要な信条を貫き通せる解釈のようなものをあれこれ探し求め、携挙のときを未来のいずれかの時点に修正し、そして新たな予言が外れるたびに、すぐさま次の予言を重ねていった。

これは5月23日、キャンピングが自身の声明を発表するまで続いた。彼は新たな天啓で、携挙は物質的な領域では感知できなかったものの、「霊的な審判」はたしかに起こり、「世界の終わりの始まり」が始まったと述べた。明らかに矛盾する証拠があるにもかかわらず、彼とその信者たちには何もまちがっておらず、ものごとはまだ予言どおりに動いていた。これはインターネットの時代の、完璧なまでのシーカーズの複製だと言えるだろう。

予言が外れたとき、カルト集団のメンバーはなぜ、このような反応をするのだろうか？　シーカーズを観察したレオン・フェスティンガーらは、アイデンティティや信条が厳しく疑問視されると、人は非常に大きな不快感を覚えると述べている。これは**認知的不協和**として知られる状態だ。合理的に考えれば、そうした場合には集団を離れて家族や友人のもとにもどり、再出発をすればいいだけではないかと思うかもしれない。だが、人は自分のアイデンティティや集団が共有する現実感を守るためには、信じがたいほどあれこれ手をつくす。集団に深くコミットしているメンバーにとっては、矛盾を無視したり、心理的不快感を軽減してくれる新しい情報を探したりするほうが楽なのだ。

私たちの多くは、生活のある一面で思ってもみなかった大きな障害に出くわしたときに、立ちもどることができるアイデンティティや社会的なつながりをいくつか持っている。仕事がうまくいっていないときは一日の終わりに家族と過ごしたり、ソーシャルメディアにログインして友人とつながったり、TVをつけてお気に入りのチームを応援したりすることに癒《いや》しを求めることができる。何かうまくいかないことがあるときは、こうした別のアイデンティティが心理的な緩衝材《かんしょうざい》となってくれる。だが、シーカーズやファミリーラジオの支持者、そしておそらくエンロンの社員の多くは、深みに入り込みすぎていた。だから、自分たちのアイデンティティや集団を強化するようなやり方で、できごとを合理化、もしくは正当化するしかなかったのだ。

信条に反する証拠に直面するなかで信条を守り通すための鍵となるのが社会的な承認だ。信者が孤立していた場合、予言が外れるというような圧倒的な証拠に直面してなお信条を貫ける者はほとんどいない。実際、共有された現実感を維持するなかで社会的承認の持つ重要性は、厳しい現実に直面した場合に（シーカーズに見られたように）信条を軌道修正させるだけでなく、人に改宗をすめて信者を増やそうとする動機になっているとも考えられる。フェスティンガーが書いているように、「その信念体系が正しいと、より多くの人々が信じ込むようになったなら、そのときは明らかに、それが正しいにちがいないということになる」[17]。

信念を修正しながら強化していくというこのパターンは、集団の予言が外れたときによく起こる。フェスティンガーは、予言が現実とならなかったときに歴史上の宗教団体はどう反応してきたかを調べ、「予言が外れたにもかかわらず、狂信の炎は燃え上がった……この失敗が忠誠心をよりいっそう示そうとする刺激となったようだ」と述べている。

本書の執筆中、私たちは同様の力学がQアノンの陰謀論支持者のあいだに起きているのを目撃した。2020年アメリカ大統領選挙に関するQアノンの予言はことごとく外れた。人は、陰謀論者というのは根本的に他とはちがう人たちだと思いがちだ。だが私たちは、陰謀論者の多くは自分自身がめざすべきアイデンティティによって、陰謀論の信念体系に惹《ひ》かれていることに気がついた。彼らは自身のアイデンティティに合致する陰謀論的信念に惹かれ、その信念を仲間の支持者と共有することで帰属意識を得ているのだ。[18]

集団思考の回避

私たちはもちろん、集団がカルト的であることは避けがたいとか、いつもそういうものだと主張しているわけではない。だが、矛盾した情報に直面してなお、共有された現実を探し求める人々を駆り立てるアイデンティティの力学は、あらゆる種類の集団に影響を与えている。よく知られているように、関連する科学文献では、こうした力学は**集団思考**《グループ・シンク》と呼ばれている。

この概念の提唱者であるアーヴィング・ジャニスによれば、集団思考の明白な事例は、ジョン・F・ケネディが大統領に就任した数カ月後、ケネディ政権がピッグス湾（現地ではコチノス湾）と呼ばれるキューバの辺境の地に上陸侵攻を開始したときに見られた。[19] 侵攻の目的は、共産主義者であり、長きにわたってアメリカの経済および外交政策と利害を対立させてきたキューバの指導者、フィデル・カストロを打倒することだった。

この秘密軍事作戦の計画は、JFKの前任者、ドワイト・D・アイゼンハワーの政権下に始まった。CIA（中央情報局）は米軍を投入しないですむように、アメリカに亡命している1400人のキューバ人を秘密裡《り》に訓練し、彼らにピッグス湾を強襲させ、ハバナに進軍させる準備をととのえていた。亡命者たちは、国にもどって彼らが独裁的かつ非合法と見なす指導者を倒すことを切に望んでいた。この作戦にキューバ国民が奮起して、カストロに対して蜂起《ほうき》し、共産主義イデオロギーに強烈な一撃を与えるだろうというのがアメリカの考えだった。

ところが、亡命キューバ人部隊は2万人のキューバ兵に迎えられ、あっというまに撃退されてしまった。4日間で60名以上が殺され、1100名以上が捕虜になった。米軍の軍艦は残りの兵士を退避させようとしたが、キューバの爆撃に遭《あ》い、結局退却を余儀《よぎ》なくされた。ピッグス湾事件は、発足したばかりのケネディ政権にとって大惨事であり、屈辱であった。

ケネディは後に、「我々はなぜあのような愚かな決定にいたったのか」と漏《も》らしている。

残念なことに、最も賢い人でさえ愚かな決断をすることがある。もしこれが一部のカルト集団の行動なら、無視するのは簡単かもしれない。だがケネディ政権には――エンロンのように――優秀な人材がそろっていた。それでもなお、個人の知性が社会集団の愚かさを矯正できることはほとんどない。人は問題に取り組むとき、自分がすでに信じている見解を強化するような方法をとる傾向があり、この傾向は認知能力（知能）とは無関係であることが研究によってわかっている。[20]そしてこの傾向は、グループ・ダイナミクスによって悪化することがある。

アーヴィング・ジャニスは、これまでも非常に賢い人々が集団思考の犠牲になっていると主張した。集団思考は社会に順応したいという欲求から、人々が不合理な決定をくだす場合に生じる。特に、さしせまった決断をしなければならないときや、人々が公《おおやけ》に、そして集団内で自分より地位の高いメンバーに意見や異論を述べなければならないときに、強く働くことが多い。こうした状況で調和と結束を守るようプレッシャーをかけられると、たとえ内心ではその決定に重大な疑念をいだく人が多かったとしても、何としても賛成しなければという気になってしまう。集団思考は、実際にはありもしないのに共有する現実があると錯覚させてしまうのだ。

ジャニスはピッグス湾侵攻時の意思決定を分析し、ケネディの顧問たちには侵攻が失敗すると考える根拠があったにもかかわらず、「軟弱だ」とか「大胆でない」と思われることを案じて、疑念を表明するのを避けていたことに気がついた。異議を唱《とな》えた者は一人もいなかった。だが、ケネディの顧問の一人が後に語ったように、「もし上級顧問が一人でも作戦に反対していたら、ケネディは侵攻を中止していただろう」。

集団思考という概念が知られるようになり、意思決定者はこうした罠《わな》を回避するための策を検討するようになった。リーダーは自分の意見を言う前に、部下に意見を述べさせるようにする。リーダーはまた、集団内のメンバーを「悪魔の代弁者」として指名することもある。その役割は自分自身の意見とは関係なく、集団の総意に異議を唱えることだ。また私たち研究者のあいだでよく知られている方法の一つには、独立機関などによる審査の過程がある。

ケネディがもしアイゼンハワーの計画を上級顧問らに送り、それぞれに匿名のかたちで批判を書かせていたら、どうなっていただろうか。おそらく上級顧問が一様に同意することはなく、さまざまな視点からの異論が上がってきただろう。そして、ケネディは彼らの意見を検討し、情報にもとづいた、だが中立的な立場から、どうすすむべきかという決断をくだせたはずだ。誰も人前で意見を述べる必要はなかっただろうし、大統領は顧問たちの意見と起こりうる反論をじゅうぶんに考慮してから、彼自身の意見を表明できていただろう。

もし、別のより厳格な方法で意見が求められていたら、ピッグス湾侵攻がどのような結果になったのかは誰にもわからない。だが、学者や科学者のバイアスがかかった意思決定を排除するのに、査読《さどく》が有効であることはわかっている。学術誌に投稿された科学論文は、こうした精査を経て出版されている。大抵、論文は編集者に送られ、編集者からその分野の専門家である匿名の査読者数名に送られる。査読者に課される役目は、論理の誤りや穴《あな》、ふじゅうぶんな結論などを可能なかぎりすべて見つけ出すことだ。このプロセスの多くには二重盲検査読方式《ダブル・ブラインド》が採用されている。これは、査読者は執筆者が誰か知らないし、執筆者も査読者が誰か知ることはないというものだ。

ほとんどの研究者にとって、論文はこのプロセスで却下されるという結果になる。だが、研究がじゅうぶんに緻密《ちみつ》で一貫性があると判断された場合には、論文に大幅に修正を加えて再度投稿するよう勧《すす》められ、もう一度査読を受けられる。そして、一度却下された論文であっても、修正を行い別の学術誌に投稿された論文の多くは、以前より良いものとなっていることが研究で示されている。かなりつらいプロセスであるのは確かだが、研究者はこのようにして、科学の進歩や専門的な知識を生み出しているのだ。さらに、論文の発表後も続きがある。ひとたび論文が出版されると、大抵は他の科学者が自身の視点で批評を行ったり、自身の研究室で研究成果を再現しようとしたりする。各論文の結論や理論は暫定的なものであるという認識があるからだ。知識は長い時間のなかで、ゆっくりと、そして慎重に積み重ねられていく。

　査読が完璧《かんぺき》であるとは言えないが、集団思考に対する優《すぐ》れた対抗手段となる。論文のなかで説得力のある点、あるいは証拠がふじゅうぶんな点について、意見が異なる査読者から指摘を受けると、腹立たしく感じることもあるだろう（もちろん、私たちも苛立《いらだ》ちを覚える）。また多様な意見を参考にするぶん、論文発表までに時間がかかる場合もある。だが、予防接種を受けるとき、飛行機に乗っているとき、そしてコンピューターの電源を入れるときなどに、人は査読プロセスに感謝することになる。現代の医学や技術の科学的基盤を向上させてきたのは、こうしたプロセスなのだ。

証拠重視のアイデンティティ

　従来の定説では、集団思考は的確な判断をくだすという集団の目標と、合意や団結という集団の目標が対立して生じるとされてきた。ピッグス湾事件に関する公文書が公開され、一部の関係者が回顧録を出版するなどしてさらに多くの資料が入手可能になると、心理学者のロデリック・クラマーは、ケネディ政権の意思決定は集団思考が原因だという説明について再評価を行った。[21] 彼はジャニスよりはるかに広範な証拠を考察し、ケネディ政権による意思決定の問題は、必ずしも軍事的に成功する可能性を高めようとする意見を抑圧していたことではなく、そもそもそういう考え自体がなかったことだと結論づけた。

ケネディとその顧問たちが意思決定で重視していたのは、軍事作戦が成功する可能性を最大限に高めることではなく、政権にとって政治的に有利に働く、あるいは、少なくとも内政への影響を最小限に抑えることだったとクラマーは主張する。政権の選択は集団思考の産物というより、むしろ「政治的思考」の結果と考えるのが妥当だろうというのだ。

この指摘は、ある重要な点を浮き彫りにする。それは、集団はさまざまな種類の目標を設定でき、その目標のための行動パターン（意思決定を含む）をかたちづくり、成長させていくということだ。そして、こうした行動パターンは集団の規範として強化され、多くはメンバーに遵守《じゅんしゅ》されるようになる。たとえば、私たち2人ともが怪《あや》しげなニュース記事をソーシャルメディアで共有し始めたとしよう。私たちの受信箱は是正《ぜせい》を求めて友人から送られてくるメールでいっぱいになるだけでなく、所属する科学コミュニティで私たちは少なからず顰蹙《ひんしゅく》を買うことになるだろう。専門職として仕事をする機会が失われ、講演依頼が減り、しだいに学会の重要な委員会から除外されていくかもしれない。

これは、私たちのどちらかがつねに正しいという話ではない。私たちが誤った情報を共有したり、根拠に乏《とぼ》しい主張をしたりすれば、同僚たちはすぐにそれを指摘する、ということだ。もし本書に誤りがあれば、ほぼまちがいなくその誤りを知らせてくるはずだ。おそらくは丁重なトーンで、あるいは人目《ひとめ》につくツイッターや科学ブログの投稿でこきおろすかもしれない。そして私たちがまちがいを認めなければ、私たちはコミュニティから見て確実に、よりいっそう苦しい立場に置かれることになる。こうした内部的な制裁が行われるのは、科学者としての私たちのアイデンティティには、実証的分析をもちいて検証可能な結論にたどり着くという、強い期待がともなっているからだ。正確さを追求するという規範は、科学者としてのアイデンティティがきわめて大切にしているものであるし、各世代の科学者がその社会に適応するための重要な要素でもある。

もちろん、科学者がその社会に適応するプロセスには多少の個人差があり、教育役や身近な同僚の価値観、あるいは行動にも影響を受ける。だが科学者の多くは、同僚がすでに虚偽だと証明された理論を擁護したり、何度やっても自身の研究の再現性がとれないことを認めなかったりするのを目にすると、優れた科学者としての彼らのアイデンティティに疑問をいだく。科学者として期待されているのは、考えを見直したり、さらに研究を進めたりして、自身と批評者の結論のちがいを調整していくことだ。こうした姿勢を持つ科学者は科学者のあいだで尊敬される一方で、矛盾した証拠を前にして、なお自身の理論に固執する科学者は、評判を落とす傾向にある。

証拠にもとづく論理的な思考を求められているのは、科学者だけではない。調査ジャーナリスト、弁護士、裁判官、投資家、エンジニア、その他多くの職種の人々がつねに、現実を正確に問いただす力量によって評価されている。そうでなければ人はニュースを信頼しないし、弁護士を高額で雇うこともないし、投資信託に金を預けることも、橋を、その構造が完全かどうかを気にせずに車で渡ったりすることもないだろう。こうした職種の人たちは論理的に正しい結論を導き出すのに失敗した場合、その誤りをできるだけすみやかに訂正しなければ、顧客を失い、失業するリスクを負うことになる。こうした職業が信頼されているのは、正確さを絶対とする編集、法律、技術的な職業上の水準を彼らが遵守しているからだ。完璧な人間が業務を遂行しているからではなく、むしろ正確さの追求という規範を維持する価値観と制度こそが、こうした分野を存続させる力となっている。

先ほど、同分野の専門家による査読プロセスが、同調的な意思決定に対する対抗手段となりうることを説明した。だが、当然のことながら、そうした査読システムにも欠陥がある。査読者にバイアスがある場合、特にそのバイアスが広く浸透《しんとう》していたり組織的バイアスであったりした場合、組織全体に悪影響をおよぼしているかもしれない。

私たちは近年、自分たちも属する心理学研究者コミュニティ内の政治的バイアスを探り出すために査読プロセスの価値観を分析した。いくつかの調査によれば、社会科学者の大多数は、政治的リベラルを自認している。[22] 実際、社会心理学者を対象としたある調査でも、89パーセント以上がリベラル派を自認し、保守派を自認する者は3パーセントに満たなかった。[23]

この偏った結果を見た保守派の評論家アーサー・ブルックスは、無意識の党派的バイアスが研究の質を低下させているのではないかと指摘している。彼はある科学者の言葉を引き合いに出し、「政治色が濃い主題において、イデオロギー的排他性を持つコミュニティによる調査結果が信頼できると期待するのは妄想《もうそう》でしかない」と述べている。彼はまた、細心の注意を払っている研究者であってもバイアスの影響を受ける可能性はあると指摘したうえで、とくにリベラルな価値観に沿った一般的な研究内容の場合は精査が甘いかたちで評価されている可能性があると述べている。

もちろん、それはじゅうぶんにありうることだ。もし党派的なアイデンティティが研究を左右しているなら、科学的な査読プロセスにおいても、何らかのバイアスや集団思考が働いている可能性がある。実際、ツイッターで同僚を対象にしたカジュアルなアンケートを行い、リベラル派と保守派の研究結果のどちらがより再現性が低いと思うかを尋ねたところ、６９９名の回答者のうち、43パーセントがリベラル派の結果のほうが再現されにくいと思うと答えた。一方、保守派のほうが再現されにくいと考えた回答者は13パーセントしかいなかった（残りの44パーセントは変わらないと思うと回答した）。つまり、研究文献にリベラル寄りのバイアスが織り込まれており、信頼できるはずの研究基盤そのものが当てにならなくなるという懸念を多くの人が共有しているということだ。

だが私たちは、同業者による査読、そして科学的アイデンティティを支える批判的視点という規範そのものが、この問題の解消に役立つかもしれないと考えた。[24] そしてそれを検証するため、ジェイと彼の研究室のメンバーであるディエゴ・ライネロらは、合計１００万人以上の被験者を対象とした２１８件の心理学実験を分析した。[25] これらの研究はいずれも、後に別の研究室によって再現調査が試みられているものだ。私たちは、オリジナルの研究結果とその再現結果を比較し、もとの実験の結論と、その学問分野の支持する政治的信条とが一致しているかどうかで、その比較結果にちがいが出るかどうかを調べた。もしリベラル派の科学者が集団思考や「政治的思考」に陥《おちい》っていたとすれば、彼らは自分たちの政治的アイデンティティと一致するかたちでの根拠に乏しい研究を提出し、査読者は自分の政治的信条と結論が類似する論文の査読に手心を加えた可能性がある。つまり、再調査による再現率は低くなる。もしそうだとすれば、最終的には政治的バイアスに満ちた研究結果が大量に発表されていることになる。

私たちは学術論文を大量に集めた後、研究者自身のバイアスを確認する実験を開始した。まず異なる政治的志向を持つ大学院生を幅広く集め、各論文の概要を読んでもらった。それから、その論文の結論がリベラルな世界観を支持しているか、保守的な世界観を支持しているか、あるいはその中間であるかを判断してもらった。

データの分析に先立ち、私たちは分析計画をタイムスタンプつきのオンラインドキュメントに記録した。これで結果を故意に曲げることはできなくなる。この記録は私たち自身のバイアスを（たとえ無意識であっても）確認するための手段だった。また、私たちのチームとはまったく異なる予測をしていた研究者とも協力した。彼が別のアプローチで試しても、同じ結果になるかどうかを確認するためだ。「どのような結果になっても、私たちは結局、誰かからは憎まれることになる」とジェイは研究室のメンバーに警告した。

そして、データの分析を行った。

結果は、いろいろな意味で私たちを驚かせた。まず、政治的偏向があると見られる研究結果は、ほとんどなかった。この分野の研究者にはリベラル派がかなり多いにもかかわらず、その信条と明らかに一致する研究はごくわずかしかなかったのだ。最も保守的な大学院生の評価でも、リベラルな思想にひどく偏った論文はなかった。

次に、リベラル派の研究結果は保守派のそれに比べて一貫性に欠けているかを調査した。これは大きな研究課題だった。もしリベラル派のあいだに集団思考が生じているなら、彼らの研究結果はより根拠に乏しく、再調査による再現性も低いはずである。だが、もし匿名の査読が本来の意図どおりに機能していれば、リベラル派と保守派の結果に再現性の差はほとんどないか、まったくないはずだ。論理やデータの弱点は、その論文の査読者や編集者によって、政治的アイデンティティではなく科学的アイデンティティというレンズを通して判断され、克服されているはずだからだ。

結果、研究結果の再現率はリベラル派の研究と保守派の研究で差がないという良いニュースが得られた。また、サンプルサイズに依《よ》らない効果の大きさ（「効果量」と呼ばれる）や方法の質など、研究の質を測る他の指標においても、両者のあいだには差が見られなかった。

リベラル派の研究結果に集団思考は影響していなかった。心理学者の大多数は、研究や査読を実施する際、個人の政治的志向から離れることができていたようだ。大半の研究者が極端な党派性を示すことなく、科学者としてのアイデンティティに沿った価値観や規範を体現していた。このことは、専門外の人たちや研究者がデータを信頼する強い理由となるはずだ。科学者が築いてきた制度は、政権やそれ以外の集団を悩ませてきた思考パターンに対して、強い免疫力を持っていると見なしていいだろう。

似たような結果は他の研究でも見つかっている。たとえば、ある研究では学会発表の要旨を対象に、リベラル寄りのバイアスがかかっていないかを分析している。たしかに、こうした学会発表は学術雑誌と異なり、査読といった通常の精査プロセスを経ていない。そこで専門家たちは、今度はリベラル派のバイアスを示す明確な証拠が見つかるだろうと予測したのだ。著者らは実際、この研究でリベラル派のバイアスを示すささやかな証拠を発見した。たとえば、研究対象の要旨はリベラル派より保守派のほうがいくぶん多かったこともあって、専門家はバイアスを示す明確な証拠が多数見つかると予測していた。ところが実際に観察された証拠は、その予測より少なく、はるかに根拠に乏しいものだった。[26]

この結果は科学的プロセスの誠実さを強調するものであり、学界にとっての朗報だった。だが、これは科学分野の外にいる人々にも、ある知見を示している。それは、たとえ強い政治的信条にさらされていても、正確さを向上させる規範や制度的な慣行は機能するということだ。これは俄《にわか》には信じがたいかもしれない。なにしろ、科学者自身でさえもっと強いバイアスがあると思っていたのだから。だが、もし私たちが集団思考を回避するために企業に雇用されたなら、おそらく査読プロセスによく似た解決策を提案するだろう。もしベスレヘム・スチールやエンロンが中立的な専門家から匿名で意見を募《つの》り、監視させるような方法をとっていたらどうなっていただろうか。おそらく、あのカルト的で遂《つい》には自滅にいたるような文化は維持されていなかっただろう。査読は決して完璧とは言えないが、集団思考や集団行動に特有の問題に対処するにはかなり効果があると思われる。

科学者たちはこの査読の手順を修正し、さらなる改善を続けている。今では学術雑誌の多くで、研究計画や資料、データ、解析コードなどを査読時にじゅうぶんに参照できるようになった。なかにはボーイスカウトやガールスカウトのようにバッジを設け、ベストプラクティスを実践していることを証明する雑誌もある。また、発表済みの論文であっても継続的な精査が必要という認識から、査読の前だけでなく、査読後にも研究を共有してフィードバックを得られる新たな制度も構築した。こうした革新的な取り組みと同じくらい重要なのが、新たなデータが生まれるたびにこれらの取り組みを分析し、評価しつづけることである。実際、科学者の行動を研究する、メタサイエンスという包括的な分野も存在する。

正確さの追求をゴールの中心に据《す》えるのは、科学に限った話ではない。集団や組織もまた、明晰《めいせき》な批判を重視することで異なる意見を発展させ、より良い意思決定につなげることができる。残念ながら、リーダーの多くは会議で真っ先に自分の意見を共有し、自分が重視するものを周囲に知らせ、異論を抑えるといった、ピッグス湾攻撃を計画した際のジョン・F・ケネディのような行動を取っている。これでは問題を明確にしたり、新しく創造的なアイデアを生んでいたかもしれない疑問や意見の芽を、おそらくは無意識のうちに摘んでしまう。迅速な意思決定を行ううえでは戦略的に有効な場合もあるかもしれないが、長い目で見れば、大きな犠牲をともなっている。

分断された世界での正確さ

ここまでで納得していただけたことと思うが、人の世界観は他人によって形成されている。つまり、私たちの現実は本質的に社会的なものなのだ。これは事実であるにもかかわらず、人々はまだ、自分は客観的に世界を見ていると信じがちである。この事象は心理学で「**素朴実在論**《そぼく》」(naive realism)と呼ばれている。人は自分が現実をありのままに見ていると素朴に思い込んでいるからだ。素朴実在論的な視点で世界を見ていると、自分と意見が合わない人がいると、彼らは無知で、道理がわからず、偏見を持っている人たちだとして、その人たちの意見を無視してしまう。特に相手が他の集団のメンバーだったりすると、なおのことだ。

人は、自分たちの集団は多かれ少なかれ現実をありのままに見ている、すなわち、ものごとをきちんと把握していると考える傾向にある。そしてその一方で、外集団は現実を誤解し、体制に順応的で、概して能力的に劣《おと》っていると見なしてしまう。これを例証するため、クイーンズランド大学の研究者たちは、ある巧妙な実験を行った。一群の被験者には、自分が一員であることを誇りに思う内集団を本質的によく表していると思う動物の名前を挙げてもらった。また別のグループには、関わりたくない外集団を表していると思う動物の名前を挙げてもらった。[27] 最初のグループの被験者は、ライオン、オオカミ、トラ、イルカなど威厳のある動物の名を挙げた。だが2番めのグループは、ヒツジ、レミング、ヘビ、ハイエナなど、やみくもに従順したり、意地の悪いイメージを持つ動物の名を挙げたのだ。

こうした思い込みは、事実をめぐる集団間の意見の相違を解決しにくくしている。相手の集団は愚か者や空論家の集まりだと思い込んで議論に入れば、たくさんの人と新たに友人になることはできない。また、自分がまちがっている可能性に目を向けることもないだろう。

こうしたアイデンティティと集団心理に特有の側面は、社会に深刻な問題をもたらしており、現代では政治的分裂やソーシャルメディアによって増幅されている。集団と集団が基本的な事実について合意できないとき、歩み寄りの基盤は損なわれ、集団間の解決困難な対立が生じてしまう。インターネットの時代では以前にも増して、人々がカルトにも似た自分自身の繭《まゆ》を形成するのが簡単になったようである。

ワクチン接種に関する議論を考えてほしい。あるグループはワクチン接種がポリオや麻疹《はしか》、COVID－19（新型コロナウイルス感染症）などの病気を防ぐ鍵《かぎ》であると考え、別のグループはワクチンが自閉症を引き起こす毒素を含んでいるとか、人々をコントロールするための陰謀の一環だと考えている。これでは歩み寄る素地はほとんどない。科学者が陰謀論を信じるとは思えないし、また反ワクチン派は、自閉症とワクチンが無関係だと証明する新たな研究結果が出ても納得しない。こうして、どちらの側も対話するのをやめてしまい、お互いに同じ考えを共有する人たちと、より多くの時間をともにするようになる。[28]

医師、学区、友人、仕事を選ぶとき、人は自分のアイデンティティと一致する選択肢を選ぶ。意見の異なる人と関わって不快感を覚えるよりも、対立を避け、肯定感を与えてくれる人を見つけるほうが快適だからだ。

現在、誤情報や偽情報がオンラインで拡散するのを防ぐため、あるいは少なくとも拡散の速度を遅らせるため、世界じゅうの団体が対策に乗り出している。フェイスブック〔現メタ・プラットフォームズ〕やツイッターなどのソーシャルメディア企業は、論争中あるいは真実かどうか疑わしい投稿へのファクトチェックを追加したり、「誤解をまねく恐れのある投稿」といった警告を表示する対策を試したりしている。また、陰謀論を拡散するユーザーを排除したりアカウントを削除したりする措置も取り始めている。

　これらは確かに正しい方向に進む方策ではある。だが、政治的な分極化が進むなか、ファクトチェックといった対策によって人々の心を変えるのはかなり困難であることを示す研究結果もある。そこで私たちは近年、同僚のディエゴ・ライネロ、エリザベス・ハリス、アニー・デュークと協力し、ファクトチェックは社会的アイデンティティにどの程度対抗できるかを調べる実験を行った。通常、社会的アイデンティティは実際のカルト集団のアイデンティティほど強くはない。私たちの実験では、人と政党とのつながりに的《まと》をしぼった。アメリカでは60パーセント以上の人が、二大政党のいずれかに帰属意識をいだいているからだ。

　私たちは、ツイッターから転載したかのように見えるメッセージを作成した。政党のリーダーが投稿したメッセージを、内集団と外集団のメンバーそれぞれが共有したかたちになっているが、その投稿はいずれも本物ではない。私たちはこの一連の投稿を各党の支持者に読んでもらい、内集団と外集団の投稿のそれぞれをどのくらい信じるかを尋ねた。

　被験者はたとえば、ドナルド・トランプのアカウントから発信された（ものと見せかけた）次のような投稿を見ることになる。「地球温暖化が本当に起きているなら、氷冠《ひょうかん》〔陸地をおおう氷河のかたまりのこと〕は融解《ゆうかい》すると言われている。だが、実際には氷冠は記録的に成長している」。被験者はその後、この発言を「ファクトチェックした」投稿を見ることになる。この場合のファクトチェックは、ドナルド・トランプに対するヒラリー・クリントンの（ものと見せかけた）投稿だ。「国立雪氷《せっぴょう》データセンターによれば、現在、北極の氷河面積は記録的に減少し、南極の氷河も過去最低に近いと言われています。氷冠が記録的に成長しているという事実はまったくありません」。また別のテストでは、被験者は民主党の著名人が共和党の著名人にファクトチェックされている投稿を見ることになる――これは、ある党の支持者に別の党の支持者に対するバイアスがあるかを調べるための投稿だ。ファクトチェックは有効に機能したのだろうか、それとも、それ以上に党派的なアイデンティティが信念を支配していたのだろうか。

結果として、ファクトチェックは、まったく機能しないわけではないが、ほぼ機能しないことがわかった。

被験者は、ある投稿がファクトチェックされているのを見て、自分の信念をほんのわずかだが修正する傾向にあった。たとえば、地球温暖化に関するドナルド・トランプのコメントを信じていた被験者のなかには、ヒラリー・クリントンのファクトチェックを読んだ後にその信頼度が下がったと報告する人もいたが、1パーセントにすぎなかった。

私たちの研究によれば、被験者の信念を補強するのは、おもに、もとのツイートやそのファクトチェックの発信源が内集団のメンバーか、外集団のメンバーか、ということだった。人々は、内集団と外集団が共有したもとの投稿、ファクトチェックを行った投稿のいずれにおいても内集団のメンバーを信じたのだ。この研究では、党派内で共有された現実感のほうが、ファクトチェックより10倍も強い力を持っていた。そしてこれは共和党支持者にも民主党支持者にも当てはまった。

この結果はこれまでの研究とも一致する。ファクトチェックは多くの分野で有効だが、政治の分野では有効ではない。ひとたび自身のアイデンティティが危機にさらされると、事実情報の持つ力は弱くなる。それが別の相手方からもたらされた情報であればなおさらだ。

だが、事実情報の力を高めて誤情報の拡散を防いだり、悪影響をおさえたりする方法もある。ありがたいことに、人々の目を虚構より事実のほうに向けさせる新たなテクニックが存在することが、最近の別の研究で示されたのだ。繰り返しになるが、そのテクニックの重要な要素というのは、人が情報を収集する目的意識であることがわかっている。つまり、人はオンラインで何らかの情報に遭遇した際、その正確性を検討しようとするのか、それとも相手を挑発したり、友人を楽しませたり、その話題を広めようとするといった他の目的に突き動かされているのかということだ。

目的意識のちがいはオンラインでの情報の広がり方にどう影響するのかを調べるため、研究者がある実験を行っている。彼らは新型コロナウイルス感染症に関するニュースについて、見出しの内容が正しいものとまちがったものをそれぞれ複数用意し、フェイスブック上の投稿に見せかけて被験者に提示した。[29] 被験者の半数にはそれぞれの見出しをオンラインで共有しようと思うかを尋ね、残りの半数の被験者には、彼らの知る範囲で、それぞれの見出しの主張が正確かどうかを尋ねた。

その結果、正確さを検討するように言われた被験者のグループは、情報を共有しようと思うかと聞かれた被験者のグループよりも、見出しの真偽をはるかに効果的に判別していた。正確かどうかに焦点を当てることによって、真実と嘘《うそ》をより正確に見分けることができたのだ。またスティーブ・ラティーとサンデル・ファン・リンデンが指揮した研究では、被験者に金銭的なインセンティブを与えることに、偽情報の拡散を抑止する効果があることがわかった。正確な判断を行うためにたった1ドルを渡すだけでも、党派的なバイアスを減らすにはじゅうぶんだったのだ。

人は正確な判断をしようと思っているとき、大抵正確な判断ができる。その事実が私たちに力を与えてくれる。問題は、ますます二極化が進むこの環境にあって、正確さの規範をどう築いていくかである。今や、人々は同じ考えを持つ相手とだけ関わることをより好み、あらゆる機会をとらえては敵と見なす相手の意見を否定し、貶《おとし》めるようになっている。

このことはまた、政治的な考えのちがいで意見を異《こと》にする人々が協力し合うようになるにはどうすればいいのかという、さらなる課題を提起している。次章では、この問題をより深く理解し、考えられる解決策を論じていこう。

4 エコーチェンバーからの脱却

Escaping Echo Chambers

たとえば、地元の市議会議員の立場に立って、次のように銃規制の問題に取り組むとしよう。見えないように銃を隠《かく》して携帯するコンシールド・キャリー〔Concealed（コンシールド）は「隠し持つ」の意〕を禁止する規制法を制定した場合、市内の犯罪率を低下させる効果があるかどうかを確かめてみたい。この種の法規制が功を奏した実績があるかどうか判断するために、ここ数年に、そうした法案を通した都市とそうしなかった都市とを比較するべく全国の統計に目を通してみる。その結果、コンシールド・キャリーを禁止しなかった都市のうち２２５市で犯罪が増加、75市で減少していたのに対して、コンシールド・キャリーを禁止した都市のうち１０５市で犯罪が増加、20市で犯罪が減少していたことがわかった。

これらの数値からどういう結論が出るか、ちょっと考えてみよう。この種の銃規制法は効果があるのだろうか？

今度は別のケースを想定してみよう。ある医療機関に勤務する従業員として、頑固《がんこ》な吹出物《ふきでもの》の治療薬として新たに発売されたスキンクリームの効能を評価する必要があるとしよう。ここでも同様の比較を行うのだが、まず新しいスキンクリームを処方されなかった患者のうち２７０人が症状が悪化し、90人は改善した。これに対し、新しいスキンクリームを使用した患者のうち１２６人が症状が悪化し、24人が改善した。

このスキンクリームは効能があったのだろうか？

では、２つの問題と答えを比較してみよう。スキンクリームについて、銃規制のケースと同じ結論を出しただろうか？

上記のデータ（実際のデータではなく、まったくの仮定の数値だが）にもとづけば、どちらの場合も効果がないとするのが正解であろう。どちらの問いも一読しただけでは明快な答えが出ないような設問となっている。

しかし、具体的に計算してみれば、吹出物については当のスキンクリームを、

○使わなかった患者の25パーセント（90÷［90＋270］＝0.25）で症状が改善する一方で、

○使った患者のほうは16パーセント（24÷［24＋126］＝0.16）しか改善していない。

同様の数式で銃規制のケースも計算してみると、規制法を、

○施行しなかった都市の25パーセント〔75÷［75＋225］＝0.25〕で犯罪が減少したのに対し、

○施行した都市のほうは16パーセント〔20÷［20＋105］＝0.16〕しか減少していないことが明らかになる。

裏を返せば、新しいスキンクリームの使用も、銃規制法の施行も、

● 84パーセント〔100−16＝84〕の割合で状況を悪化させる動きに関連する一方で、クリームを使用しない場合も、規制を施行しなかった場合も、

● 75パーセント〔100−25＝75〕の悪化にとどまっている。

したがって、当のスキンクリームも、銃規制法も役に立たないということになる。

これら2つの問題は、数学的には同じであるにもかかわらず、実際の調査で人々に解答してもらうと不思議な現象が起こる。2013年、イェール大学の法学部教授ダン・カハンらのチームが、ほどほどに数学ができるアメリカ人にこれらの問題への解答を尋ねたところ、彼らはスキンクリームの問題では正しく答える傾向にあったが、銃規制に関する問題では誤った解答となることが多かったのだ。[1]

何がちがうのだろうか？ スキンケアは大抵の人にとってはそれほど危機的な問題ではないが、銃規制はそうではない。特にアメリカでは、銃に関わる社会政策はどんなものであれ、激しい議論を巻き起こす政治問題になりがちだ。銃規制の問題に答える場合、人々の数学の能力よりも、政治的なアイデンティティのちがいのほうが重要なのだ。「銃規制は効果がない」という数学的に正しい答えは、ある党派の支持者には納得がいく一方で、他の立場の人々を困惑させるものとなるはずである。その結果政治的なアイデンティティや信条がデータの正しい解釈と一致している人々ほど、

正しく解答する傾向が見られた。

銃規制は効果的で重要だと考えられるか？　これにイエスという人は、最初の銃規制に関する問題に正解する可能性は低いだろう。逆に、効果的ではないと考えているなら、おそらくこの問題は比較的容易に正解できるだろう。実際、答えなど最初からわかっていると感じたかもしれない。

この問題は、正解が「こうした特定の銃の規制法は効果がない」となるように設定されている。この設問ではカハンの調査に応じた民主党員は、共和党員より正答率が低かった。民主党員にとっては、政治的なアイデンティティにもとづく「正解」が逆だったからだ。だが前述のとおり、これらの問題の数値はまったくの仮定であり、別のグループに対して数学的な正解が「銃規制は効果がある」となる設問とした場合、共和党員の正答率は民主党員より低くなった。

この実験では、とりわけ数学が得意な解答者のあいだでさえも、銃規制の問題の正解が彼らの政治的信条に反する場合、そうでない場合より誤答する割合が45パーセントも高くなった。要するに、特定の政治的アイデンティティは人々の頭を鈍《にぶ》らせてしまうらしい。

党派心の高まり

政治的アイデンティティがなぜ数学の問題を解く能力に影響するのだろうか。その答えは、市民生活においてますます顕著になってきた「政治的党派性」にある。人々は政治的リーダーや政党、信念体系に共感すると、そこから生まれるアイデンティティが社会政策の評価の仕方から、投票行動、交際にいたるまで、あらゆるものを左右するようになるからだ。

政治の分野では、すでに論じたような社会的アイデンティティの基本的な要素は、激しく対立する有力な政党の選択、党派的なニュースソースから受け取るメッセージ、また政治的リーダーやエリートなどの印象操作によって増幅されることがある。またソーシャルメディアでの情報の流れも、ますます重要な役割を果たすようになっているようだ。

目下、アメリカ、カナダ、イギリス、ブラジル、ハンガリーなど世界の多数の国々で、政治の二極化が激化している。[2] これはアメリカでは進歩的な民主党と保守的な共和党の対立として、イギリスでは近年のEU離脱（ブレグジット）の是非をめぐる対立として、ブラジルでは対立を煽《あお》る保守派の大統領、ジャイル・ボルソナロに対する支持・不支持のかたちで表面化した。またカナダでも、リベラルと保守の二極化が加速しており、ニュージーランド、スイスなどでも同様である。

こうした状況は人々がこれまで以上に政治的アイデンティティを重視する原因となり、今や恋愛からソーシャルメディア上での自己表現にいたるまで、生活のさまざまな側面に影響をおよぼしている。[3] たとえば、アメリカのツイッターユーザーの自己紹介欄には、他のどのような社会的アイデンティティに関連する言葉よりも、政治的な言葉が書かれる頻度《ひんど》が高い。[4] 現代の人々は信仰する宗教以上に、どの政党に所属するかで自分をあらわすようになっているのだ。私たちがアイデンティティの時代に生きているとすれば、多くの人にとって、政治はますます重要なアイデンティティとなりつつある。

家族であっても政治思想が合わない人とは、感謝祭のディナーをともにする時間が少なくなる。[5]また、党派性は恋愛の世界にまで入り込んでいる。[6]アメリカ人にとって、異なる党員どうしのデートは、今や人種が異なる者どうしのデート以上にタブー視されている。私たちはドナルド・トランプが大統領に就任した時期にこの件について調査したが、政党の垣根《かきね》を越えてまで相手とデートしたいという人は、4人に1人もいなかった。[7]

政治的な意見の相違や議論はつねにあるし、そうした相違や議論は健全な社会と堅固な民主主義には不可欠だ。しかし二極化が行きすぎると、社会的アイデンティティという心理が、内集団への愛（所属する集団にいだく一般的な選好）から外集団への憎悪へと変化することにつながる。実際、一部の有権者は、支持する党に特に思い入れがあるというより、敵対する党への強い嫌悪《けんお》に突き動かされている場合がある。また、投票するのは支持する候補者を当選させるためではなく、恐怖や嫌悪を感じる候補者を落選させるためだという話も聞く。

これを裏づけるように、アメリカでは自派への好感より他派への嫌悪のほうが、投票行動により強い影響をおよぼしていると示唆《しさ》する調査データもある。[8]この種の行きすぎた党派対立には、相手を自分と根本的に異なる、すなわち異質な存在と見なして、敵対者やその意図に強い不信感をいだいたり、道徳的に腐敗していると考えたりするなどの憂慮《ゆうりょ》すべき傾向が見られる。

本章では、政治的対立の起源と力学、その対立を現代の社会環境がどのように悪化させているか、また私たちはそれに対して何ができるかを探る。人は党派心にとらわれると、たとえ党の方向性と矛盾する証拠《しょうこ》、リーダーの信用を損《そこ》ねるような証拠があっても、それを認めようとしないことがある。また、集団全体が事実を否定してでも党派の方針を守ろうとすれば、社会に分断と損失をもたらす行動や政策が生まれることもある。私たちのデータと分析がアメリカ中心であることは確かだが、他の多くの国々でも、同様のグループ・ダイナミクスが根底に働いている。

政治脳

人類が抱《かか》える本当の問題、それは、私たちが旧石器時代の感情、中世の制度、そして神のような技術を持っていることだ。

——E・O・ウィルソン『過去を振り返り、未来を見据える』*

〔*副題「ジェームズ・D・ワトソンとエドワード・O・ウィルソンとの対話」 原題《Looking Back, Looking Forward: A Conversation with James D. Watson and Edward O. Wilson》〕

政治観のちがいは、人間における生物学と興味ぶかい繋《つな》がりを持っている。多くの人は親と同じ政治的志向を有し、親と同じ政党を支持する。こう聞くと、「それはおそらく同じ環境で育ったからだろう。日々夕食を囲んで話せば、親の影響を受けた政治的見解をいだくようになるのも当然だ」と思うかもしれない。実際、政治的思想は社会的な条件づけによって育《はぐく》まれると考える人は多い。

だが、私たちの多くは、生物学的な理由によって特定の政党やリーダーを好む傾向があるとわかっている。すなわち、人々の政治的信条の半分近くが遺伝的要素に関係していることが、研究で明らかになっているのだ。たとえば、同じ遺伝子をほぼ100パーセント共有する一卵性双生児は、50パーセントしか共有しない二卵性双生児や兄弟姉妹よりも政治的見解が似ている傾向がはるかに強い。[9] よって、幼少期に一卵性双生児の1人を進歩的なリベラルの家庭で、もう1人を筋金入《すじがねい》りの保守派の家庭で別々に育てても、両者は最終的に同じ政党に傾倒していく可能性が高い。

数年前、オスカー俳優のコリン・ファースは、リベラル派と保守派では脳にちがいがあるはずだと推測した。そこで、ユニバーシティ・カレッジ・ロンドンの神経科学者グループと協力し、多数のリベラル派と保守派の人々の脳をそれぞれ、ニューロ・イメージング（脳機能を可視化する方法）で調べる研究を開始した。[10]

結果は驚くべきものだった。脳の特定の構造を調べるだけで、人々の政治的傾向を72パーセントの精度で予測できることがわかったのだ。

彼らが調べたのは、脳の灰白質《かいはくしつ》（神経細胞が密集する部分）の体積だ。この体積には個人差があり、保守派であるほど扁桃体《へんとうたい》が大きく、リベラルな人ほど前帯状皮質《ぜんたいじょうひしつ》が大きい傾向があった。扁桃体も前帯状皮質も、感情的な要因、社会的地位、争いごとに対する反応の仕方などの多くの心理的プロセスに関わる働きがある。

アカデミー賞を獲得（『英国王のスピーチ』で主演男優賞を受賞）し、同じ年に神経科学雑誌に論文を発表した人物は、まずまちがいなく、ファース氏ただ一人だろう。この研究は、政治的志向が異なる人々のあいだには、はっきりとした神経学的差異があることを明らかにした。また、私たちが政治神経科学に足を踏み入れ、扁桃体の特殊な役割をさらに解析するきっかけにもなった。

　脳のちがいと実際の政治行動の関連を明らかにするために、ジェイはハンナ・ナムが主導するプロジェクトに参加し、ニューヨーク大学で同様の研究を実施した。その結果、同じようなパターンが確認された。社会の変革より現状維持を望む（典型的な保守派に結びつけられる選好）と答えた被験者の扁桃体のほうが、わずかに大きかったのだ。[11]

　だが、より重要なのは、1年後に同じ被験者に対して追跡調査を実施し、脳のこの領域から実際の政治行動を予測できるのかを確認したことだ。そして、実際に予測できたのだ。[12] 追跡調査の結果、扁桃体〔恐怖や不安に深くかかわるとされる部位〕が小さい人ほど、進歩的なリベラルが行う抗議行動や集団行動に参加する傾向が高かった。言い換えれば、前帯状皮質〔共感にかかわるとされる部位〕の灰白質が大きい人ほど、ブラック・ライブズ・マターの集会、グローバル気候マーチ、さらには「ウォール街を占拠せよ」といった抗議デモに参加する傾向が高かった。

　ここから何がわかるのだろうか？　もちろん、人間の遺伝子や脳は、特定の政治家や政党、政策を賞賛したり支持したりするようにあらかじめ設定されているわけではない。気候変動、性的マイノリティの権利、最低賃金の引き上げなど、21世紀に生きる私たちが取り組む固有の政治的課題は、ほとんどが19世紀の人々にとっての関心事とは異なるし、まして人類が進化をたどった私たちの祖先の環境における関心事とも異なる。より可能性があるのは、人は生物学的に、一定の方法で世界をとらえやすい性質があり、そのために特定の政治的姿勢、政党、リーダーが魅力的に見えたり見えなかったりすることだ。

たとえば保守派は、リベラル派よりも変化を嫌い、他の条件も変わらないなら現状維持を好む傾向がある。[13] また、リベラル派よりも社会階級の現状に満足していて、地位や権力を明確に線引きしたがる傾向もある。こうした選好にはおそらく何か生物学的な基盤があり、ある事象に対する神経系の反応のちがいが、その選好をかたちづくっているのだろう。あるものごとはより正しく好意的に感じられる。ある状況では不安や懸念が引き起こされる。このように、ある事象にどう反応するかが、その社会における人間の政治的志向を決めている可能性がある。

変化を楽しんだり、格差のない公平な社会をより好ましく感じる人は、リベラルな立ち位置に惹《ひ》かれやすい。一方、変化を嫌う人、主導権を握っているのが誰かをはっきりさせたい人は、より保守的な立場に惹かれやすいというわけだ。

扁桃体は、あらゆる種類の感情処理に関わる脳の領域だ。他の種と同様、ヒトの扁桃体もとりわけ社会的階層や社会的地位と強く結びついている。たとえば、ヒトの脳画像をもちいたある研究によると、新しい社会階層を学習するときには扁桃体が関わっていた。[14] これは推測だが、扁桃体が大きい人ほど社会的な格付けをより気にかけ、その一つの結果として、社会階層を維持する社会のしくみや、それを守る政策をより魅力的だと思うのかもしれない。[15] そうした人々は結局、既存の社会のしくみを混乱させる抗議活動などと距離を置きたがるとも考えられる。

あえて言えば、こうした生物学的なちがいは問題の一部でしかない。この種の脳の情報には、卵が先か、鶏《にわとり》が先かという問題がある。脳のちがいが政治的信条のちがいにつながったのか、あるいは政治的信条のちがいが脳を変化させたのかはわからない。

より一般的に言えば、人は生物学的な要因から、ある種の政治的見解に魅力を感じる可能性がある。その一方で、ひとたび政治的アイデンティティが形成されると、その集団内で良《よ》きメンバーとなるための手がかりを探し、集団のアイデンティティというレンズを通してさまざまな事象をフィルターにかける。同じ政治的信条を持つ党派に自身を分類し、政治的に賛同できる団体に加わり、ときにより同質のコミュニティに移り、夕方には特定のニュース番組を選んで視聴するようになる人は少なくない。さらに近年ではオンラインにも政治活動が持ち込まれ、各党の支持者がネット上でその欲求のままに衝動的にふるまうことが多いように思われる。

オンラインでの政治活動

インターネットやソーシャルメディアが誕生した当初、人々はこの新しい技術が世界をつなぐ未来を想像して胸おどらせたものだ。ログオンすれば、誰もが家族や旧友だけでなく、さまざまな背景や文化を持つ無数の人々と交流できるのだ。この技術は互いにつながり合う新たな世界への入り口となり、人々はこの新たな世界で新たな種類の現実感の共有を確立できるものと思われた。

実際、その期待の多くは実現した。私たちは確かに新しい世界に生き、過去のいつの時代よりも互いにつながり合うようになった。たとえば、ソーシャルメディアのユーザー数は、全世界で40億人をゆうに超えている。

だが、ある意味で人々のつながりが深まったことは確かだが、こうした技術は人々の分断も同じくらい深めた可能性がある。文化や国境を越えた交流を可能にした反面、人々が自分のアイデンティティを肯定し、信念を強めるための情報も簡単に見つけられるようになったからである。ソーシャルメディア企業のなかには、人間どうしが理解を深め合うためでなく、党派的アイデンティティのある種最悪の欲動が助長されるようなプラットフォームや報酬システムを開発し、利益を生み出している企業もある。

私たちの共同研究者であるモリー・クロケットの調査によれば、オンラインの世界は今や、オフラインでの生活以上に暴動を生み出す場となっているそうだ。[16] 私たちがオフラインの日常生活で非倫理的な行為に遭遇することは稀《まれ》である。だが、オンラインでは事情が異なる。実際、人々がオンラインで遭遇したと答えた非倫理的行為の数は、印刷媒体、テレビ、ラジオを合わせたメディア上で観《み》たり聴いたりした数の3倍以上にもなるという。[17]

誰かが人の財布を盗んだり、暴言を浴びせたりする場面を、あなたは何度目にしたことがあるだろうか？　こうしたことは現実に起こりうるが、ほとんどの場ではめったにないことだ。だが、インターネットでは誰もがこうしたできごとに遭遇し、目撃者になりうる。育児放棄をする親から、ペットを虐待する飼い主、いじめ、腐敗した政治家、さらには恐ろしい大虐殺にいたるまで、インターネットは数えきれないほどの邪悪な行為にユーザーをさらしているのだ。

ユーザーが望めば、インターネットは底なしの悪意の沼と化す。ひとたびログインすれば、怒りを沸騰させる燃料が次から次へと投下されるのを目にすることになるからだ。クロケットの調査の対象者たちも、日常生活のどの場面で遭遇するよりもずっと多くの悪意をインターネットで経験したと答えている。また残念ながら、たまたま目にする情報には、道徳的なものより非道徳的なもののほうが著《いちじる》しく多いという報告もある。

だが、オンラインで遭遇した事象に対する反発は、重要かつ生産的な役割を果たすこともある。たとえば、不正に対する怒りや罪悪感が、集団行動の動機となることがある。2011年、中東および北アフリカ諸国で、独裁体制からの自由を求めて民衆が蜂起《ほうき》した「アラブの春」ではツイッターが運動を後押ししたとされている。同様に、人々がフェイスブックやツイッターを通じて警察による暴虐を目にしたときにも、抗議行動を起こしたり、政治家を志《こころざ》したり、社会変革のために戦おうとしたりすることもある。こうした抗議行動と変革の力学については、第7章でより深く考察する。

こうした技術はいろいろな意味で、かつてないほど多くの情報を人々にもたらすようになった。

またそれらは、志をともにする人々と知り合い、支え合えるコミュニティを形成するのにも一役買っている。それは新技術がなければ、かつては実現できなかったかもしれないコミュニティだ。

さらに、新型コロナウイルス感染症の世界的大流行により人々が物理的な隔離を余儀なくされた際には、ビデオ会議のような接続技術にはかり知れない価値があることが明らかになった。私たちも急遽《きゅうきょ》、講義を完全にオンラインで行うようになり、学会もオンラインの場に移行した。また、本書の執筆の大部分はテキストメッセージで共同作業を行い、意見やアイデアが浮かぶたびに何千回とやり取りした。

だが、こうした技術革新、特にソーシャルメディアには暗黒面があるという認識もまた広がりつつある。

エコーチェンバーの内側

「行進に参加しよう！　トランプとその偏見に満ちた政策を阻止しよう！」。これはフェイスブックの「ブラック・マターズ・US（Black Matters U.S.）」ページに投稿された、デモの告知だ。このデモにはおよそ1万人が参加し、ジェイの住むニューヨーク市のマンションから数ブロックのユニオンスクエアから、セントラルパーク南端に近いトランプ・タワーの金ピカのエントランスまで行進した。

2016年、同じく大統領選挙運動の期間中、サンシャイン・ステート〔アメリカのフロリダ州のこと〕の20以上の都市で「フロリダ・ゴーズ・トランプ（Florida Goes Trump）」と総称される集会が開かれた。メディアで見られた集会の告知にはトランプの演説がそのまま引用され、「Make America Great Again!（アメリカを再び偉大な国に！）」と「愛国者」に呼びかけた。

こうした音頭取りは草の根の政治活動のような調子だったが、じつは発信元ははるかに悪意に満ちていた。ロバート・モラー特別検察官が後に起訴状で明らかにしているが、この2つの活動はどちらも選挙を操作して民主的プロセスを混乱させるという、ロシアの大規模な計画の隠《かく》れ蓑《みの》だった。具体的に言うと、ロシアはアメリカ人の政治的なアイデンティティを利用して、国民どうしを敵対させようとしたのだ。

ロシアのプロパガンダ集団は選挙期間中、対立を煽《あお》るような広告をフェイスブックに掲載し、ツイッターには銃規制や市民権などの問題、また移民やイスラム教徒といった「自分たちとはちがう人々」への恐れを強調したコンテンツを投稿した。ある投稿の画像では、イエス・キリストに襲《おそ》いかかろうとする悪魔の頭部が、赤い角の生《は》えたヒラリー・クリントンに加工されていた。画像上部には「イエスに勝ってほしい人は『いいね！』を」という見出しが入り、下部には小さな文字で「Army of Jesus（イエスの軍隊）」とある。フェイスブックの推計によれば、2016年の選挙投票日に先立つ数カ月のあいだに、最大で1億5000万人がこうした広告を目にしたという。

これらの広告が党派間の対立に訴え、助長するためのミームであることは明らかだ。投稿にはこれ以外にも、星条旗、カウボーイ、ヒーローを思わせる赤い競泳水着をつけた、戯画化されたバーニー・サンダースのイラストといった画像まで含まれる。いずれもアメリカのアイデンティティを強く象徴するものだ。

この偽情報キャンペーンの問題は、たんにファクトチェックで排除できるような嘘を拡散していたというだけではない。これらの広告には、アメリカ国民を分断させる意図があったということも問題なのだ。ロシアのプロパガンダと聞くと、隊列を組んだ兵士たちや壮観なミサイルの並び、その上に威圧するように立つスターリンやレーニンといった、冷戦時代のイメージを通常は思い浮かべるだろう。だが、フェイスブックやツイッターの時代につくられたプロパガンダ目的のミームはそのようなものではない。そこには現代の社会的アイデンティティにつながる言葉やイメージがたっぷり盛り込まれている。そして、こうした象徴的なメッセージは、党派の過激な支持者たちによって拡散されがちだ。

近年は、ソーシャルメディア・プラットフォームのアルゴリズムが「フィルターバブル」を生んでいる可能性が強く懸念されている。つまり、ユーザーがおもに自らの信念と一致するニュースや意見、その他の拡散情報を受け取れるよう、過剰に操作されているのではないかという懸念だ。フェイスブックやユーチューブには、ユーザーにできるだけ快適なオンライン体験を提供するという意図がある。そのため、ユーザーが知りたくない情報をニュースフィードやおすすめ動画から遮断している可能性がある。さらに悪いことに、アルゴリズムによっては選好をエスカレートさせ、しだいに現実とずれた極端な情報環境にユーザーを誘導しているかもしれないのだ。

これが実際にどの程度深刻な問題なのかは定かではない。プラットフォームのアルゴリズムが何をしているのか、正確に突き止めるのは難しい。その理由はいくつかあるが、たとえば、アルゴリズムの背後にあるしくみは一般に公開されていないこと、アルゴリズムはつねに変更されていること、プラットフォームごとにアルゴリズムの仕様も異なっていることなどが挙げられる。また、ソーシャルメディア企業、特に大手は確実に、フィルターバブルや過激化などの潜在的な問題への警戒を強めている。だが前章までの心理学的な、またアイデンティティに関する力学で述べたとおり、たとえソーシャルメディアのアルゴリズムによる情報を受け取らなくても、人々は信念を補強する情報の「泡《バブル》」にさまざまな経路で誘導される可能性がある。

ソーシャルメディアでは大抵、人は自分と似た人々を選んで友達になり、意見が一致する人とはつながりを維持するが、そうでない人はブロックしたり、リストから外したりする。さらに、たとえ多様な視点の情報がメディアに流れていても、自身のアイデンティティに沿った情報にしか注意を向けなかったり、記憶していなかったりする可能性もある。つまり、自身の社会的現実を認めてくれる「事実」を選り好《え》みしているのだ。人はまた、内集団の規範に同調しやすく、ある問題に対する内集団の総意から自分の意見をかたちづくろうとする傾向がある。彼らはこうした自分たちのアイデンティティと一致する情報の共有、再共有を通じて、そうしたアイデンティティを世界に発信しようとしているのかもしれない。

ソーシャルメディアの時代では、政治的、社会的、文化的な問題は、家族の夕食や地元の居酒屋で語られる話題から、より広い公共の場で語られる話題になった。この変化のおかげで、私たちのような研究者は、大規模な政治論を引き起こす心理的要素を分析できるようになった。そこで私たちは、オンラインではアイデンティティがどのように表現され、対立的な言動がいかにしてその集団間の分裂を助長するのか（あるいは集団間の分裂がいかにして対立的な言動を助長するのか）、研究を開始した。

人々は今や、日々大量の情報にさらされている。ある試算によると、ソーシャルメディアの平均的なユーザーは、毎日300フィート（約90メートルなので約9000センチメートル）以上のコンテンツをスクロールしているという。[18] 6インチ（約15センチメートル）のスマートフォンで計算すると、なんらかのソーシャルメディアを一日に約600回スワイプしていることになる（9000÷15=600）。これは自由の女神像のほぼ全長（台座の最下部から頭上にかかげるトーチの先までが約93メートル）を少しずつスクロール・ダウンするようなものだという。

人々はこの圧倒的な情報量をどのようにフィルタリングしているのか。それを確かめるため、ジェイと彼の元教え子であるビリー・ブレイディー、アナ・ガントマンは古典的な方法で人の注意を測定し、人の目に留まりやすいメッセージはどのような情報かを調べた。[19] 実験では、コンピューターのスクリーン上に流れる単語やメッセージを、被験者がふだんソーシャルメディアを見てスクロールしているような動きで表示した。単語の意味には幅《はば》を持たせた。当たり障《さわ》りのない中性的な単語（物、バイクなど）もあれば、かなり感情的・道徳的な単語（嘆《なげ》く、純粋、神聖、恐怖など）もある。意外でもないだろうが、中性的な単語よりも、感情的・道徳的な色を帯びた単語のほうが被験者の注意を引いた。私たちは、これはアテンションエコノミー（関心経済）と同じ心理的効果による可能性があると考えた。こうした直感的な言葉がユーザーの心をつかむことで、そのメッセージはソーシャルネットワークでより共有されやすくなるのではないかと推測したのだ。

これを確かめるため、私たちはツイッターに流れる実際のツイート50万件以上を分析した。サンプルにしたのは銃規制、同性婚、気候変動など、議論になりやすい話題に関するツイートだ。予想どおり、実験で被験者の注意を引いたのと同種の言葉が、ツイッターでもユーザーに共有される傾向が高かった。

また、道徳的・感情的な単語があると、リツイートされる確率が15パーセント高くなることも判明した。興味ぶかいのは、道徳的な意味合いだけを持つ単語（慈悲、正義など）、あるいは、感情的な反応のみを表す単語（恐怖、愛など）では、そこまでの影響がなかったことだ。最も強いインパクトを与えたのは、道徳的な意味合いと感情的な反応を併《あわ》せ持つ、（憎悪、恥、堕落などの）「道徳的・感情的な単語」だった。

また、1件のツイートに道徳的・感情的な単語が多いほど、リツイートされやすいことも判明した。1件のツイートにこうした単語を4～5ワード含めると、そのツイートはより拡散されやすくなったのだ。ソーシャルネットワークでリツイートをする理由は通常、その内容に賛同し、情報源を信頼するからである。だが道徳的・感情的な単語には、この判断を一気に推《お》し進める燃料を投下する効果があるようだ。こうした言葉で注目を集めると、そのツイートは大量に拡散されることになる。

この研究論文を読んだ他の大学のある学生が、挑発的なツイートを作成した。その文面のほとんどが、きわめて意味の強い道徳的・感情的な15の単語（攻撃、邪悪、非難、心痛、破壊、争い、憎悪、殺人、虐殺、平和、安全、恥、テロ、戦争、不正）で構成されていた。私たちの研究結果を裏づけるように、このツイートはすぐに800回以上リツイートされ、さらに1700人が「いいね！」を押した。たとえ冗談で使われたとしても、ある種の単語には人を動かす力があるということだ。

この道徳的・感情的な伝播《でんぱ》のパターンは気候変動から銃規制まで、私たちが研究したすべての話題で見られた。また、調査対象が異なるソーシャルメディア・プラットフォームであっても、左派や右派であっても（ただし、わずかに右派への影響が強かった）、政治指導者や一般市民であっても、このパターンは同じだった。また、参加者のネットワークの規模によらず、投稿のメッセージが肯定的か否定的かにもよらず同じ傾向があった。誰かを称賛するにせよ、憎悪を表明するにせよ、道徳的・感情的な言葉はソーシャルメディア上の隣人をはるかに超えて反響していた。

あなたがメッセージを拡散させたいのなら、次の投稿にはこうした単語を使ってみようかと思うかもしれない。だが一つ警告しておくと、その投稿は内集団からは共感を得られるかもしれないが、外集団をいっそう遠ざけることになるかもしれない。実際、投稿のなかにはそうした効果を狙ったものがある。

分裂の種をまく

ソーシャルメディアには、使ったお金以上の力がある。

——ドナルド・トランプ、「60ミニッツ」〔番組名で、トランプの著作ではない〕での発言

政治指導者とそのアドバイザーの多くは、ソーシャルメディアの言葉が持つ喚起力をよく知っている。その典型的な例がドナルド・トランプで、選挙戦と4年の任期のあいだに大量のツイートを投稿しつづけた（最終的にトランプは2021年1月6日の暴動後、「さらに暴力を煽動《せんどう》するリスクがある」との理由でアカウントを永久停止されている）〔イーロン・マスク氏のツイッター買収により、その後アカウントが復活されたことが報道された〕。トランプは2016年、当選後に初めて出演した全国ネットのインタビューで、「選挙活動費はクリントン陣営に約5億ドルの差をつけられたが、ソーシャルメディアがその埋め合わせをしてくれた」と語っている。[20] トランプはいったいどのようにして、ソーシャルメディアの力を利用したのだろうか。

これを明らかにするため、私たちはトランプをはじめ、政治指導者がツイッターをどのように利用しているか分析した。

ブレイディーが主導するプロジェクトのなかで、私たちは2016年の連邦議会議員選で当選し

たアメリカの政治指導者全員分のツイッターアカウントを調査した。彼らは選挙日までの1年間で、28万6255件もの膨大な数のメッセージを投稿していた。[21]なかには本人ではなく選挙スタッフが投稿したメッセージもあるだろうが、いずれにせよ、ここでも一般市民と同じパターンが見られた。つまり、道徳的・感情的な言葉の使用が、そのメッセージが拡散されるかどうかを予測できる、きわめてわかりやすい指標となっていたのだ。

知名度の低い議員候補から名の通った上院議員まで、政治家のパターンを平均すると、ツイートに道徳的・感情的な言葉が含まれるごとに、リツイート率は10パーセント以上増加していた。その恩恵を顕著《けんちょ》に受けていた政治家の一人は、もちろんドナルド・トランプだ。トランプのアカウントでは道徳的・感情的な言葉が使われるたびに、リツイート率が25パーセント増加した。彼の場合、何万回もリツイートされたメッセージは国内外の問題に関する議論を活発化し、ときには政策推進につながることもあった。

トランプのツイートをくわしく調べてみると、なかでも特に拡散されたいくつかのツイートには、集団としての被害者意識を表す言葉がよく使われていた。たとえば「いまいましい」、「残忍」、「傷ついた」、「見捨てる」、「犠牲者」、「盗む」、「虐待」、「有罪」など。こうした表現が選挙までの1年間にトランプが使った特に強烈な言葉のなかに見られた。被害者の立場でものを言うことは、彼の信条を広める効果的な手段だった。

こうした言葉は彼の支持者を結集させると同時に、支持者以外の国民のあいだに分断の種をまく意図があったと私たちは考えている。内集団の人々に自分たちが攻撃されていると感じさせ、集団が脅威にさらされているという認識を植えつける。これをソーシャルメディアで行えば、安上がりなうえに集団の強い一体感を生み出すことができる。

だが拡散させる力はあるものの、党派心に訴える言葉に触発されたリツイートには、イデオロギーのちがいを越えて拡散されたものはほぼ存在しなかった。私たちは一部のツイッターユーザーをサンプルとして、彼らが誰をフォローし、誰にフォローされているかを調べることで、彼らの政治的アイデンティティとイデオロギーを推測した。

たとえば、ヒラリー・クリントンとバラク・オバマをフォローしていれば、おそらくリベラル派で民主党寄りだろうし、ドナルド・トランプやミット・ロムニーをフォローしていれば、たぶん保守派で共和党寄りだろう。もしこの全員をフォローしているなら、穏健派か、報道関係者か、あるいは、たんに混乱しているかだろう。

以上のような一般市民のツイートの分析から、ユーザーは道徳的・感情的な言葉を使ったり、それに反応したりしていると、ついには閉鎖的なエコーチェンバー〔あえて日本語に訳せば「残響室」あるいは「反響室」〕に入り込んでしまうことがわかった。というのも、リベラル派はリベラル派からの、保守派は保守派からのメッセージを拡散する傾向にあったからだ。道徳的・感情的な言葉を使った投稿は、集団内では凄《すさ》まじい勢いで広がる一方、政治的な分断を越えて人々に訴えることはめったにないようだ。

もちろん、ツイートのなかには感情に強く訴える言葉を使うだけでなく、相手を貶《おとし》める意図が明確なものもある。私たちは近年、ツイッターとフェイスブックで見られたこの類《たぐい》の極端なまでに敵対的なメッセージを、同僚のスティーブ・ラティーとサンデル・ファン・リンデンが主導するプロジェクトで分析した。この２つのプラットフォームから収集したサンプルは２７０万件以上に上る。

その結果、外集団に否定的な内容の投稿は、共有数が大幅に増加することがわかった。また、これらのメッセージが下院議員のアカウントから投稿された場合には、共有率は最大１８０パーセント増加した。これは、道徳的・感情的な言葉そのものの影響力を大幅に上回る。フェイスブックでは、外集団に関する投稿はまた、ユーザーのきわめて強い怒りの反応を呼び、目下オンラインを賑《にぎ》わせていた政治議論に対する道徳的な怒りの表現を激化させた。

オンライン上の会話は「現実の世界」ではないので、割り引いて考えたくなる。だが、オンラインの世界と現実世界の境界はどれも、もはやほぼ無意味と言えるほど曖昧になっている。オンラインにおける活動が現実の行動のきっかけになることもあるし、ソーシャルメディアにおける活動もますます実生活に流れ出している。たとえば、組織行動の研究者、マーロン・モーイマンらのある分析から、反警察デモのさなか、デモを支持する説教じみたツイートが１時間あたりに投稿される頻度から、その後のデモの逮捕者数を予測できることがわかっている。これはオンライン上の教化が街頭における現実の対立に影響し、さらには対立の一因となっている可能性を示唆《しさ》している。[22]

対立的な言葉がソーシャルメディアで多くの賛同を得られる一因は、プラットフォームの仕様にある。フェイスブックやツイッターでは、クリックするだけで「いいね！」をつけて支持を示せるが、拒絶や軽蔑の気持ちはクリックだけでは示せない。このため、刺激的な内容のメッセージが投稿されたとき、同じ信条の仲間は支持を簡単に表明できるが、家族や友人がいだくかもしれない懸念を伝えるのは難しい。このシステムでは過激な意見はますます過激になるし、同じ意見が職場や夕食の場で述べられたら、ふつうは鼻先であしらわれたり、あきれ返ったりされるところだが、そういう反応は見えにくくなる。この誘因構造はソーシャルメディア大手への関与と利益を増大させるかもしれないが、市民をなおいっそう集団間の分離と対立の道へと誘導するおそれがある。

実際、オンラインで意見を表明することで、外集団との溝《みぞ》が深まることがある。私たちはネガティブな道徳的・感情的な言葉が使われた政治的なメッセージをツイッターから収集し、一連の実験を行った。そのメッセージが外集団のものであるとき、被験者はそうした言葉を使う相手と政治の話はしたくないと答えている。特に政党への帰属意識が極度に強い被験者ほど、外集団のこういうメッセージは不快だと答え、偏狭な人間の悪知恵だと結論づけている。[23]

だが、それほど挑発的な言葉を使わずに相手に異議を唱《とな》えた場合は、党派の垣根を越えた対話の機会が生まれている。どちらかが無思慮に「この相手は非道徳的だ」と態度に出したりしなければ、人はときに困難な問題についても、積極的に他者と関わる姿勢を見せることもある。

もちろん、煽動的な言葉やますます分断を強めつつあるソーシャルネットワークは、オンライン上の政治が抱《かか》える唯一の問題ではないし、最も重要な問題ですらない。世界じゅうの民主主義社会にとって厄介《やっかい》な問題は誤情報や偽情報だ。人は強い政治的アイデンティティを持つようになると、虚偽の事実をいっそう受け入れやすくなり、反対派を貶めるような事実無根の情報をますます進んで信じたり、共有したりするようになるようだ。

フェイクニュース

ロシアのプロパガンダ集団が二極化を招くような広告をソーシャルメディアに投稿していたことは前述した。2016年の大統領選における誤情報・偽情報の問題は氷山の一角にすぎなかった。今になってみれば、アメリカの有権者を操作し、混乱させるようなフェイクニュースを作成しては拡散する人々は、マケドニアからミシガン州にいたるまで存在していたからだ。

ある研究によると、アメリカ人の成人の最大44パーセントが選挙直前の数週間のうちに信頼できないウェブサイトを訪れ、さらに数百万人が、ソーシャルメディアのフィードでこの種のコンテンツを見ていたと推定される。[24] アメリカ国民の4分の1近くが捏造《ねつぞう》されたニュースを共有したという報告があり、近年の研究は、党派心の強い人の多くが、フェイクニュースの共有は道徳的に許されると考えていることを示唆している。こうしたニュースは怪《あや》しいとわかっている人もいるが、わかっていない人は信じたいがゆえに騙《だま》されたとも考えられる。その一例が、「WTOE 5ニュース」というサイトが報じた、ローマ教皇フランシスコが伝統を破ってトランプ支持を表明したというフェイクニュースである。このでっち上げ記事は、フェイスブックで100万近い支持を得た。

その数は『ニューヨーク・タイムズ』紙のトップ記事のおよそ3倍だ。

同様のフェイクニュースの波は、2016年、ブレグジットをめぐる国民投票が行われていたイギリスや、2018年に大統領選が行われていたブラジルなど、他の国にも押し寄せた。これはもうパンデミックと言ってもよい。ソーシャルメディア企業も科学者もずっと、人々がなぜ、どのように虚偽を広め、ときには信じてしまうのかを解明しようと懸命の努力を続けている。

あたかもカルト集団のなかにいるように、一般市民も自分の信念を、同じ集団のメンバー、特に集団のリーダーが揺るぎないものにしてくれることを期待する。自分が何よりも大事にしているアイデンティティを肯定するニュースを見つけることで、人々は優越感を感じたり、集団の絆《きずな》を深めるストーリーを見いだしたり、自分たちが歴史の正しい側にいるという感覚を強化できたりするのかもしれない。核となる社会的欲求を満たしてくれ、自身の重要な信念と合致するという点で、ある種のニュースはその真偽に関係なく人の心に訴えかけてくる。だから、受けがいちばんいいフェイクニュースは、ある集団の美徳を別の集団のそれよりも強調したものであると解釈できる。たとえば、ローマ教皇がドナルド・トランプを支持したというフェイクニュースに接して、保守派のカトリック教徒をはじめ、自分の政治的選好が正しいと信じたいキリスト教徒は、わが意を得たりの思いだったにちがいない。

問題は、正確さを求めるよりもこうした社会的な動機や信念が勝ったときに、人はアイデンティティを肯定する情報を過度に信じ込みかねないことだ。私たちが行ったいくつかの実験でも、たとえどんなに疑わしい情報があっても、人は内集団を肯定する話と、外集団を否定する話を信じる傾向があることがわかった。

アンドレア・ペレイラとエリザベス・ハリスが主導した一連の研究で、私たちは1420人のアメリカ人に真実と虚偽のニュースそれぞれを見てもらい、政治的アイデンティティによってどのような反応を示すかを確かめた。[25] 一部の記事では、民主党に関するネガティブなフェイクニュースを取り上げた。その見出しには、たとえば、「ヒラリー、討論会でイヤフォンを密《ひそ》かに装着」とか、「フロリダ州の民主党員、イスラム法『シャリア』を女性に課すことを承認」などがある。また同時に、「トランプ大統領、少数民族に一人っ子法を制定」といった、共和党に関するネガティブなフェイクニュースも題材とした。

これらは実際のフェイクニュースサイトや風刺ニュースサイトから利用したものだ。この研究で、共和党員は、共和党員より民主党員に関するたちの悪いフェイクニュースの記事を、民主党員は民主党員よりも共和党員に関するフェイクニュースの記事をより積極的に信じることがわかった。さらに悪いことに、関係者がフェイクニュースの記事を信じることが、その記事をソーシャルメディアで積極的に共有しようとするかどうかを予測できる強力な指標となっていた。この結果は両党で驚くほどよく似ていた。民主党員も共和党員も、相手側に関するフェイクニュースとなると、盲目的に信じてしまうようだ。

懐疑的な人は、これらの記事は実在するウェブサイトから取ったのだから、民主党と共和党のフェイクニュースには信憑性《しんぴょうせい》に差があったのではないかと思うかもしれない。たしかに、記事によっては相対的に信憑性が高いものである可能性もある。私たちも同じ懸念をいだいたので、もう一度実験を行った。今回は悪意あるフェイクニュースを自分たちで作成しなおし、標的が共和党か民主党かということ以外はまったく同じ内容にした。

この実験では、まったく同じ理由で腐敗したとされている民主党か共和党の記事を読んでもらった。それでも最初の研究結果がほぼそのまま再現された。共和党支持者も民主党支持者も自分のアイデンティティに従い、外集団に関する悪いニュースのほうを信じたのだ。

とはいえ、左派と右派のあいだにちがいがなかったわけではない。どちらがより積極的にフェイクニュースをソーシャルネットワークで共有するのかという点でのちがいが見られた。民主党員も共和党員も、相手側についてのフェイクニュースを信じる傾向に差はないが、共和党員のほうが積極的にそのニュースを友人や家族と共有していた。2016年の選挙期間中、トランプがローマ教皇の支持を得たというフェイクニュースが急速に広まったことも、これで説明がつくのではないだろうか。

なぜ共和党員のほうがこの手の情報を進んで共有しようとするのか、正確にはわからない。だが、フェイクニュースの拡散については共和党の規範のほうが比較的甘いというのはありそうなことだ。トランプ自身が誤情報のスーパースプレッダー（超拡散者）ということもあり、彼の支持者には信頼性の低いニュースソースをもっと信用してもいいとか、疑わしい情報を共有しても構わないというサインが送られているのかもしれない。

また、政治とは関係のないフェイクニュースをどれだけ信じるかについても、左派と右派ではちがいがあった。政治と無関係の偽情報のニュース——英王室のカミラ夫人（コーンウォール公爵夫人）がリハビリを受ける予定だとか、人気俳優のレオナルド・ディカプリオが７５００マイル〔約1万2000キロメートル〕離れた場所から飛行機でアイブロウアーティストを呼んで眉《まゆ》をととのえさせたといった類《たぐい》のもの——を読んでもらったところ、ここでも共和党支持者のほうが信じやすい傾向にあった。民主党支持者は概して、共和党に関する否定的なニュースでもないかぎり、フェイクニュースに懐疑的な傾向があるようだ。一方で、共和党支持者は概して、さまざまな話題に関するフェイクニュースを信用しやすい傾向があるようだ。

大量の誤情報・偽情報がソーシャルメディア・プラットフォームで拡散されていることもあり、結果的にソーシャルメディアのせいで政治の二極化が進んでいるとするのは簡単だ。しかし、こうしたテクノロジーだけがイデオロギーの閉鎖空間に入り込む道筋となっているわけでは決してない。人々は読者のアイデンティティを肯定するのに余念のない新聞を購読する、集団思考に浸《ひた》った不健全なニュース局を選んで視聴する、毎晩寝る前にテレビでひいきの司会者が口角泡《あわ》を飛ばすようすを観《み》るといったこともあるからだ。非難囂々《ごうごう》のソーシャルメディアだが、ソーシャルメディアは私たちが情報を受け取る手段のほんの一部でしかない。そこにソーシャルメディアのなかで育ったミレニアル世代より、党派性を強めるニュースを見続けてきた高齢の人々のほうがはるかに偏向している理由があるのかもしれない。実際、主要メディアの偏向的な報道が、ソーシャルメディアの台頭以上に分断を生んできたと主張する専門家もいる。

政治家のダニエル・パトリック・モイニハンのものとされる名言にこうある。「人は誰でも自分自身の意見を持つ権利があるが、自分自身の事実を有する権利はない」。私たちの研究では、こと政治的党派となると、これは希望的な考えにすぎないと思わされる。今日《こんにち》の政治状況ではコメディアンで俳優のスティーヴン・コルベアがエンターテインメントウェブサイト「A.V.クラブ」のインタビューで語った考え方がより現実的であると言える。彼は「かつては誰でも自分自身の意見を持つ権利があっても、自分自身の事実を有する権利はなかった。だが今はちがう。事実はまったく重要ではなく、今は認知がすべてだ」と述べている。これは喜ばしいことではない。事実はまぎれもなく今も重要だからだ。現実はいずれもどってきて、私たちに事実を思い知らせるだろう。

党派的パンデミック

新型コロナウイルス感染症が世界的に蔓延《まんえん》しだした当初は、ワクチンも治療法も存在しなかった。世界じゅうの公衆衛生専門家は、ウイルスの感染拡大を抑える最も重要な方法の一つは、人々が互いに物理的距離を保つことだと言明していた。これは多くの人にとって、可能なかぎり外出せずにいること、行動パターンを大幅に制限することを意味した。だが、当局が「家にとどまりなさい、人混みを避けなさい」と要請しているにもかかわらず、メディアが報じるパーティー、パブをはしごする人々、混雑したビーチの映像から、こうしたメッセージを誰もが聞き入れているわけではないことがうかがわれた。

公衆衛生の専門家の忠告を無視する理由は、若いから大丈夫だろうという若者の過信から陰謀論まで数え切れないほどある。だが特にアメリカでは、党派間の分裂にもその一因があることが世論調査からうかがえる。NBCニュースと『ウォール・ストリート・ジャーナル』紙が２０２０年3月上旬に実施した共同世論調査によると、民主党支持者の68パーセントが「家族がウイルスに感染しないか心配だ」と答えた一方、同様に「心配だ」と答えた共和党支持者は40パーセントしかいなかった。別の世論調査でも、大規模な人混みを避けようとする傾向は、民主党支持者のほうが共和党支持者よりも18パーセント高いと報告されている。[26]

ウイルスへの懸念の大きさが、なぜ党派によってここまで大きくちがうのか。考えられる理由の一つは、保守派の多くは比較的田舎《いなか》で住宅があまり密集していない土地に住んでいるのに対して、リベラル派の多くが都市部に住んでいることだ。住民が多く人口密度も高い都市部はウイルスが蔓延するのに最適な条件をそなえている。実際、パンデミックが発生してから最初の数カ月のあいだ、ジェイが身を潜《ひそ》めていたマンハッタンは、世界でも圧倒的に多数の感染者数を出したホットスポットだった。

だがもう一つ、理由として考えられるのが、政治的アイデンティティの力学である。二大政党の政治指導者やエリートたちは、それぞれ異なるメッセージを発信していた。このメッセージが、支持者のリスクに対する認識を左右した可能性がある。影響力の大きい右派の著名人は、パンデミックに懐疑的な見方を公言していた。FOXニュースの司会者であるショーン・ハニティーはWOR局のトークラジオ番組で、このコロナウイルス問題は「闇の国家《ディープ・ステート》」の広めた「ペテン」かもしれないと述べている。また、同じくFOXの司会者であるトリッシュ・レーガンは、民主党が「現大統領の悪評を広めて失墜させるため」にコロナウイルスによる危機を利用していると非難した。[27]

実際、共和党で最も影響力のあるトランプ大統領は、パンデミックに対する懐疑派の急先鋒の一人だった。彼は当初、パンデミックへの懸念は「民主党のでっち上げ」だとし、一貫してウイルスのリスクも、ソーシャルディスタンスなどの対策の重要性や有効性も軽視しつづけた。[28]

党派によるウイルスへの姿勢のちがいは、世論調査だけでなく現実の行動にも反映されているのかどうかを確かめるため、私たちはアメリカ国内の共和党寄りの郡と州、民主党寄りの郡と州で、人々の実際の動きを調査した。[29] イェール大学のアントン・ゴルヴィッツァーらのチームと協力し、政治的な立ち位置が異なる人々は、フィジカルディスタンス（物理的距離）についても異なる行動を取るのかどうかを確認するため、1700万人以上のスマートフォンから物理的位置をリアルタイムに取得し分析した。匿名性を確保するため、個々のスマートフォン端末のデータは特定せず、移動レベルを郡単位で調査した。

結果は驚くほど明快だった。最初に感染者数がピークに達した3月9日から5月8日までの期間、民主党寄りの郡の市民は家にとどまり、共和党寄りの郡の市民は絶えず移動しつづけていた。全体として、2016年の得票数でドナルド・トランプがヒラリー・クリントンを上回った郡では、16パーセントほど移動が多く、レストランなど不要不急の場所を訪れる割合も高かった。公正を期するために言えば、パンデミックが拡大するにつれ、誰もが以前より人と距離を置くようになり、不要な移動は避けるようになった。だが、そうなるにつれ、党派間の差異はますます大きくなったのだ。

私たちは、その説明となるいくつもの仮説を検証した。その結果、移動における党派間のちがいは人口密度、その地域における新型コロナウイルス感染症の感染率、世帯収入や雇用率などの経済的要因、住民の平均年齢と信仰する宗教では説明がつかないということがわかった。代わりに明らかになったのは、各郡の保守系メディアの視聴率が、その郡の住民の物理的距離と関係していたことだ。言い換えれば、保守的なニュースを見る人ほど相変わらず移動しつづけていた。

致死的なコロナウイルスが広がるなか、党派間のこうしたちがいは些細《ささい》なことでは済まなかった。感染率と死亡率を分析したところ、共和党寄りの郡における人々のあいだの物理的距離と、新型コロナウイルス感染症の感染者数および2週間後の死亡者数の増加率には関連性があった。

党派間の差は甚大《じんだい》なものだったが、どの国も同じというわけではない。もしアメリカ人が国境の向こうのカナダに目を向ければ、別の力学が確認できていただろう。カナダではどの政党の政治指導者もパンデミックを軽視した形跡がないことが研究でわかっている。結果として、物理的距離の確保という点で、カナダ人のあいだに政治的立場による差は見られなかった。だからと言って、カナダ人が南のアメリカの友人と根本的にちがうわけではない。両国の政治指導者やエリートたちは、何を信じるかについては非常に異なる手がかりを示していたが、それが市民の行動や生活に実際に影響していたという点で、両国は同じと言える。

有能な政治家は、市民が自分自身のあり方や世界において何を信じるかという視点を形成することで、国家の課題や地球規模の課題に立ち向かえるよう、人々を結集させる力を持つ。今回のパンデミックでその好例を示した一人が、ニュージーランドのジャシンダ・アーダーン首相だった。彼女はパンデミックに立ち向かうにあたって、科学者の助言に厳密に従っただけでなく、国民のあいだにガイドラインに従おうとする気運を盛り上げた。彼女は国民を「500万人のチーム」と呼び、自身がガイドラインに従う姿勢を明確に示して国民の一体感を生み出すことに成功した[30]（アイデンティティとリーダーシップの関係については、第9章でくわしく述べることにする）。

新型コロナウイルス感染症のパンデミックのさなか、人々の行動のあり方は政治と物理的空間の一つの関係をあらわしていた。より一般的に言えば、政治的立場のちがいから人と人とが物理的に距離を置くこともあり、ひるがえって、物理的な距離が政治的立場のちがいをいっそう広げることもあると考えられる。

溝を越えて歩み寄る

それは新人議員によくあるミスだった。２０１９年１月３日、この日が初登院となるアンディ・キムは、ワシントンＤＣの下院本会議場に入り、席に着いた。ふつうは着席することが物議をかもすことは何もない。だが、ニュージャージー州第３選挙区で初めて選出されたこの下院議員は、うっかり議場の共和党席に座っていた。そして、彼は民主党員だった。「座るところを探していただけでした」と、キムは後に報告している。[31]

世界でも有数の二極化の著しいこの議会において、座席はただの座席ではない。下院本会議場では、一方の側が共和党の席、もう一方の側が民主党の席と決められている。座席は党派への忠誠を示す強力な象徴だ。所属を明確にするだけでなく、広い意味では座席が信条を示すとも言える。トルーマン時代に行政官を務めたルーファス・マイルズは「人は座る場所しだいで立ち位置が変わる」と述べている。

アメリカ議会ほどはっきりと空間的に区切られている場所はまずないが、アンディ・キムの場合、ヨーロッパの一部のサッカー競技場で座席エリアをまちがえたファンほどひどい結果にはならなかった。とはいえ、空間的な溝は社会的アイデンティティのちがいがあることを伝え、ちがいをさらに強調する。

だが、議会は政治的見解や所属政党を異《こと》にする人々が重要な目的を達成するために、折衝しなければならない職務の場だ。政治家は妥協点を探り、新しい法を通過させるために、折にふれ溝を越えて歩み寄る必要がある。にもかかわらず、彼らは政治的信条により空間的に二分されている。人々が何かを達成するために互いにコミュニケーションを取る必要があるのなら、この物理的な溝はアメリカを統治するうえで障害とはならないのだろうか?

近年、議会を撮影した6526本の動画に動体検知技術をもちいて、共和党員と民主党員が会議場内をどのように移動していたのかを調べる研究が行われた。[32] 彼らは文字どおり、何回「溝を越えた」のだろうか。予想どおりと言うべきか、民主党員も共和党員も、自党の議員の近くではよく動きまわるが、会議場を分ける中央の通路はあまり越えない傾向があった。

だが、それよりも懸念されるのは、時とともに通路を越える頻度が減っていることだ。1997年から2012年にかけて、両党が政策上の優先事項をめぐって対立を深めていた時期、議場での投票後に両党議員が交流する機会も減少していたことが、動画から明らかになった。政党の異なる下院議員どうしが交流する時間は以前より減っていたのだ。

この場合、交流が減ったのは投票で対立したからと考えるのが自然だが、このパターンが見られた時期は、因果関係が逆であることを示唆している。つまり、物理的な交流が減ったことが後の投票行動の二極化に影響したと考えられるのだ。日常的な交流は、超党派的な立法につながる友好な関係や絆を生むことがある。だが、そうした交流が減ったことで友好な関係が築けなくなり、しだいに党派を超えて協調する投票行動も減ったのかもしれない。また、交流が減ったために相手側の視点を理解しにくくなった可能性もある。

こうした難問を前にして、どのような解決策が考えられるだろうか。

解決策を探る

研究者、政策立案者、政治家、そしてソーシャルメディア企業の幹部たちは、あらゆる局面でテクノロジーの進歩が市民生活にどんな影響を与えるかを理解するだけでなく、それがもたらす弊害《へいがい》を減じる手だてを見いだそうと奔走している。こうした問題に関する研究は飛躍的に拡大しており、新たな研究結果が日々発表されている。

エコーチェンバーやフィルターバブルを解決するためには、人々にもっと多様な情報をじゅうぶんに提供し、相手側の考え方や視点に接する機会を与えればいいのではないかと考えがちである。こうしたアプローチは、問題の根底にあるのは知識不足であり、もっと知識を持ちさえすれば、あるいは問題についての教育が行き届いていさえすれば万事解決する、との前提に立っている。しかし残念ながら、政治に関する知識をもっとたくさん積むことや、たんに幅広く大量の情報にふれているだけでは必ずしもうまくいかないようだ。

党派的なエコーチェンバーの外からの情報を受け取ることは、政治的分断の緩和《かんわ》につながるのか？　社会学者のクリストファー・ベイルらは大規模な実地実験を行い、その可能性を調べた。彼らは民主党支持者と共和党支持者のグループのメンバーそれぞれに11ドルの報酬を渡し、ツイッターで1カ月間、毎日24件の政治的な投稿がリツイートされるボットをフォローしてもらった。[33]ここで重要だったのは、ボットがリツイートするのは、つねに被験者のイデオロギーと異なる信条にもとづく投稿であること、またそのアカウントは議員やオピニオンリーダー、報道機関、反対の立場の非営利団体から無作為に選ばれるということだった。

残念ながら、党派の異なるアカウントからのツイートを受け取っても、被験者の政治的な姿勢はまったく軟化しなかった。それどころか裏目に出たのだ。実際、保守派のアカウントをフォローした民主党支持者はリベラルな姿勢が強まり、リベラル派のアカウントをフォローした共和党支持者は保守的な姿勢が強まった。立場の異なる側からの情報を受け取るだけではふじゅうぶんだったのだ。なぜなら一つには、人は大抵の場合、反対の立場から発信されたとわかるメッセージには取り合わなかったり、反論したくなったりするように動機づけられているからだ。

こうした事態への対策の一つとして、考慮すべき問題から党派的なアイデンティティを切り離すことが考えられる。たとえばある研究で、人は気候変動のような党派間で対立する問題について、社会的アイデンティティが前面に出てさえいなければ、政治的な立場の異なる人々との話し合いから効果的に学べることがわかっている。[34]この研究ではNASAが作成した過去34年間の北極の海氷面積を、月ごとの平均で表したグラフを被験者に提示した。長期的には、海氷面積が徐々に減少する傾向が明らかであるが、グラフ上の直近1年間を見ると、海氷面積はわずかに増加している。被験者にこのグラフを見せた後、2025年の海氷面積を予測してもらった。

その結果、保守派はリベラル派に比べ、NASAのグラフを長期的な傾向に沿って解釈する割合が著《いちじる》しく低かった。だがその後、すべての被験者に、他の人々の回答を参考にして自身の予測を変更したり、より正確である可能性の高い数値に修正したりする機会が与えられた。このとき、自派の解答だけでなく両派の回答に目を通したほうが、みな予測が向上した。ただし、所属する党派名をその回答に記入したり党のロゴマークを付したりすると、考え方が異なる相手から学ぶ能力は大きく後退した。しかし、政党のロゴマークを取りのぞき、回答者の党派がわからないようにすると、被験者は他者の意見に影響をより強く受けるようになり、各自の予測の精度が20パーセント近く向上した。

ニュース報道やインタビューで政治的なシンボルを見せないようにすれば、社会はより良い情報を受け取れるようになる可能性がある。これにより、視聴者は党派心よりも政策提案の内容に意識を集中するようになるかもしれない。ふだんの会話では、自身のアイデンティティが会話をリードすることがほとんどだ。こうして自分の意思を明確にして一定の問題に関する立場を示すことができるが、このスタンスでは相手に対して心を閉ざし、不和を助長するおそれもある。立場のちがいを超えた話し合いをめざすなら、政治的アイデンティティを呼び起こす前に、いったん立ち止まって考えたほうがよいだろう。

以上のように、ただ外集団の情報を受け取るだけでは、効果的に二極化を解消することはできない。だが近年の研究では、異なる視点を持つ者どうしが実際に対話をすることが効果的である可能性が示唆されている。エリン・ロシターは近年の研究で、共和党支持者と民主党支持者を無作為にペアにし、政治やそれ以外のテーマで簡単なオンラインテキストチャットを行ってもらった。[35] 話の内容にかかわらず、政治的信条の異なる相手とオンライン上で交流した被験者は、交流しなかった被験者に比べて、相手の外集団に以前よりも肯定的な感情をいだくようになった。

二極化への別の対処法として、一定期間だけでもオンライン環境から完全に離れるのも有効かもしれない。ある経済学者は2018年の秋、被験者に（一部には金銭的報酬を提供して）フェイスブックから1カ月間ログアウトしたままでいてもらう実験を行った。[36] その1カ月のあいだに、被験者がオンラインに費やす時間は減り、心理的な幸福度が向上した。また、受け取るニュースは減ったが政治的な偏向も少なくなっていた。驚くべきことに1カ月後の偏向度合いを示す数値は、1990年代半ば以降にアメリカで偏向が増大した当時の数値の約半分だった。

最後に、この社会では実際にどの程度二極化がすすんでいるかについて、もっと正確に人々に関心を持ってもらうことも二極化を解消する役に立つかもしれない。すでに論じたように、二極化はあらゆる局面でいっそう深刻になっている。この傾向は政治家などのエリート層で顕著だ。だが、一般市民の状況はもう少し複雑である。一般市民のあいだには「感情的な」二極化と呼ばれる大きな分断が生じつつあり、一般市民は政治的な外集団に対して強い不信感や嫌悪感を持っているとされる。ところが、研究者が実際の問題や政策に対する市民の意見を調べても、二極化を示す証拠が確認できないことが多いのだ。

たしかに右派と左派で意見のちがいはある。だが両派とも、その大多数は論争を呼ぶような問題に対して、相手とかなり近い姿勢を示すことが多い。たとえばアメリカでは、ヘルスケア、ある種の銃規制、移民問題などに対する意見は、右派と左派でそれほど大きくちがわない。だが、そのちがいを実際以上に大きいと思い込んでしまうと、人々は妥協点を見つけようとすらしなくなるかもしれない。にもかかわらず、政治に関して市民が受け取る情報のほとんどが、両派の溝は埋まらないという考えを助長しているのだ。たとえば選挙地図の描き方も、国がはっきり分かれている印象を与える。

投票日の夜、私たちは各地の選挙人が誰に投票したかを示すおなじみの地図を目にする。この地図はアメリカの場合、共和党支持者が多い州は赤、民主党支持者が多い州は青で示され、まるで満場一致で決まったような印象を受ける。だが、もちろん実際はどの州も共和党、民主党のそれぞれに票が入っているし、州によっては各政党の候補者への票数は拮抗《きっこう》しているかもしれない。より正確に有権者の民意を反映するなら、地図の色合いはちがってくるだろう。共和党への票が多い州ほど赤寄りに、民主党への票が多い州ほど青寄りに、そのあいだの州はさまざまな色みの紫で描かれることになる。

サラ・コンラスらはある研究で、こうした比率をより正確に反映したほぼ紫色の地図を作製し、被験者に見せた。[37] 結果、この地図を見た人たちはその後、赤と青の定番の地図を見た人たちよりも政治的な外集団への固定観念が弱まり、アメリカが分裂しているという考えも弱まった。同じように考えれば、政党の異なる相手への固定観念を取り去ることが、建設的な対話への第一歩になるのかもしれない。

先に述べたように、多数の研究が政治的分断とオンライン上の情報源に注目し、問題解決に向けて取り組んでいる。情報の消費者として、また集団の一員として私たちにできるのは、固定観念を捨て、問題をより正確に理解しようとすることだ。実際、政治関連のフェイクニュースに直観的に飛びついたりせず、時間をとり、理性的に整然と判断することで、こうしたニュースに騙《だま》されにくくなるという研究結果もある。注意ぶかく批判的に考えることが、政治的な信条に流されずに正確さを追求するうえで有益なのだ。

その具体的な手段としては、ニュース記事を他人と共有する前に一度立ち止まり、出所が信頼できるのかどうか慎重に検討することだ。相手を貶《おとし》める話があまりにできすぎているときには注意すること。思わずほくそ笑みたくなるのは、心の底では信じていない話を信じたいという願望のせいかもしれない。また、政治に関する記事を読むときは、携帯電話やメールなどで集中が妨《さまた》げられることのない環境に身をおくことも有益だ。他のものごとに気を取られるだけでも、そのニュースを慎重に、論理的に判断する能力が奪われるからだ。私たちがケンブリッジ大学の共同研究者と行ったプロジェクトでは、正確を期して記事を読むほど、そのとおりに正確な判断ができることもわかっている。実験で被験者に少額の報酬を与え、情報の正確さに注意してもらったところ、不正確な情報を信じて対立する割合は減少した。

誤報が疑われるときはそれを人に知らせることも有益である。所属する集団ではファクトチェックをして根拠のない思い込みを疑うことを、集団の重要な規範として、またアイデンティティの一部として取り入れるとよい。集団のアイデンティティは正確な情報と建設的なフィードバックに根差していることが重要だからだ。

通路の向こうにいる相手と対話するときは、彼らには彼らのアイデンティティを形成する動機や信念があるということ、またそれが障害となって、あなたの視点が理解されない可能性があることを念頭におくべきだ。またアイデンティティの象徴を取り去ることも賢明だ。それが難しくても、相手のアイデンティティや価値観に響くような、また少なくとも、相手にとってはそのアイデンティティが重要なのだと認めるような言葉を使うことで、なにが問題なのか、その枠組みを明確にできるかもしれない。

政党の分断という問題を解決し、重大な問題に関する議論を健全に進めるには、まだ長い道のりが必要だ。だが、この分断の根底には、アイデンティティの力学が働いている。その力学を理解することが、市民の生活と幸福に影響する重要な問題と正面から向き合うことを重視する、健全な政治の基盤を築くのだ。

5

アイデンティティの価値

The Value of Identity

「真のスカンジナビアのものとは？　何一つない」[1]——この刺激的なキャッチコピーは、2020年のスカンジナビア航空の広告のものである。

多くのスカンジナビア人は面白くなかった。スカンジナビア航空は「ノルウェー、スウェーデン、デンマークの協力関係を象徴する存在」とされているが、同社への激しい批判という点で3国の市民は団結した。

広告では、北欧のアイデンティティだと世界的に思われているデニッシュペストリーやスウェーデンミートボールなどの名物が、すべて別の地域で発祥したものだと説明される。そしてまた、国や地域を誇るさまざまなものの起源が実際は他国の起業家、発明家、公民権運動の指導者から奪《うば》ったものだと知った3国の市民が、落胆したり寂《さび》しげな表情を浮かべたりするようすが描かれる。

「国外を旅して、気に入ったものをすべて奪って、それを少しアレンジすれば、ほら、でき上がり！　これがスカンジナビアの個性です」と謳《うた》う広告は、旅はスカンジナビアの人々と文化遺産を豊かにする、だからスカンジナビア人は今すぐチケットを購入し、世界を探検しに行くべきだという趣旨で結ばれる。

この広告はアイデンティティにもとづくアプローチを試みたのだが、悲惨な失敗に終わった。それどころか、航空会社に対してはおそらく前代未聞と思われる、一定数の国民の激しい怒りを引き出した。一部の保守的な政治家は、二度とこの航空会社を利用しないと宣言した。そしてこうした反応は、ソーシャルメディア上の何千人もの国民によって拡散された。私たちがユーチューブを確認した時点で、この広告には高評価の10倍を超える、13万1000件以上の低評価がついていた。

最終的に、会社側はこの広告を撤回し、自分たちはスカンジナビアの伝統を誇りに思うと発表した。また、メッセージが誤解されて残念だ、とも語った。[2] だが、一企業によるアイデンティティのメッセージが、ここまでひどい失敗に終わったのはなぜなのか。アイデンティティを正しく伝えるためには何が必要だったのか。その答えの一部を、大西洋の向こうにあるビール会社が教えてくれた。

チェックのシャツと色あせたブルージーンズを身につけたジェフ・ダグラス〔カナダの俳優〕が舞台に登場し、マイクに近づいていく。彼は劇場の観客に向かって、初めはためらいながらも、静かに語り始める。「やあ、僕は木樵《きこり》でも、毛皮商人でもない。イグルー〔雪でつくったカマクラのようなもの〕に住んでいるわけでも、鯨の脂身《あぶらみ》を食べるわけでも、犬橇《いぬぞり》を持っているわけでもない。カナダ人のジミーやサリーやスージーの知り合いでもない。いい人たちにちがいないと思うけど」

彼はしだいに声量を上げ、こう続ける。「カナダにいるのは首相だ、大統領じゃない。僕は英語とフランス語を話す、アメリカ語じゃない。〈about〉はアバウトと発音する、ア・ブーツ（a bout）じゃない」。そして、ビーバー〔カナダを象徴する野生動物〕、チェスターフィールド〔カナダ英語でソファの別称〕、「Z」の文字（発音は「ゼッド」)、トーク（冬用のニット帽）の映像が彼の背後の大きなスクリーンに映される。

さらに声を張り上げ、宣言する。「カナダは世界で〔面積でロシアについで〕2番めに大きな国だ。アイスホッケーが生まれた国だ。そして北米で最も優《すぐ》れた国だ」。と同時に、伝統的なホッケーの試合のハイライト、画面いっぱいのカナダ国旗がスクリーンに流れる。そして、「僕の名前はジョー、カナダ人だ」と宣言するところでCMは最高潮に達する。

親しみを込めて「喚《わめ》き（the rant）」とも呼ばれたこの演説は、わずか1分ほどだ。[3]だが、これはカナダ史上、空前の成功を収めたビールのキャンペーン広告となった。この広告は、カナダで最も古いビール醸造会社、モルソン社〔現在はモルソン・クアーズ〕が2000年に打ち出した《I am Canadian（私はカナダ人）》キャンペーンの一環としてつくられた。才覚あるマーケティングチームは、モルソン社の最も重要な成分はビールのホップではなく、社のアイデンティティだと気づいていたのだ。

「喚き」はナショナリズムを利用した露骨《ろこつ》な宣伝であり、そもそも売り出す対象のビールの名前が「カナディアン」だった。それにもかかわらず、この広告には国民の多くが国としての話題に足りないと感じていた何かを明確にする効果があった。カナダ人は大抵の場合、国民性を大っぴらに表現することに気恥ずかしさを覚えると言っていい。だが、カナダ人であることの意味を、特により強大で強力な南の隣国との対比によって表現することで、彼らは自分たちが何者であるかをはっきりと意識することができたのだ。

トーク帽をかぶり、チェスターフィールドを所有し、Zを「ゼッド」と発音するカナダ人はみな、国への帰属意識とともに、国には独自性があるとも感じていた。その感覚は、迂闊《うかつ》にも人々が望む帰属意識を粗雑に扱い、独自性を蔑《ないがし》ろにしたスカンジナビア航空の広告とは正反対だった。自虐的とも言えるスカンジナビア航空の広告は、人々の文化的アイデンティティを肯定するどころか脅《おびや》かすものとして、ほぼ完璧なまでにつくり込まれていたわけだ。

《I am Canadian》キャンペーンは、一体感と独自性という2つの心理的要素を組み合わせることで、カナダ人の共感を喚《よ》び起こした。このCMのおかげで、この年はモルソン社の当たり年となり、株式指数も1・6ポイント上昇した。社会的アイデンティティを売り込むというこのストレートな試みが、モルソン・カナディアンビールを大量のケースで出荷するのにじゅうぶんな戦略であることは明らかだった。

だが、「喚き」は、ビールの流通を動かしただけではない。ビールの広告ではめったに見られない方法で、人々の心をも動かした。2001年には優れたメッセージの発信者に送られる金羽根賞を広告部門で受賞し、カナダじゅうで物まねやパロディがつくられた。このメッセージはまた、作家のジョン・コロンボから「人々が無知と無関心に直面したときに生じる、自らのアイデンティティの肯定という欲求が表現されている」という評価を受け、同氏が編者をつとめた『カナダに伝わる詩歌名詩文集、ペンギン社編』〔原題：Penguin Treasury of Popular Canadian Poems and Songs〕にも収録されたほどである。

「喚き」は商品から人にいたるまで、私たちが重視するあらゆるものの価値を形成するアイデンティティの力を示している。人は、自分の好みは個性の一部だと考えていて、実際、独特な個性を持つことで人とはちがう存在でありたいと考える。と言っても、ある銘柄のビールを飲む理由を友人に尋ねても、その醸造所にアイデンティティを感じるからという答えは返ってはこないだろうが。

アイデンティティは大抵、自覚はないものの日常のあらゆる決断に影響をおよぼしている。基本的に人の好みを形成しているのは社会的アイデンティティである。その理由はとても単純で、その人の社会的アイデンティティがその人自身だからだ。本章では、さまざまな動機がどのようにアイデンティティを形成しているのかを説明し、特に帰属意識、独自性、地位という人間の基本的な欲求に焦点を当てる。こうした動機には、ある特定のアイデンティティを持つことの魅力と重要性を高める効果があり、その結果、人々が周囲の個人やものごとにいだく価値観をどうかたちづくるかにつながっている。何を食べ、誰と交際し、何を買い、どの学校に通うかまで、アイデンティティは数多くの重大な決断の中心にあるのである。

アイデンティティ経済学

アイデンティティが意思決定に深く影響していると考えているのは、私たちだけではない。ノーベル経済学賞を受賞したジョージ・アカロフ、レイチェル・クラントンは、共著『アイデンティティティ経済学』（2011年、東洋経済新報社）で、「アイデンティティの選択は……人が行う最も重要な経済的意思決定と言えるだろう」と主張している。[4] アイデンティティが価値観にどう影響しているかを理解すれば、ある人にとっては不合理に思える意思決定が、他の人には完璧に合理的な意思決定である理由が理解できる。

たとえば、アイデンティティを示すのは大抵、自分がある集団の一員だと主張するためである。インスタグラムやフェイスブックのプロフィールなどでアイデンティティを公《おおやけ》に表明することは、自分が何者であるかを自分自身と社会的コミュニティに伝える効果的な方法だ。そして、本書で何度も主張してきたように、あなたが何者であるかは、あなたが大切にしている集団の規範によって決まるところが大きい。

マーケターや政策立案者、指導者たちは、この心理を利用して、自分たちが影響を与えようと思う人々との一体感を高めようとする。組織や集団のアイデンティティを育《はぐく》むことに成功すれば、ターゲットはより深いつながりを感じ、企業にとっては収益の強化につながる。なかには社会的アイデンティティの力学を把握することで市場を独占した企業もあれば、世界を席巻《せっけん》した企業もある。たとえば、アップル社が世界有数の企業になったのは、技術に精通していたからというだけでなく、多くの消費者に自社製品への深い愛着をいだかせることに成功したからだ、と私たちは考えている。モルソン・カナディアンがそうであったように、アップルがつくり上げたアイデンティティも、**最適な差異性**、つまり、アップル製品を使う集団への帰属意識、他者より突出しているという感覚を味わえるという心理的ニーズを満たしていた。要は、2つの強力な要素を併せ持っていたというわけだ。

人々がなぜ集団に帰属意識を持つのかという動機を知る手がかりとなるのが、人間の基本的欲求である。ある集団が他の集団より魅力的に見えたり、人生のある時点でより魅力的に見えたりすることがあるが、いったい何がそうさせるのか。ここでは人々を集団としてまとめる際に、人間の基本的欲求である帰属意識、独自性、地位が果たしている役割について探求する。これらの目的を一つ以上満たしている集団は、そうでない集団より魅力的に映る。社会的アイデンティティが人の心をくすぐるこうした動機とうまく合致した場合、人々はその集団や、集団に所属していることを象徴するものごとや行動に、より高い価値を感じるようになるのである。

本章では、人々が協力するには、社会的アイデンティティが強い動機づけとなっている理由についても深く掘り下げる。集団に一体感を持ち、連携を良しとする社会的規範を守ることで、人はなぜすすんで協力し、集団全員のために良い結果を出そうとするのか、それを示す証拠を紹介する。これは効果的に機能する集団や組織をつくるうえで重要な意味を持つ。

たとえば、社員が給与やボーナスといった個人の成果しか考えていなければ、彼らはしばしば制度を悪用し、抜け穴を探して個人的な利益を得ようとする。社員自身によるこうしたささやかな窃《せっ》盗《とう》行為は、企業にとって年間数百億ドルの損失という試算もある。これは企業の平均収益の1・4パーセントにあたる。[5] しかも、ここには社員の常習的な欠勤など、集団の利益を犠牲にして個人の利益を追求しようとして生じた損失は含まれない。社員が組織との一体感を持てなければ、彼らは企業の利益に貢献しないというだけでなく、自身の利益や保身に必要なことをしはじめる。組織がより効果的に機能するのは、社員がその企業に帰属意識を持っているときなのだ。

他者の価値を尊重する

私たちはオハイオ州立大学に赴任してすぐ、この地域共同体のアイデンティティの中心は、カレッジフットボールチームの「バッカイズ」にあるとわかった。ホームゲームのたびにキャンパスは緋色とグレー色を着た10万以上のファンで埋めつくされる。バーはどこも人でいっぱいになる。町じゅうの飲食店に置かれているテレビすべてが試合のようすを映し出す（試合後はえんえんとリプレーおよびプレーの分析が続く）。それは一つの集団的目標を祝う祭典であり、私たちが初めて目にする類《たぐい》のものだった。

この年、チームは、開幕戦から12連勝し、全米王座決定戦に進出した。バッカイズがチームを成功させるための秘訣を知っていることは、私たちにも明らかだった。

その40年近く前、バッカイズはカレッジスポーツ界でも特に興味ぶかい伝統を生み出した。語られるところでは、コーチ陣の一人が、選手の士気を高めるアイデアを思いついたという。[6] 試合終了後、最も活躍した選手の功績をたたえるため、ヘルメットに貼《は》る小さなステッカーをコーチが贈るようにしていたのだ。

その論理は単純だ。個人の活躍を認めることで、彼らがさらに活躍しようとする努力をうながす社会的動機を与えるのだ。ステッカーは個人の功績の象徴となった。そのシーズンが終わるころには、スター選手のヘルメットは、オハイオ・バッカイズの小さなステッカーでいっぱいになった。まるでメダルを授与された将軍のように、そのヘルメットを着用してフィールドを闊歩《かっぽ》した。バッカイズがその年の全米王座に輝くと、国じゅうのチームがこのやり方に倣《なら》い、選手の功績をステッカーでたたえるようになった。

ステッカーはおなじみのものとなった。だが、長きにわたり輝かしい戦績を誇っていたバッカイズは、2001年ごろにはまた平凡なチームにもどっていた。そこで、チームはジム・トレッセルを新たな監督に迎えた。彼はこの伝統に手を入れることにした。個人の功績をたたえるのではなく、集団の功績をたたえる報酬システムに変更したのだ。たとえば、タッチダウンを決めた一人の選手にステッカーを与えるのではなく、チームが一定の得点を獲得したら、攻撃陣のすべての選手にステッカーを与えるといった方法だ。チームが試合に勝利したら、監督が選手全員にステッカーを与えた。

チームワークに対する報酬システムは実を結び、チームは翌年の全米王座決定戦で優勝した。監督は個人の功績だけでなく、集団としての成功を重視するようにうながすことで、効果的な協力関係を生み出したのだ。私たちがこの大学に赴任するまでに、バッカイズは全米で最も優秀な成績を収めたチームの一つとして、確固たる地位を築いていた。[7]

ロッカールームやフィールドで仲間意識が芽生える理由は、ステッカーシステムの話で説明がつくだろう。だが、共有されたアイデンティティがもたらす利点はフットボール場をはるかに越えて広がり、もっと広い人々のあいだにも目的意識と誇りが生まれた。つまり、この社会的アイデンティティは、ファンにも影響をおよぼしたのだ。オハイオ州立大学でこのことに最初に気づいた社会心理学者は私たちではない。ロバート・チャルディーニとその共同研究者たちは、私たちが赴任する30年以上前、試合に参加していない人々がなぜ勝利の余韻に浸《ひた》るのかについて研究している。[8] ファンは精神的なサポート以外に試合に貢献することはできないのに、チームが勝利した暁《あかつき》には「間接的に栄光の余韻に浸る」ことができる。それはなぜなのか。

カレッジフットボールの試合は土曜日に開催される。そこでチャルディーニらは7つの大学を対象に、月曜日に自校のチームのファンと分かる服装で講義に出席する学生の数を調べた。大学のロゴやチームの愛称が入ったバッジ、ジャンパー、Tシャツ、ジャージ、ブリーフケースなどを数えたところ、その学期には平均して8パーセントの学生がこうしたグッズを身につけていた。だが、自校のチームが勝利した翌週の月曜日には、この数が急増した。

チームが勝利した翌週の月曜日には、より多くの学生が大学の象徴を誇らしげに身につけて現れ、チームとの同一化は目に見えるかたちで高まっていた。その後の調査では、研究者たちは各試合の後に学生を呼んで、試合結果を説明してもらった。彼らは自校が勝つと「チームが勝った」ではなく「私たちが勝った」と、自分を含めた集合名詞を使う傾向が高かった。だが、チームが負けると、「私たち」という言葉は減少した。実際、学生はチームが勝ったときには26パーセントが「私たち」という言葉を使ったが、負けたときに使ったのは約半分の13・5パーセントだったのだ。

この結果から、チームが負けた後よりも、勝った後のほうがチームと同一化していたと言えそうだ。だがチームが勝った後に、彼らはなぜ大学やチームを誇る服装をするのだろうか。たんに、まわりに合わせるためか。それとも、それ以上の何かがあったのか。他者が手にした栄光の余韻に心から浸っていたのだろうか？

アイデンティティは、他人の結果に価値を見いだすことにどう影響するのか。それをくわしく知るため、私たちは機能的ニューロイメージングをもちいた研究を行った。ニューヨーク大学の学生を対象に、内集団が成功したときの彼らの脳内を調べたのだ。レオ・ハッケルが主導したプロジェクトで、私たちは被験者であるニューヨーク大学の学生を同校のブレインイメージングセンターに集め、内集団（ニューヨーク大学の学生）と外集団（コロンビア大学の学生）のメンバーそれぞれと、ある経済ゲームを行ってもらった。[9] 被験者自身の決定に応じて、現金の報酬が得られるゲームだ。

ゲームの半数では、ある額のお金を被験者自身が得るか（たとえば1ドル）、相手に与えるか（たとえば2ドル）を選択したもらった。この場合、大多数の被験者は自分がお金を得ることを選んだが、ときには寛大にも、より多くのお金を相手に与える選択をすることがあった。だが、被験者がこの選択をする場合、ゲームの相手が誰であるのかが大きく関係していた。

ニューヨーク大学に高い帰属意識を持っていた被験者は、コロンビア大学より同校の相手とゲームをしたときのほうが、より寛大だった。一方、帰属意識が弱い被験者では、このパターンは逆転している。彼らはどちらかと言えば、外集団であるコロンビア大学の学生を相手にしたときのほうが寛大だったのだ。ここから言えるのは、人は内集団への帰属意識が強いときに限っては、外集団より内集団を勝たせるために、すすんで自分のお金を犠牲にするということだ。

私たちはその後、神経活動のパターンを分析した。この研究では人が他者の成果をどう評価するかを調べるため、次の2種類のケースでも複数の試行を行っている。一つめは、誰も損することなく被験者がお金を受け取るというもの、もう一つは、誰も損することなく相手（内集団または外集団のメンバー）がお金を得るのを目にするというものだ。その結果、被験者が報酬を受け取った場合、右尾状核《びじょうかく》と呼ばれる脳内の小領域が特に活性化することが判明した。この領域を特定した後、右尾状核は内集団のメンバーであるニューヨーク大学の学生が報酬を受け取った場合も活性化するかを確認した。すると活性化することがわかった。すなわち、自分が報酬を得たときに反応する領域は、内集団のメンバーが報酬を得るという喜ばしい場面を見たときにも、同じように反応したのだ。もちろん、外集団のメンバーが報酬を受けるのを見たときは、この反応は起こらなかった。

神経科学をもちいたこのアプローチから、人は内集団のメンバーに良いことがあったときに彼らと同じようにその喜びを享受《きょうじゅ》しているのかどうか、あるいは、チームが勝利したときにチームのジャージを着るのは、たんに周囲に合わせているだけなのか、その点についての知見が得られた。

この研究では、他者に良いことがあった場合にも、あたかも自分にそれが起きたかのような、心からの反応が示された。内集団を大切に思う人々は、外集団のライバルより多くのお金を内集団の仲間に与えたいと思っているが、それだけではない。彼らは内集団に何か良いことが起きた場合、それを自身への報酬と思う性質を持っているようなのだ。だからこそ、私たちは他者の結果が気になるというわけだ。

これはアイデンティティの道徳的な面を浮き彫りにする。チームメイトが良い結果を出したとき、同僚が何か賞を受賞したとき、オリンピックで自国が金メダルを獲得したときに感じる喜びはいずれも、アイデンティティを根底とした価値観が作用している証《あかし》なのである。

周囲に溶け込む

人には他者と関わり、溶け込み、つながりたいという強い欲求がある。この欲求が満たされないと、耐《た》えがたい苦痛を感じることがある。他者との有意義な社会的つながりがないという感覚、つまり孤独感は、心だけでなく身体の健康を損なう要因としても知られている。実際、社会学者のロバート・パットナムのよく知られた説に、次のようなものがある。もしある人が1日1箱のタバコを吸い、またどの集団にも属していない場合、どちらを変えても結果はさほど変わらない。すなわち、タバコをやめるか、集団に属するか――その健康への影響は、どちらも同程度だという説だ。[10]

集団に属することが健康に良いのは、それがとりわけ、人間の基本的な欲求を満たすからである。私たちのチームは、新型コロナウイルス感染症の蔓延《まんえん》時、地域コミュニティに根づいた社会的アイデンティティが、ストレスやうつ病といった精神衛生面の悪化とどう関連しているのかを研究した。その結果、2020年4月から10月のあいだ、地域コミュニティと深いつながりを感じている人は――コミュニティのメンバーがコロナ禍で支え合える仲間だと感じている人は特に――時間が経ってもストレスを感じたり、うつ病になったりしにくいことが観察された。

帰属意識を感じられる集団がしばしば魅力的に映るのは、そうした集団が基本的な欲求を満たしてくれるからだ。人はまた、所属欲求が慢性的に（一部の人はこの欲求が人より高いように思われる）、あるいは特定の状況下において高まっている場合に、社会的アイデンティティの重要性をさらに強く感じることがある。

これに当てはまる結果の一つは、私たちの研究でも観察されている。つまり、人は帰属意識を求めているときほど、集団の仲間を気遣《きづか》い、仲間のことを覚えているのだ。人は概して、外集団より内集団の人々の顔をよく覚えているものだ。よくある例として、自分たちと同じ人種のメンバーの顔のほうが、ちがう人種のメンバーより覚えやすい。他の集団の人はみな同じに見えると聞くこともあるが、その理由の一つがこのためだ。これにはある程度、経験の差が影響していると思われる。人は通常、そして若いころはとりわけ、同じ人種のメンバーと過ごす時間が長い。この経験によって特定の人種の顔を識別する能力が培《つちか》われた可能性があるだろう。

だが、それがすべてというわけではない。[11] 人は一般的に、内集団のメンバーがちがう人種であったり、あるいは内集団と外集団の人種がみな同じで外見から区別できない場合であったりしても、内集団のメンバーをよく覚えていることがわかっている。私たちはいくつかの実験で、まったく面識のない他人どうしを集団に割り当てた[12]（いわゆる最小条件集団だ）。集団に参加してもらった後、被験者に内集団と外集団の顔の写真を見せ、抜き打ちの記憶テストを実施した。このときもやはり内集団に対する記憶のほうが強かったのだ。

一般的に、人が外集団より内集団のメンバーの顔をよく覚えているのはおそらく、初めて仲間に会うときにはより関心を持つからだろう。自分にとって、同じ集団の人は直接的に関係することが多いため、より意識が向きやすいのだ。だが、この差は所属欲求が強い人ほど顕著である。社会的なつながりを強く欲するとき、人はそれまで以上に内集団のメンバーに意識を向けるようになるのだ。

所属欲求はまた、アイデンティティと切り離せない象徴や製品への価値観にも影響を与えることがある。オランダの研究者が行った実験では、まず被験者に孤独感をいだかせて所属欲求を高めた後に、国内のさまざまな種類の製品を選ばせた。[13] ここで重要なのは、製品には国で過去に流行《はや》ったブランドなど、なつかしさを感じさせるものと、今の流行でしかないような現代的なものがあることだ。結果として、孤独感をいだいた被験者はそうでない対照群と比べて、よりなつかしさを誘うクッキーやクラッカー、スープ、キャンディー、車など、過去に流行った製品を選ぶ傾向が強かった。

帰属意識は簡単には満たせないことが多い。この問題は、マイノリティや周縁化された集団の人々にとっては特に深刻だ。彼らはよく周囲から、自分たちが完全にはどこにも属していないというニュアンスで扱われているからだ。たとえば〔祖先や親が他国からの移住者であるなどの〕ビジュアルマイノリティに属する人々は、実際にはその国の国民として何年も、あるいは何世代も暮らしてきたにもかかわらず、まるでアイデンティティが他国にあるかのように、「どの国から来たのか？」「どのような環境で育ったのか？」と聞かれることが多い。

神経心理学者のマヤ・グエデルマンらは、民族や文化的背景ゆえに「他者」として扱われている人々は、アメリカ人としてのアイデンティティを証明するには、より努力しなければならないと感じているのではないかと予測した。そこで、こうしたアイデンティティの脅威が食の選択に与える影響を調査した。[14] 被験者のアジア系アメリカ人たち（ルーツはアジアだが、アジアの国はさまざま）は、アメリカで生まれたにもかかわらず、よく他国の出身だと思われている人たちだ。

被験者が実験室に入ると、実験者である白人のアメリカ人は被験者の半数に、英語は話せるかと尋ねた。これは他意のない質問に聞こえるが、マイノリティ集団の多くの人たちには、アメリカ人としてのアイデンティティが疑われていると感じるものだ。

その後で食べ物の好みについて尋ねると、英語を話せるかと聞かれたアジア系アメリカ人の被験者は聞かれなかった被験者と比べて、ビッグマックやピザなどの典型的なアメリカンフードを挙げる割合が3倍高かった。一方、白人の対照群にも同じ質問をしたが、彼らには影響がなかった。この質問はマジョリティの人々にとっては、アイデンティティが脅《おびや》かされていると感じなかったためだろう。

実験では続けて、宅配料理のウェブサイトから好きな料理を注文してもらった。英語を話せるかと聞かれたアジア系アメリカ人被験者は、寿司《すし》や豚肉のバインミー、ビビンバ、チキンカレーなどの料理よりも、ホットドッグ、ハンバーガー、フライドチキン、フィラデルフィアチーズステーキなどのアメリカンな料理を選ぶ傾向が高かった。こうしたアメリカンフードは、英語を話せるかと聞かれなかった被験者が選んだ料理よりも平均で１８２キロカロリー高いうえ、脂質も12グラム多く、不健康と言える。だが、こうした質問をされた被験者のアジア系アメリカ人は、典型的なアメリカンフードを選ぶことで、国への帰属意識を強く感じた（あるいは周囲に示せた）のかもしれない。

THINK DIFFERENT

１９８４年のスーパーボウルで行われた、ワシントン・レッドスキンズ〔２０２２年にワシントン・コマンダースに改称〕対ロサンゼルス・レイダース戦は、７７００万人以上の視聴者を獲得した。試合内容は熱狂的なファンを別にすればとっくに忘れ去られているが、コマーシャルブレイクで流れた印象的なＣＭは、いまだに多くの人が記憶している。

ディストピア的な未来の光景のなか、大勢の人が列をなして椅子《いす》に座り、ビッグブラザーの映る巨大なスクリーンに目を釘《くぎ》づけにしている。「情報浄化令の輝《かがや》かしい初の記念日」を伝える声がえんえんと響く。突然、どこからともなくやってきたブロンドヘアの女性が、従順な人々の列のあいだを駆け抜ける。前方まで来ると、彼女は持っていた巨大なハンマーを力いっぱい投げつけ、スクリーンを破壊する。そして、ナレーターのメッセージがこう告げる。「1月24日、アップルコンピューターはマッキントッシュを発売します。1984年が小説『1984』のようにならない理由がおわかりになるでしょう」

広告業界が激しい競争を繰り広げるなか、アップルが1984年に放映したこの有名なCMは、スーパーボウルの40年の歴史上、最も優れたCMに選ばれている。また、『TVガイド』誌でも歴代1位のCMに選出されたことがある。アップルはこの広告をきっかけに、独自性において他と一線を画した「反逆者」に最適なコンピューターブランドと自らを位置づけ、画期的な広告を次々と発表していった。10年以上後、アップルはこのテーマをもとに「Think different（シンク・ディファレント）」キャンペーンを打ち出し、アルバート・アインシュタイン、マーティン・ルーサー・キング・ジュニア、アメリア・イアハート（アメリカの女性飛行士のパイオニア）、パブロ・ピカソなど、因襲《いんしゅう》を打破した象徴的な人物にスポットを当てた。アップルは、自分たちが異端で革新的な人々のためのブランドであるという考えを築き上げていったのだ。

アップルが世界のあらゆる場所に存在する重要な企業となった今、こうしたCMは皮肉とも取れるかもしれない。今やコーヒーや食料品を買いにいくだけでも、アップル製品を使う人を目にしない日はないほどだ。アップルユーザーはもはや反体制派や反逆者とはほど遠い、あの有名なCMに登場する無表情な人々と同じとも言える。スクリーンに釘づけになり、周囲には目もくれなくなっているのだ。

実際のところ、筆者である私たち2人も、iPhoneを見つめて周囲になんの注意も払うことなくキャンパスを歩く場面をよく目撃されていることだろう。それにもかかわらず、私たち自身は、慣習にとらわれない反逆者としてのイメージを守りたいとも思っている。アップルは「Think Different」というユーザーの感覚を高めた一方で、これらの人々をどのようにして史上最大規模の順応的な消費者集団に変えてしまったのか。その答えは、アップルが**最適弁別性をそなえたアイデンティティ**を生み出し、それによってカルト的な支持者を獲得し、世界で最も成功した価値あるブランドとなったからである。

「最適弁別性」とは、私たちのメンターで知的ヒーローでもあるマリリン・ブリューワーが生み出した概念だ。[15] 最も人を引きつける集団は大抵、人間の持つ基本的だが相反する2つの動機、すなわち、所属欲求と独自性欲求を満たしている集団である。そのことを彼女は理解していた。人には集団に属したいという欲求がある一方で、社会的アイデンティティの力の一部は、集団とは相容《あいい》れないもの——自分が何者であり、何者でないかを明確にしてくれる独自性——から生まれるということだ。

ブリューワーが述べているように、私たちは誰かと同じでありたいと思うと同時に、誰かとはちがうと思いたいのである。

たとえば、パンク、ゴス、インディーズロックのファンだという集団を思い浮かべてほしい。もしあなたが私たちと同じようなイメージをいだいているなら、おそらく同じような服を着て、似たようなピアスやアクセサリーをつけ、タトゥーを入れ、似たような音楽を、似たようなヘッドフォンで聞いている少人数の若者たちを思い描くだろう。もし町なかで彼らと遭遇したら、「きみたちはみな同じに見えることに気づいていないのか」と聞きたくなるかもしれない。それに対して彼らは辛辣《しんらつ》に、「いや、順応主義はそっちだ。これは個性の表現なのだ」と答えるだろう。この種のサブカルチャーは、最適弁別性を行動で表現する。この集団の人たちは、**他の社会集団とは異なる独自性**を楽しむと同時に、**自身の集団への帰属意識**もまた大いに享受《きょうじゅ》している。こうしたバランスを実現できることが、人々がある集団に引かれる理由の一つなのだ。

同じ心理は製品にも作用する。ある製品を買うことは、自分自身に、そして他人に、自分が思う人物像を示すことになる。乗っている車、着ている服、食べているもの、利用しているＩＴ機器はいずれも、他者に自分を知らせる信号として機能する。それらは、ときにステータス（たとえば収入レベルなど）を示すこともある。だが大抵は、大切にしている価値観やアイデンティティについて、より多くのことを示しているのだ。

だが、人々はアップルなどの製品に本当にアイデンティティを感じているのか、そう簡単には信じられないという人もいるだろう。私たちもそうだったので、ある調査を行った。

ドミニクはリーハイ大学の学生に、自分の最も大切なアイデンティティについて尋ねた。予想どおり、大抵はジェンダー、人種、世代、政党という答えが返ってきた。だが実際に、「Mac」派または「Windows」派である自分を誇らしく思うと多くの学生が回答した。

別の研究では、最適弁別性の魅力は、どの慈善活動を支援するかという選択にも影響することがわかっている。たとえば、2万8000件以上のクラウドファンディング活動を分析した結果、成功の鍵は独自性であることが判明した。[16] 似たような目的を持つ従来のストーリーとは一線を画した活動は、人々をひきつけ、より多くの支援者を集めて多額の資金を調達していた。人々は、独自性のある目的と、それが他とどうちがうかを明確にしたストーリーにより魅力を感じやすいのだ。

負け犬の魅力

最適弁別性という心理的マジックは、ある有名バンドやミュージシャンが「有名になる前から」好きだったと音楽ファンが公言する理由や、人々が負け犬や弱者を応援したくなる理由を理解する助けにもなる。わかりきったことだが、負ける確率が高い弱者は、同一性をいだく対象にはなりそうにない。彼らはあなたを喜ばせるより悲しませることのほうが多いからだ。だが、独自性欲求が高い人ほど弱者に同一性を感じやすいことが、私たちの研究で判明した。

私たちが大学院生だったころに目にした新聞に、マイクロソフトは自分たちがシリコンバレーのライバルたちとの競争で劣勢に立っていると主張しているとの記事があった。当時、マイクロソフトは世界有数の大企業になっており、その少し前には、アメリカ政府から反トラスト法違反で提訴されたばかりでもあった。そうした大企業が弱者という立ち位置を主張するのは、私たちには不思議に思われた。もっとも、経営陣が社員や顧客との一体感を高めようとしていたというなら話は別だ。

弱者であることは最適弁別性の欲求を満たすのかを確かめるため、私たちはトロント大学ロトマン経営大学院のジェフ・レオナルデリ教授とともに研究調査を行った。トロント大学は国内最大の大学だ。一般的に大規模集団では、人は自分が独特な個人ではなく単なる集団の一人として扱われることを不満に思うもので、学生の多くも同様だ。今回の研究では被験者の一部の学生の感情を増幅させた。大学から見ると数万分の一という数にすぎないのだと彼らに伝え、学生の独自性欲求を高めたのだ。

残りの被験者の学生には、彼らがただの数字ではなく独自の個性を持った個人だと伝えた。独自性欲求が満たされれば、自分たちの欲求をくすぐる存在である弱者に対して同一性を感じる必要はなくなるというのが私たちの仮説だった。

その後、学内の男子水球チームに関する記事を彼ら全員に読んでもらった（水球チームを選んだのは、このチームがほぼ無名のため、私たちが伝えたとおりの印象をいだかせやすいからだ）。一部の被験者には、チームが次の選手権では勝てそうにないと伝え、別の被験者には優勝候補だと伝えた。

合理的に考えれば、自校のチームの成功物語を聞き、さらに彼らが次もまた優勝しそうだと知れば、それだけそのチームを応援したくなると予想できる。だが、結果は必ずしもそうではなかった。意外にも、私たち研究者から自分が無名の歯車だと思わされて独自性欲求を感じていた学生は、弱者だと聞かされたチームに一体感をいだく傾向が強かったのだ。

その後の研究でも似たようなパターンが見られた。私たちは、NBAのプレーオフで成績不振に陥《おちい》った2チーム（ニューヨーク・ニックスとマイアミ・ヒート）に対して人々がいだく一体感を測定した。この場合も、独自性を強く求める人たちは、弱いチームにより強い魅力を感じていた。この感情は、各チームが終盤に追い上げを見せてファンが勝利を味わったときに一気に高まったようだった。

いつの時代も人々が弱者のスポーツ物語に惹《ひ》かれるのは、このためかもしれない。人にはある程度の所属欲求と独自性欲求を満たしたいという気持ちがある。そのバランスをうまくとる手段となっているのが、弱者への同一性なのだ。この同一性は、見込みのないチームへの心理的な価値を変化させる。ハリウッドが際限なく弱者の映画をつくりつづけているのも、これが理由だ（と私たちは考えている）。

『ロッキー』〔1976年〕から『勝利への旅立ち』〔1986年〕、『ルディ／涙のウイニング・ラン』〔1993

年）、『プリティ・リーグ』（1992年）、『飛べないアヒル』（1992年）まで、弱者ならではの魅力はスポーツの種目や世代を超えて浸透している。だが、人々はたんに敗者を支持したいとか、より一般には所属欲求と独自性欲求を満たすアイデンティティを欲しているだけではない。人々は、そのアイデンティティを周囲に伝えたいとも思っている。

アイデンティティを伝える

アップルは、顧客がただ製品を購入するだけでなく、ブランドの熱心な支持者になると認識していた。どのアップル製品にも、実用的な機能を持たないあるものが付属しているが、それは何か想像できるだろうか。

あなたがアップルのファンなら、すべてのアップル製品には有名なロゴマークである「かじられたリンゴ」の白いステッカーが付属していることを知っているだろう。このステッカーに決まった使い道はない。製品そのものに貼《は》るためのものですらない。このステッカーは社会的な役割のためにある。自転車、車のウィンドウ、スーツケースなどに貼れば、職場や学校、また移動中であっても、アップルユーザーとしての存在を示せるというわけだ。

アップルはまた製品にも、「存在を示す」という感覚を取り入れている。たとえばアップルのロゴは、どのマックブック（アップルのノートパソコン）の上面にも見られる。ロゴはマックブックを閉じた状態だと所有者から見て逆《さか》さまで、また遠くなるように配置されている。デザインのミスかと思うかもしれないが、そうではない。このロゴはマックブックが開けられたときに、その室内の反対側にいる**他者から**見て正しい向きになるよう配置されている。つまり、ロゴは自分ではなく他人にアイデンティティを伝えるためのものなのだ。

経済学では、人は独自性のあるアイデンティティを示すために多額のお金を払うことがわかっている。その例として最も興味ぶかく、そして高額なものの一つが、所有する車だ[17]。環境保護主義者であることが一部の人たちの重要なアイデンティティとなったことにより、燃費の良さと環境負荷の少なさを兼ねそなえた電気自動車やハイブリッド車の市場が形成された。長らく最も特徴的なハイブリッド車とされていたのは、トヨタのプリウスだ。電気自動車の先駆者として市場に広く流通したプリウスは、その特徴的なデザインによって、環境意識の高い他の人々からも認識されやすかった。

ホンダ・シビックもプリウスと同等のハイブリッド車だが、人々はシビックよりプリウスに高いお金を払いたがることが、経済学者によって観察されている。両車とも燃費効率や排ガスといった環境へのメリットはほぼ同程度であるものの、シビックの場合はその事実がより見えにくかった。シビックは人気の車種で、ホンダがハイブリッド型の生産を決める何年も前から市場に出まわっていた。ガソリン車のシビックはハイブリッド型とかなり似たデザインであり、すでに何千台も走っていた。そのため、今乗っているのがハイブリッド型であることが、同僚や近所の人々から認識されにくかったのだ。これは独特なデザインのプリウスとはまったく対照的だった。プリウスはその外観のおかげで、社会的ネットワークのあらゆる人々に環境への配慮を明確に示すことができた。

この独自性が付加価値となった。人々は当時、プリウスに乗るために4200ドルも多く支払うことを厭《いと》わなかった。純粋に実用的なレベルで考えれば、非合理な選択だ。

環境保護主義者なら車が環境に与える実際の影響を重視すればいいだけであり、その影響を他者に示せるかどうかは二の次だ。とはいえ、アイデンティティの作用はそうではない。人々は同時に複数のことを実現したいと思っている。すなわち、自分の信念や価値観を現実のものとすると同時に、帰属意識や独自性も最大限に高めたいと思っている。ハイブリッド車だとはっきりわかる車を運転することで、彼らはこのバランスを実現した。その車が比較的高額であることを考えると、これにはまた別の心理的欲求を満たす役目もあったかもしれない。それは、ステータスへの欲求だ。

ステータスへの欲求

2019年3月12日、俳優のロリ・ロックリンとフェリシティ・ハフマンが、賄賂《わいろ》を払って大学への不正入学を行い逮捕《たいほ》されていたという大規模な不祥事が報じられた。[18] ドキュメンタリー映画『バーシティ・ブルース作戦　裏口入学スキャンダル』では、大学受験生を子どもに持つ33人の親が総額2500万ドル以上を支払い、大学適性試験のスコアを不正に上げたり、大学の管理者を買収したりしたと主張されている。この親たちは、スタンフォード大学、イェール大学、ノースウェスタン大学、カリフォルニア大学バークレー校、カリフォルニア大学ロサンゼルス校、南カリフォルニア大学といった名門の入学審査で自分の子どもが有利になるよう、法律を破ることも厭《いと》わなかった。このケースは、不正入学をめぐって米司法省が起訴した事件のなかで過去最大の規模だった。

有名人の不祥事であること、また高等教育システムの深刻な腐敗があらわになったことがあいまって、全米のメディアがこの事件に注目した。この悪事の中心は、競争が激化する大学入試という市場で優位に立とうとする、経済力と不安をかかえた親である。

優れた教育というものは、将来の機会と収入につながる鍵であり、そのための学費は大抵（アメリカでは特に）高額だ。だが、数十万ドル以上をかけて、ましてや実刑判決のリスクをおかしてまで、他よりやや優れている名門校の教育を買い与える価値はあるのだろうか。

おそらく経済学者の大半は、ないと答えるだろう。大学に通うメリットは社会経済的地位の低い学生にもたらされることが多く、実際の教育の質では、名の通った南カリフォルニア大学と、それよりわずかに評判の低いカリフォルニア大学アーバイン校は、ほとんど変わらない。意欲のある学生は優れた州立大学に通ったとしても、学費の高い私立大学に通ったときと同じくらい成功する可能性が高いのだ。だが、大学の評判ランキングや評価システムでは、この点が見落とされがちである。教育機関の目的は人々を教育し生活を向上させることだと思われるが、ランキングの指標には大抵、入学の難易度、大学の総資産、卒業生からの寄付額などが含まれている。近年において注目に値《あたい》するのは、こうしたランキングの指標が変化していることだ。近年は、卒業率といった学生の成果や、大学が恵まれない学生の社会移動にどれだけ貢献したかということに、より重点が置かれるようになっている。

とはいえ、人々にとってランキングは重要な意味を持っている。だから人々は家を抵当に入れたり法を犯したりしてまで、子どもを少しでも有名な大学に入れたがる。ランクの高い大学の一員であることで、学生とその親の双方にとって社会的アイデンティティが強化されるということだ。

名門大学の出身ということに実質的なメリットがないという意味ではない。こうした大学では学びのためのすばらしい機会を提供してくれるし、学生が仕事の選択肢を見きわめたり、恋愛や人生のパートナーを見つけ出すのにも役に立つ。生涯にわたって続くかもしれない貴重な社会的ネットワークにも参加できる。こうしたメリットの多くは、大学教育の基礎的なスキルや知識から得られる。だが、それと同じくらい、今現在の卒業生たちが持つ大学へのアイデンティティによってももたらされているのだ。

高等教育の場では、アイビーリーグのメンバーであることは、エリート的立場であることを意味する。だが、アイビーリーグの大学のあいだでもステータスにはちがいがある。たとえば、ある調査によれば、ハーバード大学がアイビーリーグの一つだと知っていた人は41パーセントだったのに対して、ペンシルベニア大学がアイビーリーグだと知っていた人は2パーセントもいなかった。[19]

部外者にとっては些細《ささい》なことかもしれないが、こうした微妙なステータスの差は、当事者にとってはより現実的に感じられるものだ。実際、ペンシルベニア大学の学生は、アイビーリーグの一員であるということを頻《しき》りに話そうとする。自分たちのステータスがあまり認識されていないと自覚しているからだ。ペンシルベニア大学とハーバード大学、両校の学生に自分の大学について話してもらうと、ペンシルベニア大学の学生のほうが、自分たちがアイビーリーグの一員であることにふれる傾向が強い。たとえ個人的な話であってもだ。一方、ハーバード大学の学生は、そんなことにふれる必要性を感じていない。彼らが属する集団の社会的ステータスの高さはすでに知られているからだ。

アイデンティティにおける同様の心理は、大学のウェブサイトや、あるいは教授が送る電子メールにすら見ることができる。結局、教授も自校の学生と同じ心理的欲求には抗《あらが》えないというわけだ。ある分析によれば、大学ランキングで順位の低い大学は、より高い大学と比べて、ウェブサイトで「大学」という言葉を多く使う傾向があった。[20] また、順位の低い学科ほど、教授陣の実績を載せる傾向が強かった。この傾向は教授陣にも見られた。出版物や被引用数の多い教授ほど、電子メールの署名に個人の実績を含めていなかったのだ。

社会的ステータスの高い集団の一員であることを主張したり、それを示したりしようとするのは、象徴的自己達成と呼ばれる心理現象の一つである。[21] 大半の人にとって、望んでいたアイデンティティを獲得したと感じるためには、他者からの承認が必要だ。成功の象徴が人に認められ、肯定されてようやく、自分は仲間や社会から見てそのアイデンティティを獲得したと安心できるのだ。これは学歴だけの話ではない。職業、趣味、人間関係など、人が他者より優位に立ちたいと思うあらゆる側面に共通することだ。世間では「おじいちゃんは世界一」とプリントされたTシャツや「お母さんがナンバーワン」と書かれたマグカップに需要があるが、その理由もこれで納得できるのではないだろうか。

だが、アイデンティティを示す行動はソーシャルメディアやオフラインの世界において、蔑《ないがし》ろにされたり、からかいの対象となりやすいことに私たちは気がついた。ときには「美徳シグナリング」〔道徳的な価値観を示すことを蔑称する語〕や「これ見よがし」などと非難され、アイデンティティの表現が自己宣伝や不誠実といった含みで語られることもある。たしかに、そうした意図がある可能性もあるだろう。だが、アイデンティティを示すことは、人が社会生活を送るためのきわめて重要な行動だ。これは人が地位を確立する方法であり、その人にとって価値のある集団の仲間を互いに探すための方法だからだ。

互いを見つける

人類は協力することで、並外れた偉業をなしとげられる。大聖堂を建て、大学を創《つく》り、多国籍企業を経営し、国家を構成する。火星探査機を発明し、月面に着陸させる。「私たち」は個人の総和に勝るものだ。もちろん、これらの偉業は共有されたアイデンティティだけで達成できたわけではない。だが、アイデンティティは協力をうながすことにより、人々が障害を乗り越え、ともに新たな偉業をなしとげる力になっていることは確かだ。

どのような場合であっても、誰かと協力するという選択は、相手を信頼するという行為に他ならない。本書を2人で一緒に書くと決めたとき、私たちはそれぞれが当事者としての責任を果たし、同じくらいの時間を執筆に捧《ささ》げ、推敲《すいこう》に推敲を重ねてくれると信じていた。エージェントと契約したときは、彼が最善をつくして出版社を見つけてくれると信じていた（ジムに感謝！）。また、リトル・ブラウン・スパーク社と契約したときは、同社が優れた編集作業をし、私たちの本を売ってくれると信じていた。彼らもまた、私たちが期限内に良い本を書き上げると信じていた。あなたが本書を読んでいるということは、この小さな信頼の行為がすべてうまくいったということだ。

その人を信頼できるか判断する方法はいくつかある。長期的な関係を築いてお互いを知る。法的な契約を交《か》わす。そして、アイデンティティを共有する、である。すでに（特に第1章で）見てきたとおり、人はある社会的アイデンティティを持つことで動機づけに変化が生じ、個人の自己利益を超えた成果に関心を持つようになる。いつも自分の成果だけを気にする利己的な人々が、いつも他者の成果をより気にかける向社会的な人々と同じくらい、全体の利益に貢献するようになる。

ただし、動機づけが変化しただけでは信頼は生まれない。内集団のメンバーに関心を持ち、彼らが成功するのを見たいと思うだけでは、ふじゅうぶんなのだ。メンバーを心から信頼し、彼らもまた自分の成功を気にかけていると思えるようになるには、「彼らもまた集団としてのアイデンティティによって動機づけられて、利益に貢献している」とあなたが信じる必要がある。言い換えれば、協力によって生まれる可能性を最大限に引き出すには、アイデンティティを共有していると**認識し合う**ことが不可欠なのだ。

アイデンティティが共有されていると知ることが、なぜ重要なのか。その理由を、「信頼ゲーム」と呼ばれる実験によって説明しよう。このゲームでは、1ラウンドごとにあなたにお金が渡される（ここでは10ドルとする）。あなたはそのうちいくらかを相手に送る必要があり、相手には、その金額を乗じた（ここでは3倍とする）額が送られる。つまり、あなたがもし全額となる10ドルを送った場合、相手にはその3倍である30ドルが送られる。続いて、相手はあなたに送り返す金額を選択する。もし相手が完全に公平な判断として、受け取った額の半分を送り返した場合、お互いが15ドルを手に入れられる。つまり、もとの割り当ての1・5倍、2人の合計でゲーム開始時の3倍の額を受け取れる。じゅうぶんな信頼関係があれば、2人とも得をすることになる。

ここで、相手が数ラウンドは内集団、それ以外の数ラウンドは外集団のメンバーであると想像してほしい。あなたはそれぞれの相手にいくらお金を送るだろうか。多くの場合、外集団より内集団の相手により多くのお金を送るだろう。というのも、あなたがより信頼しているのは内集団のメンバーであり、言い換えれば、彼らが外集団のメンバーよりも多くの金額を送り返してくれると期待しているからだ。

だがこのとき、あなたは相手が内集団で、同じアイデンティティを共有していると知っているが、相手はあなたが同じ集団のメンバーだと気づいていないとしよう。あなたが誰だか、わかっていないのだ。この場合、あなたはどのような選択をするだろうか。

まさにこのシナリオどおりに実験を行うと、人は内集団だとわかっている相手には変わらず肯定的な感情をいだくが、相手の所属がわからない場合には、外集団の相手以上にその人を信頼しないことがわかっている。[22] つまり、ある人々が同じ集団に属しているときに、相手が内集団のメンバーだと互いに認識することが、協力を引き出す鍵になるのだ。

同じアイデンティティを共有しているという認識がいかに重要かが理解できると、人々がなぜ手間をかけてまで自分の所属を仲間に示そうとするのかも理解できるのではないだろうか。カトリック教徒は十字架を身につける。リベラル、保守、環境保護者、ランナー、あらゆる種類の探求者、支持者、活動家は、車にバンパーステッカーを貼っている。また2018年、人々が公式のスポーツアパレルブランドに費《つい》やした額は、264億7000万ドルにのぼる。そうした多くのシンボルは集団の誇りをあらわすと同時に、他者に向けて忠誠心やアイデンティティを伝えるという重要な役割を担っている。

私たちはカナダで育ったが、国外に旅するときには、バックパックに国旗を縫《ぬ》いつけるように言われていた。ティーンエイジャーのころ、ヨーロッパ（ジェイはイタリア、ドミニクはフランス）で解放感を味わっていた私たちは、この国旗がアイデンティティの共有の証《あかし》だとわかってくれるカナダ人女性に出会った。故郷から遠く離れた場所で同じ集団の仲間が見つかるというのは、うれしいものだった。私たちがこうした国々を旅したのは、新たなことを経験し、さまざまな人と出会うためだった。だが、わかりやすく自国のアイデンティティを伝えることで、見知らぬ人々のなかに同じ集団の仲間を見つけ、ともに楽しいひとときを過ごすこともできたのだ。

信頼研究の第一人者として数多くの研究に着手した社会心理学者の山岸俊男《やまぎしとしお》は、社会的アイデンティティを「一般交換の器《うつわ》」だと述べている。[23] つまり、アイデンティティを共有することで、たとえその相手のことを何も知らなくても相手を信頼できるようになるということだ。私たちは、内集団の仲間が自分が経たのと同じような動機づけの変化を経験し、集団の利益をめざしていると信じているのだ。

このように、人は社会的アイデンティティを持つことで、直接的に知り合ったり、法的契約を結んだりするよりはるかに広範な人々との信頼を築くことができ、つながりや協力によって生まれる可能性はより大きく広がっていく。だが残念ながら、私たちが内集団に感じる価値が、好ましくない結果をもたらすこともある。次章では、グループ・ダイナミクスがなぜ偏見や差別に通じるのか、そして、それに対して何ができるのかを掘り下げていく。

6 バイアスに打ち勝つ

Overcoming Bias

「こちら、911。どうしましたか？」オペレーターが尋ねた。

「うちのカフェに2人の男性がいるのですが、何も注文せずに居座っています」ホリー・ヒルトンは答えた。

ヒルトンはスターバックスの店舗マネージャーとして、フィラデルフィアのセンターシティに勤務していた。2018年4月12日午後のこの通報は、世界じゅうで大きく取り上げられ、国じゅうの怒りを買い、ボイコット運動に発展した。最終的に、スターバックスの幹部は国じゅうのおよそ8000店舗を一時的に閉店する決定をくだすことになった。[1]

問題の男性――2人の若い黒人――は、数分前に入店し、静かに友人を待っていた。まだ注文しておらず、店のトイレを借りたいと頼んだところ、拒否された。

多くの企業にとってはそれほど珍《めずら》しいことではないかもしれないが、これはスターバックスでは異例のことだった。スターバックスはトイレを借りられる店として知られている。元ニューヨーク市長のマイケル・ブルームバーグは、ニューヨークになぜもっと公衆トイレを増やさないのかと記者に問われ、「トイレを使わせてくれるスターバックスはじゅうぶんにある」と答えている。[2]

だが、すべての人がこの恩恵に与《あずか》れるわけではなかったようだ。

警官がスターバックスにやってきて、この男性たちは何も悪いことをしていないと、他の客たちが抗議した。にもかかわらず、2人を不法侵入罪で逮捕《たいほ》した。この一件は動画に撮られ拡散された。[3] 6人の警官が2人の男性に手錠をかけて店から追い出そうとする横で、「彼らが何をしたのか?」と別の客(白人男性)が訴えている。それを世界じゅうの人が目撃したのだ。

最終的に、この2人は罪に問われることなく釈放された。フィラデルフィア警察とフィラデルフィア市は世論からの激しい抗議を受け、謝罪した。

スターバックスはすぐさまイメージ回復に取り組んだ。ヒルトンは退職した。その数週間後、同社はアメリカやその他の国々の数千店舗を一時的に閉店し、従業員に「潜在的なバイアスに気づき、意識的なインクルージョン〔「包括」の意。多様な価値観や考え方を受け入れること〕をうながし、スターバックス店舗内にいる全員が安心でき、歓迎されていると感じられるようにする」トレーニングを実施すると発表した。[4]

同社のこの措置《そち》は、その時点で最も大規模かつ、注目を集めるトレーニングとなった。このトレーニングは「潜在的なバイアス」という、世間でも関心の高まっている概念にもとづいていたからだ。突如として、誰も彼もがこの話題を論じるようになった。だが、潜在的なバイアスとは、正確にはどのようなものなのか。そして、バイアスを取りのぞくためにはどのような対策が効果的なのだろうか。

バイアスの根源

アメリカの連邦議会では新大統領が指名した閣僚候補を承認する前に、両党上院議員が彼らを厳《きび》しく尋問することになっている。バイデン大統領が司法長官に指名したメリック・ガーランドの指名承認公聴会では、ジョン・ケネディ上院議員〔大統領となったJFKの家系とは同姓だが関係はない〕が変化球を投げた。「潜在的なバイアスという概念についてお尋ねします」と、ルイジアナ州選出のこの共和党議員は言った。「この概念は、私が何をしようと、何を考えようと、私は人種差別主義者だということですか？私は人種差別主義者で、でも、私が人種差別主義者であることに気づいていないと？」

この質問は、ガーランドをまごつかせ、足をすくおうとするものだったのかもしれない。だが結果的に、偏見を持っているとはどのようなことか、またバイアスのさまざまなかたちはそれぞれどうちがうのかという、多くの人々がいだく疑問を代弁するかたちとなった。

この数十年間、科学者たちは潜在的な、あるいは無意識のバイアスを測定するためのさまざまなテストを開発し、必ずしも完全には意識されることのない、ある集団への選好を特定しようとしてきた。[5] こうしたテストは、異なる集団のメンバーに出会ったとき、とっさに反射的にいだく感情や思い浮かぶ考えを評価するようにつくられている。実際、社会集団だけでなく、食べ物の種類、中毒性のある物質、動物といった、あらゆるものへの瞬時の反応を評価するためにも利用できる。

人の心はよく「氷山」にたとえられる。意識的な経験は人の精神的な側面を支配しているように見えるが、意識が支配しているのはそのほんの一部にすぎず、表面下にはより大きな構造が隠れていることの比喩だ。心の機能の多くは反射的に、あるいは意識の外で作用する。人が何かを意識的に認識したときには、すでに大量の情報処理が行われている。

無意識に行われているのが明らかな機能もあり、たとえば呼吸や消化は自分で意識しなくても脳が調節してくれる。だが私たちにとってより意外なのは、人は他人を理解するとき、意識して制御することもなく、非常に高速で大量の処理を行っていることだ。

人々がバイアスを言葉にするとき、それは顕在的なバイアスと呼ばれる。ミレニアル世代やカナダ人が嫌いだと口に出したり、アンケートで回答したりした場合、その人は明確に、そしてまたおそらく臆面《おくめん》もなく偏見をあらわにしている。こうした感情表現は、その人が生活している環境の社会的規範が反映されている可能性が高い。というのも、大概の人は容認されることしか口にしないからである。潜在的なバイアスの場合、測定するにはより巧妙なテストが必要だ。

そうしたテストでは、さまざまな集団に属する人々の画像を高速で被験者に表示するといった方法がとられる。画像は男性と女性の顔の場合もあれば、キリスト教徒とイスラム教徒、あるいは黒人と白人の場合もある。被験者は画像に反応するよう求められ、研究者はその反応の速さやエラーの種類によって、さまざまな集団に対する無意識の選好を評価するというわけだ。

たとえば、私たちがよく使うある手法（「評価的プライミング」として知られる）では、被験者にはまず、男性または女性の顔を、数ミリ秒ほど提示する。続いて、かわいい子犬、毛むくじゃらのクモといった、多くの人が肯定的または否定的に感じる画像を提示する。被験者は、その画像を好ましく感じれば、コンピューターのあるキーを、嫌悪を感じた場合は別のキーを押す。この結果、子犬やクモに肯定的または否定的な反応を示す速さは、その直前に見た顔の画像が影響していることが判明した。たとえば、もし被験者が潜在的に、女性よりも男性の顔に対して否定的な反応を有していた場合、クモに否定的な反応を示す速さも、女性よりも男性の顔を見た後のほうが若干速い。また、男性の顔を見た後では、子犬を好ましいと判断する速さがやや鈍化する。

潜在的なバイアスを測定する方法は他にもある。ハーバード大学のサイト「プロジェクト・インプリシット」〔インプリシットは「潜在的な」「暗黙の」の意〕では、潜在的連合テスト（ＩＡＴ）と呼ばれるテストを受けることができる。こうしたテストを何百万回と実施してきた科学者は次のことを発見した。それは、大多数の人にはある程度の潜在的なバイアスがあり、自分の属する民族、国、政党、宗教に対して、同等の外集団より強い選好を持っているということだ。もちろん、バイアスの程度や種類は、人によって異なる。だが、自分にも人種やジェンダーについてのバイアスがあるとわかると、そのことに悩む人は多い。人々を平等に扱うことが正しいと信じているためだ。

幼い子どもでさえ、この種の別のテストを受けると、自分と同じ人種のメンバーへの選好を示すことがわかっている。『ニューズウィーク』誌の表紙が、「あなたの赤ちゃんは人種差別主義者か？」という挑発的な見出しで飾られたこともある。[6] IATの開発者である2人の科学者、マーザリン・バナージとアンソニー・グリーンワルドは、善良な人々のなかにも潜《ひそ》んでいるこのバイアスを「ブラインド・スポット（盲点）」と呼んでいる。

こうした結果が意味するものは何だろうか。人はどういうわけか人種差別主義として生まれついたということか。もしそうでないなら、このバイアスはどこから生まれるのか。自分は偏見がない平等主義者だと思っている人々にも、根強いバイアスが存在するのはなぜなのか。

もし本当に人種差別主義の遺伝子が人間に組み込まれているのなら、ヒトは他の人種のメンバーを識別し、差別することが適した環境で進化してきたと考えられる。だが、人類の進化に関する私たちの知識からすると、その可能性はなさそうだ。

心理社会学者のレダ・コスミデスらによれば、「人種のエンコード（人種という情報の解読）を行っている脳のメカニズムは、人種のエンコードそのものを目的として進化したという仮説」は考えられないという。[7] どういうことかというと、人間の脳は人種をもとに人を判断できるし、実際に判断してもいるが、どの神経機能もそのために進化したわけではないということだ。コスミデスとそのチームは、自然選択のなかで、人の性別や年齢を無意識に認識する脳の機能が好まれた可能性を示唆《しさ》している。私たちの祖先が住んでいた社会では、相手の性別やライフステージを知ることが、「誰が配偶者になりうるか？」や「子どもや老人など、手厚い支援が必要なのは誰か？」といったさまざまな有益な判断をくだす手がかりとなっていたからだ。

しかし、そうした判断に人種の判断は含まれないとコスミデスらは主張する。その理由は第1に、「遺伝学者によって、人類は人種では明確に分けられないことが証明されている」からだ。コスミデスらは第2の理由として、人間がなぜ生来の人種差別主義者ではないかを示す、常識的な説明を展開する。私たちの祖先は小さな集団で暮らし、徒歩での移動が大半である狩猟採集民だった。すなわち、そうした典型的な人類が、異なる人種に属するほど遺伝的に離れた集団に遭遇することは、ほぼ皆無だったはずだ。もし肌の色や顔立ちが異なる人間と、いっさい(または、めったに)出会うことがないなら、人種差別が有利に働くような進化が起きるとは考えにくい。

では、人種差別はなぜ現代で、ここまでひんぱんに見られるのか。その理由の一つは神経機構の副作用だと彼らは主張する。人間は人種に細かな注意を払い、世界を人種で分割しているが、これは内集団を認識して仲間を見つけるという、自然選択によって進化した神経機構の副作用だというものだ。私たちの祖先は小さな社会集団で生活し、他の地域の社会集団とたびたび遭遇した。このとき内集団の仲間とは協力し、外集団からは身を守る必要性があった。そこで、「私たちと彼ら」を識別する能力に優れ、敵意を持つ(多くは自分たちとよく似た)アウトサイダーから集団を守れる人々を選択することになったのかもしれない。

また、人々は集団間で連合を組んだ。政治的な権力を握ったり、乏《とぼ》しい食糧やその他の資源を手に入れるには、協力することが有効だからだ。協力関係の変化を察知したり理解したりする能力は、世界じゅうのあらゆる文化に存在すると考えられる。[8] これは人間に深く根づいた特性である。たとえば、第1章で論じた最小〔条件〕集団実験で、私たちはすでにこの現象を確認している。人は任意のカテゴリーに割り当てられただけで、たちまち社会的アイデンティティを形成し、内集団に有利な区別を行うようになっていた。これと似たような行動パターンは、遺伝的にヒトに近い類縁関係を持つ、他の霊長類の提携行動でも観察されている。だが、内集団の仲間なら、たとえ見ず知らずの他人であってもすすんで助けようと思うのは、霊長類のなかでヒトだけかもしれない。この点で私たちは真に集団的な種《しゅ》と言える。

だが、私たちは進化のなかで、ある個人や集団を上位に、その他を下位に置くヒエラルキーを形成し、それを死守する傾向を同時に受け継いでいる。このことは、人間がなぜ世界を、人種、宗教、国籍などの区分に分類しては、抑圧の制度を形成して守ろうとするのかという、人間の忌《い》まわしい傾向を説明する役に立つ。

政治心理学者のジム・シダニウスは、集団のヒエラルキーを守ろうとするこの衝動を、社会的支配志向と呼んだ。[9] 世界じゅうに存在する人種差別のほとんどは、この志向が心理的な基盤となっている。この観点で言えば、人種差別の根幹にあるのは、白人至上主義者が主張するような遺伝的な人種の差ではない。人種差別はむしろ、世界を異なる集団に分割し、不公平な制度や権力格差を守ろうとする心理的傾向にもとづいているのだ。

長い歴史

人種差別やその他の抑圧的な社会制度には、長い歴史がある。人種差別は今に始まったことではなく、1619年、アフリカ大陸から奴隷を運んできた奴隷船がバージニア植民地に到着して以来、アメリカを蝕《むしば》みつづけてきた。1776年、アメリカはイギリスからの独立を宣言したが、奴隷制度はこのときすでに社会に組み込まれ、建国初期の富《とみ》の多くを生み出していた。

この暗い歴史の残滓《ざんし》は、今もなお色濃く残っている。

2014年夏、ミズーリ州ファーガソンで、黒人青年マイケル・ブラウンが警官に射殺された。同年のニューヨーク市では、中年の黒人男性エリック・ガーナーが、ニューヨーク市警の警官に禁止されていた首絞《し》めで殺害された。2020年春、ルイビル市のアパートで就寝中のブリオナ・テイラーが射殺され、その直後、ミネアポリスで、ジョージ・フロイドが警官の膝で首を9分29秒押さえつけられ、殺害された。

アメリカでは警官による黒人や有色人種の殺害事件が驚くほど多発している。1940年代初頭、社会学者のグンナー・ミュルダールは司法における人種格差に関してある言葉を残したが、これとまったく同じ言葉が今もそのまま当てはまる。彼はこう記している。「警察は犯人を逮捕するだけでなく、判決をくだし、処罰する義務を負っていると考えている」[10]。だが、こうした殺人が過去から変わらない理由の一つは、関与した警官の多くが刑事罰を受けてこなかったからだ。マイケル・ブラウン、エリック・ガーナー、ブリオナ・テイラーの事件では、検察は大陪審〔起訴するかどうかを決める陪審〕に証拠を提出したが、陪審員は警官を不起訴とした。これは警官が無罪という決定ではない。裁判さえも開かれないという決定である。

現代の人々が互いをどう評価して反応するかは、さまざまな時間軸のなかでもたらされたいくつもの影響の結果だ。それは、周波数の異なる音が響き合う、複雑な音色や音波のようでもある。なかには数日、数分、数秒単位で高速に振動する波もあれば、人が社会化され、成長し、人生経験を積むのに合わせて、数年、数十年というゆっくりとした単位で振動する波もある。さらに、何世代にもわたって振動が少なく、遠い過去から現在にいたるまで、基音《きおん》をなしつづけている波もある。

社会科学者は近年、奴隷制度が現在にもたらしている結果についての研究に着手した。たとえば、経済学者によれば、アメリカ国内で1800年代に多数の奴隷がいた地域は経済格差が大きく、現在も経済後進地域である割合が高い。[11] 私たちや他の研究者は、アメリカの特定の地域では、奴隷制という過去の歴史が現在の人々の態度やバイアスに関連していることを発見した。[12] 私たちは、ある特定の場所での現在のバイアスレベルと、その場所での過去のできごととの関連性を調査した。調査には2001年から2013年、プロジェクト・インプリシット〔前述220ページ参照〕のウェブサイトで実施された人種（黒人／白人）のIATのなかから、180万人の白人被験者のデータを使用した。この結果、過去に奴隷の所有が許されていた州では、現代における潜在的バイアスのレベルがより高いことが判明した。

さらにくわしく見てみると、より大きな潜在的バイアスをいだいていたのは南部の郡に住む白人で、これらの郡では1860年当時、比較的多くの奴隷が働いていたことがわかった。言い換えれば、1860年の白人人口に対する黒人奴隷人口の比率の高さによって、今日《こんにち》その郡に住む白人が持つ、潜在的な人種バイアスの強さを予測できるということだ。また、この割合は顕在的バイアスであるとも予測できる。

人種差別的なアイデンティティや態度を持続させているものの一つは、安定した社会環境である。[13]人々が意識しているか否《いな》かにかかわらず、南部連合旗という象徴から、人種によって隔離された居住区や学校といった人種集団の分離まで、その地域環境の象徴的あるいは構造的な特徴は、過去の様式を持続させている。バイアスが根強く残っている大きな理由は、人々が構造的あるいは制度的な差別という過去の遺産をまだ、完全に断ち切っていない世界に住んでいるからだ。

多くの人は、こうした人種差別の制度的な特徴に気づきはじめている。本書の執筆中も世界じゅうで、抗議する人たちが抑圧的な歴史の象徴を破壊していた。アメリカでは2020年、南部連合にまつわる100近い記念碑が撤去された。バージニア州リッチモンドではクリストファー・コロンブスの像が池に投げ入れられた。ベルギーのアントワープでは国王レオポルド2世の像に火が放たれた。[14]

こうした行為は、環境を再構築することにより、態度や規範を変えていこうとする努力のあらわれだ。人々は未来の世代のために、過去の抑圧の影響を認め、その象徴を解体することで、より包括的なアイデンティティを創造したいと願っている。未来に向けた新たな展望を見据えるためには、過去と向き合うことが不可欠だ。だが、効果的な取り組みについては、必ずしも簡単に答えが見つかるわけではない。

人種差別や他のかたちのバイアスが簡単に解決できる問題ではないことは、現在の人々の態度と歴史的な環境を関連づけた研究からも明らかだ。だが、バイアスの心理的な根本原因を理解することで、バイアスを排除しうる解決策を導くことは可能だ。社会的アイデンティティの心理学は、溝をつくるためでなく、埋めるために利用できるのだ。人間には、新しい集団のなかでもアイデンティティを形成する能力がそなわっている。このことを踏まえれば、社会を集団に分ける新たな方法を見つけることで、前向きな結果がもたらされる可能性もある。実際、新たなアイデンティティを創造することで、無意識の思考を再形成することができるのだ。

社会的アイデンティティの配線

私たち2人はオフィスを共有していた大学院生のころ、アイデンティティが潜在的バイアスにどう影響するかに興味を持つようになった。当時は、潜在的な人種バイアスを持たないことは不可能に近いと多くの研究者が考えていた。社会のあらゆる固定観念や偏見に何年もさらされることで、周縁化された集団への否定的な連想が固定化してしまうと考えられていたのだ。潜在的バイアスを軽減するのは難しく、そして、潜在的バイアスの測定は、アンケートや世間における明白な態度や価値観を測定するといった顕在的バイアスの測定とは大きくちがうというのが、多くの学者の考えだった。

だが私たちは、潜在的な人種バイアスがどれほど根深いものなのかに興味を持った。新しく、より包括的なアイデンティティがそなわれば、このバイアスを克服できるのだろうか？

それを調べるため、私たちはトロントのオフィスから250キロ以上離れたオンタリオ州の都市、キングストンに車を走らせた。クイーンズ大学がつい最近、神経科学のための新施設を建設し、私たちはその施設全体を長期にわたって利用できることになったのだ。私たちのメンターであるウィル・カニンガムは、レンタカーを借りなければならなかった。というのも、彼は1995年製の緑のフォード・エスコートを所有していたが、私たち全員が乗るだけのスペースはなかったからだ（そして当時は私たち学生のうち車を買う余裕がある者はいなかった）。私たちは安ホテルで暮らしながら、ブレインセンターの地下で、被験者の機能的ニューロイメージングの画像を撮影してその夏を過ごしたのだった。

ブレインイメージングの先行研究では、白人の被験者が自分とちがう人種の人々を見た場合、神経反応に一貫して人種バイアスのパターンが生じることがすでにわかっていた。IATにおいて、潜在的に「黒人」と「悪」（また「白人」と「善」）をより強く結びつけた被験者は、扁桃体《へんとうたい》と呼ばれるアーモンド型の小さな脳内の領域において血流が増加したのだ。[15] 潜在的バイアスと脳活動のこの関係が特に強かったのは、被験者にわずか数ミリ秒、顔写真を見せたときだった（瞬《また》きするより短い時間だ）。ここから、人種差別的なバイアスのパターンは、脳内でかなり高速かつ、その人が意識しなくても行われていることがうかがわれた。[16]

扁桃体は当時、ネガティブな感情の処理を中心的に担っていると広く考えられていた。だが私たちや他のいくつかの研究室では、別の証拠が蓄積され始めていた。扁桃体は、官能的な画像から有名人にいたるまで、自分に関連性の高い、あるいは重要な刺激に反応する器官だと考えられるような証拠だ。私たちには扁桃体が「これに注意」といった信号を発する器官に思われた。こうした信号は大抵、外集団といったネガティブな、あるいはよく知らないものに対して発せられていた。だが、関連性が高い、また重要なものがポジティブな何かである可能性もある。私たちが同一性を感じるものの場合、その可能性は特に高くなる。

その夏、私たちが立てた問いは、もし被験者が異なる人種の人々とアイデンティティを共有している感覚を持った場合、扁桃体はどう反応するのかというものだった。さまざまな背景や民族の人々と集団を形成して目標を共有するというのは、学校や職場、スポーツでは日常茶飯事だ。アイデンティティを共有することには、人種的バイアスの典型的なパターンを変えるだけの力があるのではないかと私たちは予測した。私たちは白人のみに絞った被験者を、人種混合のチームに割り当てて実験を行った。最小条件集団の研究と同じく、チームはコインを投げて決定した。[17]

研究では被験者に1人ずつ来てもらって、それぞれ彼らの写真を撮り、コンピューターにアップロードした。被験者にはまず、これから「ヒョウ」チームか「トラ」チームに参加してもらうと告げた。それから数分かけて、自分のチームのメンバー12人の写真と、もう1つのチームのメンバー12人の写真を記憶してもらった。人種混合チームに被験者自身の写真も加えることで、チームとの一体感をうながした。重要なのは、写真が多様な人種で構成されていたことだ。両チームとも、半分は白人、もう半分は黒人だった。

被験者は人種混合チームの一員となった。だが、この後メンバーどうしで会ったり話したりする機会を設けたわけではない。彼らはただメンバーの顔写真を見ただけだ。これだけでも、被験者の脳では内集団と外集団メンバーへの認識の仕方が変化するのだろうか。あるいは変化は生じず、社会にはびこる人種バイアスの典型的なパターンが見られるだけだろうか。

被験者は脳スキャナー（大きさは小型のシステムキッチンほどで、大人がすっぽり入れるくらいの長い穴があいた装置）に入ると、視線の数センチほど先にある鏡に映る画像を見て、反応を示すように指示される。画像は各2秒間、自分のチーム（内集団）、もう1つのチーム（外集団）の一連のメンバーがランダムに表示され、彼らは仰向《あおむ》けのままそれを見て、握っているボタンで簡単な反応を示す。ある場合は、その顔が内集団と外集団のどちらに属しているかを示すように指示され、またあるときには黒人か白人かを示すように指示された。

この種の研究は時間も費用もかかるため、私たちは必要なデータをすべて集めるまでキングストンを何度も往復し、ブレインセンターに何日も滞在した。研究が終わると、カニンガム教授は暫定結果がどのようなものでもそれに踊らされることのないようにと警告した。彼は私たちの知るかぎり、最も熱心で、壮大なアイデアにあふれ、新たなデータに興奮する教授だった。それでもこのときは、結果を確認して適切に解釈するにはさらに数週間が必要になる、と厳しく説いたのだった。トロントの研究室にもどり、私たちが彼のコンピューターに向かって最初に目にした結果には、被験者が人種混合チームに加わった直後、急激な変化が起きたことがほのめかされていた。

各被験者の脳の反応には、「ヒョウ」や「トラ」という、チームへの新たなアイデンティティが反映されていた。先行研究と異なり、この研究の被験者は人種ではなく、「チーム」という新たな集団のアイデンティティに反応していることがわかったのだ。具体的に言えば、被験者の扁桃体は、外集団より内集団のメンバーを見たときのほうが活性化した。注目に値するのは、このときチームメイトの人種は関係なかったことだ。この状況では別のアイデンティティが中心に置かれていたため、顔を見たときの反応に、人種はほぼ影響しなかったのだ。

内集団のメンバーの顔を見ると扁桃体がより活性化するというこの観測結果は、この領域が自分と関係の深いものに反応するという、私たちの発見とも一致する。被験者の脳は、その瞬間に最も突出している、芽生えたばかりの内集団への一体感に反応を示していた。ここから、私たちの脳は決して人種差別のためにつくられているのではなく、むしろ**社会的アイデンティティのためにつくられている**と言える。

次に、この研究で収集したデータを使って、顕在的バイアスについて調査を行った。私たちは被験者に顔の写真を見せ、好きか嫌いかの程度を答えてもらっていた。脳内の活動を反映するように、彼らは外集団より内集団のメンバーにより好意を持つ傾向が高かった。ここでも人種のあいだに差は生じておらず、被験者は内集団の黒人と白人に等しく好意を示し、外集団へは等しく中立的な感情を示していた。

この15年間、より大規模なサンプルを使った他大学や他国の研究で、私たちは何度も同様の結果を目にしてきた。[18] たとえば、発達神経科学者のジョアン・グアッシ・モレイラとエヴァ・テルツァーとともに行った共同研究では、わずか8歳の子どもにも、内集団バイアスに似た脳の反応や行動を示すパターンが観察された。[19] このパターンは成長とともに強くなった。青年期のなかごろまでには、内集団のメンバーに対する扁桃体の活動と、研究チームに答えた内集団への顕在的な選好の程度には、強い相関関係が見られた。

たとえ潜在的な指標であっても、人は新たに形成された内集団のメンバーに、外集団よりも強い好意を一貫して示す。また、いっけん取るに足らない新しいアイデンティティであっても、絶えず現れる典型的な人種バイアスのパターンに打ち勝つことは可能なようだ。似たような結果は、他の研究室でも報告されている。[20] 科学者の研究対象が「ヒョウ」や「トラ」などのまったく新しいチーム、大学のライバル、政治的アイデンティティの何であっても、内集団への帰属意識は、潜在的な人種バイアスを覆《くつがえ》すことができる。このことは、アイデンティティの力を明確に示している。

1万7000人以上の被験者を含むかなり大規模な実験で、社会心理学者のカルバン・ライらは、潜在的な人種バイアスを軽減しうる17の方法をテストした。[21] 彼らは私たちがそうしたように、集団の境界を変化させて新たなアイデンティティを形成することが最も有効な方法であると結論づけた。ある集団の一員であるというだけで、人のアイデンティティや選好はじゅうぶんに変えられるということだ。だが、アイデンティティは人種を含む過去の境界を乗り越えられる一方で、新たな境界を生むこともある。見知らぬ人との距離を近づけることもあれば、隣人から遠ざけることもある。アイデンティティにも当然、良い面と悪い面がある。

私たちは実験室において新たなアイデンティティを人工的に形成したが、このアイデンティティが人種バイアスを永久に克服したり、ブレインセンターを出た被験者が、その後も同じ反応を示すと期待しているわけではない。そう期待するには、人種やその他のバイアスはあまりに強く、簡単には変わらない不公平な社会制度に根づいている。それはすでに見てきたとおりである。

バイアスの軽減方法を探るライたちの研究では、たとえバイアスへの介入が成功しても、その効果は長続きしないことがわかった。新たなチームによって生まれた新しいアイデンティティの場合、潜在的で無意識の人種差別的な反応に打ち勝つ力は、24時間以内に消えてしまうようだった。いったん日常の構造やパターンのなかにもどれば、人種にもとづく反応のちがいが、また強くあらわれる。だが、こうした実験室での研究は強力なコンセプトの証明であり、アイデンティティを形成することがいかにバイアスを克服しうるかを示している――あとはその効果をどう持続させるかだ。

次の課題は、この種の知見を研究室のなかでなく、実際に問題が起きている現実世界に適用できるかどうかだ。より強固なアイデンティティを現実世界で形成し、集団どうしが協調する力を持続することはできるだろうか？　ありがたいことに、他の研究者がちょうどその研究を行っていた。

サッカーによる関係の修復

2014年、イラク北部で、イスラム原理主義を掲げるイスラム教スンニ派のジハード（聖戦）集団ISIS（イラク・シリア・イスラム国）が、宗教的少数派の人々を虐殺した。このテロ集団は人々を斬首する処刑動画をひんぱんに公開し、世界に知られ、恐れられるようになった。6月までには自らをイスラム世界のカリフと称し、「イスラム国」の樹立を宣言した。

ISISが軍事行動で都市を制圧し始めると、多くの人々が家を追われ、避難民キャンプでの暮らしを余儀なくされた。2016年、モスルの戦いでついに都市が解放されると、避難民は徐々に故郷にもどれるようになった。だが、その多くが目にしたものは、破壊されたかつての故郷だった。ISISとその戦闘員は、自分たちが略奪しなかったものには退却時に火を放っていたのだ。彼らが通った後には、荒廃だけが残された。

こうした事件により地域の社会的結束は崩壊し、とりわけイスラム教徒とキリスト教徒の関係は悪化した。476名のキリスト教徒を対象とした調査では、46パーセントの人々の家が略奪され、

36パーセントが、故郷にもどったときには家を破壊されていた。家族が行方不明になったり、殺されたりした人々も、4パーセントにのぼった。

キリスト教徒はスンニ派の人たちに裏切られたという思いが強かった。スンニ派の人々は、ISISと協力関係にあると見られているからだ。また、大多数のイスラム教徒は今や、キリスト教徒の多い地域で居心地の悪さを感じていた。とてつもない緊張の時代だった。

この悲劇と混乱を目《ま》の当たりにし、当時スタンフォード大学の博士課程の学生だったサルマ・ムーサは、この集団のメンバーどうしが有意義な交流を図ることで、寛容さを再構築できないだろうかと考えた。[22] キリスト教徒とイスラム教徒のちがいは大きいが、彼らのあいだには共通点もあった。たとえば、サッカーへの情熱だ。彼女は地域のパートナーと協力し、4つのサッカーリーグを設立した。暴力と荒廃の直後であっても、好意的な交流を生み出し、それが社会的結束の基盤になるかどうかを確かめたのだ。

サッカーのようなチームスポーツには、効果的なアイデンティティを形成するさまざまな要素がある。協力、共通の目標、メンバー間のほぼ等しい力関係などだ。チームスポーツの社会的な力とサッカーの普遍的な人気を利用して、サルマは51のキリスト教徒のアマチュアチームを採用し、アンカワとカラコシュ〔イラクの地区と都市。いずれもキリスト教徒が多い〕で開催されるリーグ戦に招いた。

だが、これには問題があった。

これらの都市では生活の大部分と同じく、アマチュアスポーツもまた宗教によって大きく分離していたのだ。サルマたちは、各チーム に3〜4人の選手を加えることを承諾してもらった。その選手はキリスト教徒かもしれないが、そうでないかもしれない。これには多くの人々が眉《まゆ》をひそめ、なかにはリーグから抜けると言い出すコーチもいた。

当初は抗議の声も挙がったが、最終的にはすべてのチームがこの条件に同意した。こうして、半分のチームにはキリスト教徒の選手が、もう半分にはイスラム教徒の選手が数名ずつ加わった。

平均的な選手の年齢は24歳。未婚、無職、高卒で、世帯収入は月に約500ドルだ。初めに実施した調査では、平均的なキリスト教徒の選手にイスラム教徒の友人はいなかった。彼らはイスラム教徒が呪われていると信じており、土地を売る気はないと答えていた。だが、このキリスト教徒たちは、イラク人はまずお互いにイラク人として接するべきだとも考えており、そこは希望が持てた。

ムーサたちは宗教指導者たちの承認を受け、ユニフォームを配り、リーグ戦を開始した。ときに46度にも達する灼熱《しゃくねつ》のイラクの夏を挟《はさ》んだ2カ月間、チームはともにプレーした。

その結果はどうなったのか。この意欲的な試みは、キリスト教徒とイスラム教徒の緊張関係を緩和《かんわ》したのか。あるいは、従来のリーグ戦をするのと変わらない夏となったのか。それとも、信用できない外集団のメンバーとの接触を強《し》いられ、関係はむしろ悪化したのだろうか。

結果は目を瞠《みは》るものがあった。私たちが北アメリカの実験室で確認した結果と一致したのである。シーズンが終わるころには、宗教混合チームのキリスト教徒選手は、今後もイスラム教徒選手と練習を積むことに意欲を示し、スポーツマンシップ賞の投票でイスラム教選手に票を投じ、来シーズンも宗教混合チームで参加したいという傾向が強くなっていた。チームとしてのアイデンティティを共有して協力することで、埋められないと思われていた溝を埋めることができたのだ。

ムーサの研究ではまた、チームが成功することによってアイデンティティの効果がより高まることもわかった。チームでの優勝経験がある人にはなじみのある感覚だろうが、成功はアイデンティティを共有しているという感覚をいっそう強め、その後何年間もチームメイトとのあいだのつながりを持続させることがある。宗教混合チームで抜きん出た結果を出したキリスト教徒選手の場合、勝利によってもたらされた親近感は、チーム以外のイスラム教徒への態度にも表れていた。3カ月後、彼らは以前よりイスラム教徒たちの街のレストランを訪れたり、宗教の入り混じる社交行事に参加したりするようになっていた。

全員がキリスト教徒のチームでプレーしていた選手には、こうした好意的な姿勢はあまり見られなかった。寛容さを生むという点では、宗教的な外集団のメンバーとは他チームで競い合うより、同じチームで一体感を分かち合い協力するほうがはるかに効果的だったことがわかる。

この研究結果は私たちにとっても驚きだった。サッカーから生まれたアイデンティティが、宗教に起因する虐殺の後遺症を乗り越える助けになるというのは理解しづらいことだ。だが、チームスポーツは多くの点で、集団間の対立を解消する理想的な手段なのだ。多様な集団の人々が協力して、あるアイデンティティがかたちづくられると、彼らのあいだに仲間意識が芽生えてくる。この仲間意識は適切な条件下であれば、より広範な集団どうしへの感情にも広がっていくのだ。

アイデンティティの共有という感覚はフィールドを超え、スタンドや自宅で試合を観戦しているファンにも広がることがある。イスラム教徒のサッカー選手、モハメド・サラーがイングランドのリバプールFCに移籍することが決まったとき、ファンには絶大な影響がおよんだ。ムーサたちはヘイトクライムの報告と1500万件以上のサッカーファンのツイートを分析した。[23] すると、リバプール地域でのヘイトクライムは16パーセント減少し、リバプールFCファンによる反イスラム関連のツイートは、他のチームのファンと比べて約半分に減少した。

ここから導かれるのは、希望に満ちた結論だ。人はアイデンティティを共有することで、民族的・宗教的背景が異なるチームメイトや仲間に対して、より寛容になれるということだ。しかし、こうしたつながりの維持を阻《はば》む強力な制度や障壁《しょうへき》がいたるところに存在する。

制度的バイアス

人種、性、同性愛、身体障碍《しょうがい》をはじめとする多くのバイアスは、個人の心にだけ存在するわけではないことが、ますます認識されるようになっている。バイアスは意識や社会的アイデンティティを変えれば解決するというような、心だけの問題ではない。バイアスは、制度や組織、社会構造にも組み込まれている。政治、経済、企業、司法、医療といった制度の多くにもバイアスが存在し、作用しているのだ。

「制度的バイアス」について話すときは、制度や組織に見られる2つのかたちのバイアスを区別しておくのが有用だ。1つは、重要な機関に勤める人が職務においてバイアスのかかった判断をくだす場合だ。それは彼らが明らかな偏見を持っているためかもしれないし、すでに論じたような潜在的バイアスに影響を受けたためかもしれない。

たとえば、重要な機関の最前線で仕事をする、警察官、医師、看護師、裁判官、大学入学事務の責任者、大学教授、住宅ローンブローカー、不動産業者などは、それぞれの職域で大きな力を持っている。彼らは毎日のように、人々の生活に影響を与える選択を行っている。組織の権力を行使する彼らにバイアスがあるとすれば、大きな問題だ。私たちは第2章で、警察が職務質問のために車を停止させた事例の研究で黒人と有色人種の運転者は白人よりも車を停められ、車内を調べられる割合が高かったと述べた。[24] その差は運転者の人種を識別しやすい日中のほうが夜間より大きかったことから、これはバイアスによるものだとわかった。さらに、違法なものを所持している割合は、白人より黒人の運転者のほうが低かった。それにもかかわらず、黒人の運転手は停車を命じられる回数が多いため、逮捕される回数も多くなっていた。

同じように、裁判官は黒人の容疑者に対してより厳しい判決をくだすことが多い。性差別主義者の大学教授は、女子学生からの質問メールに返信をしない可能性があり、もしかすると横柄《おうへい》な対応をするかもしれない。そして、偏見を持つ医師は、マイノリティの患者に粗雑な医療処置を施す可能性がある。これは場合によっては生死に直結する判断である。

しかし、制度的バイアスの2つめのかたちは、心理的というより構造的なものだ。こうしたバイアスは組織運営のための方針や手順、規則として定着している。ものごとを進める方法そのものにバイアスが内在しているため、その人自身にバイアスがあるかないかは関係ない。原因が個人の裁量や抑制の範囲外にあるから、差別的な結果は、いずれにしても生じてしまう。こうした制度的バイアスの多くは過去の遺産で、硬直した組織、テクノロジー、社会制度が原因となって見直されてこなかったのだ。もしかすると、疑問視されることすらなかったかもしれない。

これに関して『コンシューマー・レポート』誌が興味ぶかい分析を行っている。自動車の安全試験にはバイアスが組み込まれており、男性より女性のほうが自動車事故による死傷者数が有意に多い状況を招いているというのだ。[25] アメリカでは、運転席や助手席に座っていて交通事故死する確率は、女性のほうが男性より約17パーセント高く、衝突事故で重傷を負う率も73パーセント高い。なぜか？

自動車の安全性能は、おもに衝突試験の結果にもとづいて、時代とともに大きな進歩をとげてきた。こうした試験に使われているのは、ほぼ例外なく男性のダミー人形だ。より具体的にいえば、基準とされているのは身長約175センチ、体重約78キロという、1970年代の平均的なアメリカ人男性の体型である。女性と男性の体型にはかなりのちがいがあるが、安全性能においては、男性向けの安全性を最大にする設計がされていた。その結果、路上で命に関わる男女格差が生じていたのだ。

『コンシューマー・レポート』誌が業界の専門家に話を聞くと、さまざまな回答が得られた。「新たなダミー人形や試験を開発する必要はないという回答もあれば、開発するには費用が、あるいは時間がかかりすぎるという回答もあった」。関係者があからさまな性差別主義者ではなくても（なかにはそうした人もいるかもしれないが）、制度的バイアスは現状を改めることへの嫌悪感だけで、じゅうぶん成立するのだ。その結果、1970年代の技術者による安全性能試験の判断が、現在も相変わらず何百万、何千万もの女性の命を脅《おびや》かしている。

これが企業の幹部レベルに女性や少数派グループのメンバーがいることが重要となる理由の一つだ。2019年6月時点で、フォード社は大手自動車メーカーのうち女性幹部が最も多く、部長以上の役職における女性の割合は約27パーセントである。もし主要な自動車メーカーの経営幹部に女性がもっと多ければ、こうした安全性能の問題に、より大きな注意が払われていたのではないだろうか。企業が幹部のジェンダー比率を改善していれば、より早期に問題を把握し、無数の命を救えたかもしれない。

もう1つ、制度的・構造的な差別の例として特によく知られているのが、コカインの形態に対するアメリカの量刑ガイドラインの格差である。1980年代、クラックコカイン〔おもに喫煙により体内に取り込む〕の使用率が急激に高まったことへの懸念を受け（〝過剰反応〟という人もいる）、アメリカの議員たちは連邦政府の刑罰を変更した。クラックコカインの所持に対して、同量の粉末コカインの所持に対するよりも、100倍ほど厳しい刑罰を制定したのだ。こうして、5グラムのクラックコカインを所持して有罪判決を受けた場合、５００グラムの粉末コカインの場合と等しい、5年間の最低量刑が課されることになった。

クラックコカインと粉末コカインは基本的に同一の化学構造で、生理的特性も中毒性もほぼ変わらない。だが、粉末コカインは裕福なホワイトカラーといった人々が使う典型的なドラッグであるのに対し、クラックコカインは貧困層かつ多くは黒人コミュニティを連想させるドラッグというちがいがあった。

アメリカ自由人権協会は２００６年の報告書で、「クラックコカインの所持罪には、粉末コカインの所持罪よりもいっそう厳しい罰則が設けられている。この量刑格差は、同等の麻薬取引を行った白人被告と比べて、アフリカ系アメリカ人の被告に対して不当かつ過剰な罰則となっている。この問題をより複雑にしているのは、そもそも白人は薬物犯罪で起訴されることが不均衡に低いという事実である」と結論づけている。[26] ２０１０年、議会が量刑ガイドラインを改定したことにより、量刑格差は１００対1から18対1まで縮まった。これは進歩と言えるが、コカインのこの量刑政策はやはり制度的バイアスの一種であり、今なお問題である。

こうしたかたちの制度的バイアスは、きわめて大きな結果をもたらすが、その問題を扱う自動車メーカーの幹部や裁判官それぞれの心理的バイアスは必ずしも作用していない。制度的バイアスと密接な関係があるのは、法律、規則、政策、手順など、組織や制度を機能させるシステムだからだ。

名門大学には「レガシー」入学制度と呼ばれ、卒業生や寄付者の子どもに優遇措置を講じる制度がある。白人は概して高等教育を活用してきた歴史があり、また富裕層からは高額の寄付を期待できるため、こうした制度は白人学生を優遇しつづけている。

警察活動の場合、市政府や政治家が定める政策や優先度が、警官のパトロール場所に影響する。もしこうした政策が白人や富裕層の多い地域より、低所得層やマイノリティの住む地域に警官をより多く派遣したとすると、その場合、数だけで見れば、低所得層やマイノリティの人々のほうがより多く車両停止され、逮捕されることになる。

こうした問題は、テクノロジーによって悪化する可能性がある。もし過去の大学入試の結果や近隣の犯罪率などのデータセットによってアルゴリズムが作成されるなら、歴史的に市民権を奪われてきたコミュニティの人々にとって不利な決定が続くことになりかねない。[27] 場合によっては、テクノロジーがこうしたバイアスをより深刻にすることもある。というのも、設計特性や機械学習のアルゴリズムによってバイアスの発生源が特定しにくくなり、客観的な判断がくだされたように見えてしまうからである。

この事象が発生する場所の一つが、ピア・ツー・ピア（P2P／個人間）プラットフォームだ。世界の人々は、毎年7億件以上の物件をAirbnb《エアビーアンドビー》でレンタルし、100億回以上Uber《ウーバー》で移動している。だが、こうしたプラットフォームで差別が発生していることを示す証拠が増加している。たとえば、黒人のように思われるユーザー名でAirbnbを予約すると、断られる確率が高い。また、ホストが黒人である部屋は、ホストが白人である同程度の部屋と比べて、10パーセント価格が低く設定されている。たとえ潜在的であれ、顕在的であれ、こうしたバイアスをAirbnbの厖大《ぼうだい》なユーザーから根絶させるのは、おそらく不可能である。だが私たちは、サイト上における重要な情報の表示方法を変更するだけで、差別的な結果を軽減する可能性がじゅうぶんにあることを発見した。

ノルウェー経済高等学院のカトリーヌ・ベルグ・ノットベイト、ハルゲイル・ショスタが主導した一連の実験で、私たちはシェアリングエコノミー（共有経済）での人種バイアスを軽減する方法を調査した。[28] 実験ではノルウェー人の被験者に、Airbnbの部屋か、またはホテルに泊まるかを選択してもらった。彼らがAirbnbの部屋を選ぶ割合は、ホストが人種的な内集団の場合、外集団の場合よりも25パーセント高かった。だが、他の顧客からの五段階評価という信頼に関する簡単な口コミ評価情報を表示したところ、このバイアスのパターンは完全に解消された。また、この評価が目立たない（あるいは評価が低い）場合は依然として、バイアスのパターンが見られた。

ここでの学びは、被験者の心理的バイアスを解消したということではなく、その代わりに重要な情報の表示方法を変えたということだ。ホストの人種は、顧客が誰を信頼すべきかという人種のステレオタイプと関連しているため、顧客がくだす選択に影響を与える可能性がある。だが、ホストの実際の信頼度という、事実に即した情報をプラットフォームに表示することで、顧客は人種的背景の異なる人々の家にすすんで宿泊するようになる。P2P経済に関わる企業が人種バイアスを取りのぞこうと思うなら、ホストの身元情報ではなく、こうした評判がより目立つようなウェブサイトやアプリをデザインするべきなのだ。

異なる集団への差別的な態度をなくすために、制度を改善しテクノロジーを向上させることは道徳的な責務と言える。さらに、より公平で効果的な規則や政策、手続きを制定することで、制度そのものを超え、好意的な結果が連鎖的にもたらされる可能性もある。透明性があり、公正かつ効果的な制度があれば、自分の属する集団や社会的アイデンティティへのひいきは減る可能性があるのだ。

私たちの種の祖先が環境を生き抜くため、他者と連携する心理を進化させた可能性があることは先に述べた。人間はつねに味方を探し、潜在的な敵を警戒する。共有されたアイデンティティにもとづく味方との連携は、自分自身を守る手段の一つであると同時に、その人々を信頼し、彼らが自分たちをよく扱ってくれる可能性を高める手段でもある。つまり、忠実な友を持つことは、この混沌《こんとん》とした世界における、保険の一つでもあるのだ。

社会が発展させてきた多くの制度もまた、これと同じ役割を果たすことができる。たとえば、もし運の良いことに、合理的、効果的、公平に機能する法制度をそなえた社会に住んでいれば、安心して幅広い人々と交流できる。強盗や詐欺《さぎ》を働けば通常は逮捕され、罰せられるとわかっていれば、その法制度があなたを襲《おそ》おうとする者への抑止力になると期待できるからである。同様に、契約に法的な強制力があるとわかっていれば、取引で騙されても法的措置が取れると予想できる。[29]

実効性のある制度がなければ、信頼の輪は限られたものになるかもしれない。たとえば、個人的なつながりや社会的アイデンティティの共有といったかたちで、すでに面識のある人々とだけ交流することになる。より安心を得るために、自分たちと似た人々を選択的に雇用し、取引し、あるいは他の方法で協力したりすることも考えられる。だが、善良な行いを社会全体で支援する効果的な制度があれば、信頼の輪は、それまでつながりのなかった個人や集団にも安心して広げられる。だからこそ、政府、法制度、警察といった重要な社会の制度を信頼している人ほど、人種のちがう人々と気軽に交流することがわかっている。

制度的な仕組みによって、潜在的バイアスを減らせるという証拠もいくつかある。私たちは2つの実験で白人の学生を実験室に呼び出し、この実験の後半で他の学生とゲームをしてもらうと告げた。[30] 被験者は、ゲーム参加者の半分が白人、もう半分が黒人であることを写真で知らされる。このゲームでは他の参加者がつねに不正を働く可能性があるため、一定の信頼関係が要求される。だが被験者の半数だけには、不正を罰する監視者が全員を監視していると伝えた。つまり、誰かが公正な執行者として、相手の不正を抑止する役目を果たしているというわけだ。

まずゲームの前提を説明し、実際にゲームに入る前に、白人の被験者が持つ潜在的な人種バイアスを測定した。ゲーム中は誰かが監視していると言われた被験者には、黒人の顔より白人の顔を潜在的に好む傾向は見られなかった。だが、信頼を強化するための執行者がいないと思っている被験者には、白人を好むという潜在的バイアスが見られたのだ。

これは、人々を「ヒョウ」や「トラ」などの人種混合チームに分けると潜在的な人種バイアスが取りのぞかれたという結果と似ている。しかし、今回はチームではない。たとえ共有されたアイデンティティがなくても、信頼を促進する制度的な仕組みがあればバイアスは軽減できるのだ。今回は公正な執行者というかたちを取ったが、まずは信頼関係を発展させることで、チームの必要性は減るのかもしれない。

行動を起こす

ここまでバイアス、特に潜在的バイアスの本質についてある程度深く考察してきたが、ここでジョン・ケネディ上院議員がメリック・ガーランドに投げかけた問いを再考してみよう。「(潜在的なバイアスとは)私は人種差別主義者で、けれども、私が人種差別主義者であることに気づいていないという意味」になるのだろうか。

ガーランドは機知に富んだ答えを返した。「人種差別主義者というレッテルは、私が貼るようなものではありません。潜在的バイアスとは、誰にでもバイアスはあるということです。潜在的バイアスの検証に重要な点は、意識と無意識を一致させ、自分が固定観念的な行動を取っているときに、それを自覚することです」

たしかに、人々が公然といだいたり、公《おおやけ》に承認し、熱狂的に支持したりする信念のなかには、露《ろ》骨《こつ》であからさまな人種差別が存在する。他者を支配することが正しいと信じる集団も存在する。心理学者が明らかにした、大多数の人に見られる直観的な潜在的バイアスは、そうした人種差別とはちがう種類のものだ。実際、バイアステストを受けた人の多くは、自分が女性より男性の顔、黒人より白人の顔、年配者より若者の顔を好む反応を示したと知り、困惑する。彼らが正しいと信じる世界のあり方は、こうしたバイアスとは反するからだ。自分では平等主義を尊重していると思っているのに、まったく平等とは言えない感情が心に潜《ひそ》んでいるかもしれないと知り、恐ろしくなるのだ。

潜在的バイアスを持つ人は人種差別主義者（あるいは性差別、年齢差別など特定の集団への差別主義者）になるのかという問いについては、私たちにバイアスがあるかどうかではなく、バイアスがあると知った後にどう行動するかがその答えだと考える。より公正で公平な世界をめざすなら、潜在的バイアステストのスコアより重要なのは、格差や差別にどう対処するかだ。実際、潜在的バイアステストのスコアは、ある瞬間と次の瞬間では著《いちじる》しく変化することがある（すでに論じたように、その一因はアイデンティティや信頼する手がかりが変化するためだ）。このスコアはいずれにせよ、他者への見方を示す信頼できる指標ではないということだ。逆に言えば、政治家は自分たちは生まれついての人種差別主義者ではないとよく主張するが、それが真実かどうかも大した問題ではない。政策によって人種的格差が維持されているなら状況は変わらないからだ。

潜在的バイアスについては、ある懸念がある。それは、人が異なる集団にどう反応するかは自分の意思ではどうにもできないと想定されているふしがあり、たとえ人が差別的な態度を取ってもそれは自分たちの責任ではないと思ってしまうことだ。こうなると、潜在的バイアスが言い訳として「免罪符」に使われてしまう。

この懸念に反論するため、承認公聴会でのメリック・ガーランドの証言から、さらに踏み込んだ検証を進めていこう。潜在的かどうかにかかわらず、このバイアス検証の重要な点は、それによって私たちの心を理解することにある。大事なのは、私たちの心はときに、より一般的な信条や価値観とは矛盾した行動や結果を生むこともあるということだ。こう認識することで、私たちは自分自身や他者を変える力を発揮して制御し、より良い社会を築けるようになる。

もちろん、社会に深く根づいた格差を変えるには、実験室で単純な操作をしたり、サッカーのフィールドに大規模に介入したりする以上の大規模な行動が必要であるし、また短時間のトレーニングでバイアスに対処する以上の行動も必要だ。これらも大切な最初の一歩にはちがいないが、次章で論じるように、大規模な変化を起こして持続させるには、組織的・集団的な行動が不可欠だ。それにはまず、機会や結果に格差を生む構造を特定し、根絶させなければならない。ここで連帯が重要になるのである。

7

連帯のきっかけ

Finding Solidarity

1970年9月、フロリダ州立大学の社会福祉学准教授であるシルビア・ロザリー・ジェイコブソンは、エルサレムからアメリカへの帰路についていた。[1] フランクフルトを離陸した直後、彼女の乗ったトランス・ワールド航空741便は、パレスチナ解放人民戦線（PFLP）にハイジャックされた。彼女を含む148人の乗客・乗員を乗せた741便は、ヨルダンの首都から遠く離れた砂漠地帯にある、廃墟《はいきょ》となった滑走路に着陸させられた。

緊張で張りつめた着陸の瞬間の後、機内にPFLPのメンバーが乗り込んできた。懐中電灯で照らされた女性リーダーが発した言葉は恐ろしいものだった。獄中の同胞の解放を含め、自分たちの要求が聞き入れられるまで、誰一人この砂漠から出られないというのだ。この瞬間に「初めて、私たちはみな人質になったのだと自覚した。恐怖とストレスにさらされた不慣れな環境のなか、私たちはある種の共同体となっていた」とシルビア・ジェイコブソンは後に回想している。[2]

日がたつにつれ、機内の状況は徐々に悪化していった。冷房システムは故障した。トイレは処理能力を超えていた。人々は体調を崩した。犯人が特定の乗客を移送し始め、人質はいっそう混乱した状況に陥《おちい》った。まず、ユダヤ人ではない女性と子どもがバスで首都アンマンのホテルへと送られた。次に、男性が何人かずつ不規則な間隔で連れ去られていったが、目的地も、その後の処遇もわからないままだった。最終的にすべての男性が移送され、残された女性の多くがパニックに陥った。

砂漠に降ろされた当初は乗客たちに連帯感が芽生えたものの、いくつかの分断の動きも表面化し始めた。14人の大学生の集団は、この状況を苦痛としてではなく冒険のようにとらえたため、他の乗客は苛立《いらだ》った。子連れの親は、子どものいない大人たちと自分たちとは責任の重さがちがうと考えた。また、ユダヤ人の親のあいだでは、犯人から与えられた教義上不浄な食べ物を子どもに食べさせるかどうかをめぐって明らかな分断が生じた。

乗っ取り犯がユダヤ人とアメリカ人の乗客を他の乗客とあからさまに区別したことから、より不穏な分断が生じた。これにより、パスポートを2通持つ乗客と1通しか持たない乗客のあいだに分断が起きた。2通持っている乗客は特定の社会的アイデンティティを隠せるため優位なはずだった。だが、ハイジャック犯たちは機内を執拗《しつよう》に捜索してそうしたパスポートを見つけ出し、怒りをいっそう募らせた。パスポートを隠したことで、乗客全員がより危険な状況に置かれてしまったようだった。

乗客たちはこの状況に組織的に対応し統率しようと断続的に試みていたが、初めはうまくいかなかった。たとえば、誰かがトイレ使用の管理や食べ物の割り当てを行おうとすると、「誰がそんな特権を与えたのか」と、その正当性に激しく反発する声が上がったのだ。

酷暑とストレス、混乱と不和のなかにあっても、741便の乗客は自分たちが同じアイデンティティをいだいていると感じて、一体感に包まれる瞬間もあった。この一体感は、犯人が乗客を一個の集団として扱ったときに生じた。犯人たち、ついで兵士らが機内に乗り込んできたとき、乗客は自分たちが運命共同体だと強く意識したのだ。その瞬間「分断は克服された。それぞれ国籍、宗教、人種、悲しみ、ニーズ、価値観、遺恨《いこん》、恐怖心はちがっていても、私たちは乗客を品定めするような視線にも動じずに堂々とふるまい、超然とした拒絶的な態度を取ることで団結していたのだ」とジェイコブソンは書いている。

最終的に、人質たちはなんとか組織だった行動を取るようになった。人質として置かれた状況に対して、自分たちは運命共同体だという感覚と、共通の目標が生まれたときだった。彼らは5日目が終わるころ、今後、水と食料の支給がさらに制限されると告げられた。すると、みな水が限られた状況でのトイレ使用や飲み水の割り当てを調整するようになった。大学生たちはしだいに周囲に溶け込み、子どもたちを楽しませるようになった。連帯感は強まった。

1970年9月11日、雰囲気、協働関係、アイデンティティの変化に苦しんだ5日間の後、シルビア・ジェイコブソンと極度の苦難を経験した乗客の大多数が無事に解放された。翌日、PFLPは飛行機を爆破した。この事件が完全に解決したのは、9月30日、最後の人質がパレスチナ人とアラブ人のテロリストの釈放と引き換えに解放されたときだった。

ジェイコブソン教授も他の乗客とともに無事生還し、その体験談を人々に語った。だが、彼女は社会科学者で、人間関係の力学を観察するベテランだ。ディナーパーティーで自分の体験を話して人々を楽しませるだけでは終わらなかった。彼女はその体験を科学論文として発表し、集団が命に関わる監禁状態でどのように機能するかについて、洞察に満ちた教訓を導き出した。

このハイジャック事件は、グループ・ダイナミクスに関するいくつかの興味ぶかい点を明らかにした。周囲の状況がいかにして新しいアイデンティティを活性化させるか、下位集団がどのように形成され、分断を助長するか、人は目標を共有することでなぜ連帯感や集団としての目的を持ち、全体の利益のために協力したり犠牲になったりするかといった点だ。

本章では、人々が連帯して集団を形成したときに何が起こるかを考察する。それを理解する鍵となるのが、人々が互いに助け合い支え合うときの、共通のアイデンティティという感覚だ。この感覚は、日常的には目標を達成しようとして協力するときに生まれるが、困難な状況下で人間どうしがつながりを持つときにも生まれることがある。人質にされるという冒頭の状況でも見られるように、ストレス下に置かれた際に新たなアイデンティティが形成される事例はいくつもある。重い病気を患《わずら》うといった生活上の（あるいは、カクテルパーティーで同僚が喉を詰まらせる、といった場面での）ストレスはもちろん、ハイジャックやテロなどの事態に遭遇して形成された社会的アイデンティティは、悲劇や災害に立ち向かう団結力や回復力の源となることもあるのだ。

一般に、危険や脅威にさらされた人はわが身のことしか考えないと思われがちだ。数えきれないほどのハリウッド映画が、緊急事態で起こるパニックや暴動を描いている。だが、こうした状況は現実では、めったに起こらない。災害時の行動や抗議デモなどの群衆行動については半世紀にわたって研究が行われてきたが、切迫した状況では大抵、共有されたアイデンティティが新たに生じ、集団が力を合わせて大きな問題に効果的に対処できるようになる。そしてここで重要なのは、アイデンティティの共有によって、周縁化された集団、不利な立場の集団が仲間と連携し、不公平に対して結集し、社会改革を要求できるようになることだ。

介入の機会

心理学の学部生にはおなじみの話だが、ジェイもキティ・ジェノヴィーズの悲劇を聞いたことがある。この恐ろしい事件は『ニューヨーク・タイムズ』紙で最初に報じられた。ジェイが知っていた（あるいは知っていると思っていた）事件のあらましは、以下のとおりだ。

1964年3月13日の夜、キュー・ガーデン地区で殺人鬼が女性に忍び寄り三度にわたって彼女を襲《おそ》った。その場面を、ニューヨーク州クイーンズ郡に住む、善良で法を遵守する38人の市民が、30分以上も傍観していた。殺人鬼は住民の声と突然ついた寝室の明かりに恐怖を感じ、二度現場を去っている。だが、そのたびに男はもどってきて彼女を見つけ出し、また刺した。この間、住民の誰一人として警察に通報しなかった。目撃者の一人がようやく通報したのは、彼女が亡くなった後だった。[3]

目撃者は38人とされているが、この人数が何を根拠としているかは正確にはわからない。だが、それほど多くの市民が止めにも入らず、同胞が刺し殺されるのを無情にも傍観していたことには怒りの声が広がった。世間はニューヨークの文明社会の荒廃と、生活環境の劣悪化を糾弾した。[4]

私たち研究者は、ニュースから優れた発想を得ることがある。1964年当時、ニューヨークで活動していた心理学者のジョン・ダーリーとビブ・ラタネもそうだった。彼らはキティ・ジェノヴィーズの悲劇的な事件をもとに、「傍観者効果」と名づけた仮説を立てて検証した。[5] この仮説をひとことで言うと、緊急事態の発生時には傍観者が多ければ多いほど、人は介入や救助行動を率先して行わなくなるというものだ。

緊急時にその場に他人がいるとなぜ率先して行動を起こさなくなるのか、それには少なくとも2つの理由があると彼らは推測した。

第1に、緊急事態かそうでないかは、つねに明確に判断できるわけではないため、多くの人は他の人たちのようすを見て状況を判断しようとする。周囲の人たちが反応しないのを見たら、それは緊急でないとわかっているからだと思うかもしれない。だが、彼らはあなたの反応を見て、あるいは反応しないのを見て、まったく同じ考えにいたったのかもしれない。そうだとすれば、これは深刻な問題となる。この状態は「**多元的無知**」として知られる。つまり、誰も現状を理解していないにもかかわらず、他の人たちには理解できていると信じ込んでしまうのだ。

第2に、たとえ多元的無知を払拭《ふっしょく》して緊急事態が起きていると認識したとしても、「**責任の分散**」心理が働き、行動しない。ここでは、他の誰かが対応するにちがいないとか、おそらくすでに対応しただろうと全員が思い込んでしまう。

ダーレーとラタネはこの推論を検証するため、巧妙な室内実験を考案した。ある実験では、一人の参加者が発作を起こしたふりをした。もう一つの実験では、ドアのすきまから煙が発生するようにした。実験では被験者がこれらの危機に対して、一人のときと、他人がいて何もしていないときとでどう反応がちがうかを観察した。予想どおり、率先して反応する傾向は、一人のときより他人がいるときのほうが弱かった。

ジェイはアルバータ大学の学部生のころ、多元的無知と責任の分散を学んだ。同じころ、エドモントンの地下鉄で何の罪もない男性が若者の集団に襲われる事件があった。だが、誰も暴行を止めなかったため、再び「文明の荒廃」、「大都会の腐敗」が叫ばれた。ジェイはこれに反応し、地元の新聞に投書した。他の人たちが暴行を止めなかったのは、傍観者効果が一因かもしれないと指摘したのだ。また、そうした状況に遭遇した人の心理を理解することで、障壁を取りのぞいて行動をうながす助けになるかもしれないと主張した。

まもなくこの理論を試すことになるとは、ジェイはまったく思っていなかった。

ジェイはアルバータ大学からトロント大学の大学院へ進学し、社会心理学の博士課程を修了した。クリスマスの買い物を終えたある日の午後、地下鉄を降りて駅を出ようとすると、若い男性が反対方向に走っていくのが見えた。20歳前後と思われるその男は、切符を買わずに自動改札を飛び越え、階段を駆け降りていった。

数秒後、男は自分よりずっと小柄な女性を引きずるようにして階段を上ってきた。彼女を壁にたたきつけ、彼女の顔前で怒鳴った。彼女は両肩をつかまれて乱暴に揺さぶられ、泣いていた。通勤途中の大勢の人々が大声に気づき、何事かと首を伸ばす。だが、事態を目撃した大多数の人は目をそむけ、急ぎ足で通り過ぎて帰りの電車に乗り込んだ。

ジェイは走っていって、アクリルガラスの仕切りの向こうにいるトロント交通局の職員に状況を伝えた。職員が警備員を呼んだとき、自分は出すぎた真似《まね》をしたかもしれないと不安になった。問題の男性をよくよく見ると、ジェイより体格が良さそうで、明らかに激高している。だが、傍観者効果の知識があるジェイは、他の人々がなかなか助けに入らないのは、多元的無知と責任の分散のせいかもしれないと感じた。心臓がバクバクし、闘争・逃走反応が活性化する。その瞬間、ジェイは恐怖をのみ込み、助けに入ろうと決意した。

ジェイがそのカップルのほうへ歩いていくと、別の男性も加わった。見知らぬその男性も不安そうな表情を浮かべている。2人はさっと視線を交わし、互いにうなずくと、問題の男に近づき、彼女から離れるように声を掛けた。

激怒した暴漢は振り返り、「お前らには関係ない!」と怒鳴った。男がポケットに手を入れた瞬間、ジェイは心臓が止まりそうになった。ナイフに手を伸ばしたのだろうか。もっと悪いもの?

幸《さいわ》いなことに、それは25セント硬貨だった。男は硬貨を投げ、「人助けなら他でやれ」と言った。

2人の傍観者が立ち去りそうにないのを見ると、その男は何度か脅《おど》し文句を口にした後、すごい勢いで立ち去った。ジェイと協力者は、若い女性が階段を降りて地下鉄のプラットフォームに着くまで付き添っていき、警備員が来るまで一緒にいたほうがいいかと聞いた。彼女は辞退し、ただ家に帰りたいのだと言った。暴漢はもういなくなったので、一人でも大丈夫だと思ったのだろう。

まもなく電車が来る音が聞こえた。ジェイと協力者は女性から離れた。階段のほうへもどり、念のため、暴漢が同じ電車に忍び込んで家まで尾行したりしないように見張った。恐れていたとおりだった。電車が駅に入ってきて、何百人もの通勤客がホームに押し寄せる。それと同時に例の男が再び階段を駆け下り、勢いよく彼女のほうへ突進していく。

ジェイは彼女に向かって電車に乗るなと叫んだが、彼女は乗車してしまった。ドアが閉まろうとしたそのとき、男も飛び乗ろうとした。考えるまもなく、ジェイと協力者は男につかみかかり、ホームにねじ伏せた。2人は殴られたり唾《つば》を吐かれたりしないよう、必死で男を押さえつけていた。気づくと車掌がその騒ぎを見て電車を止めていた。まわりを見ると、何百人もの乗客が自分たちを見つめている。電車は停止したままで、ホームには他に誰もいない。だが、一人として電車から降りて助けに入ろうとしない。

これが傍観者効果か、とジェイは実感した。そして周囲の人たちに状況を説明し、助けを求めなければならないと悟った。居合わせた人たちの行動を抑制している、多元的無知と責任の分散という心理を打ち破る必要があった。ジェイが助けを求める行動をとると、2人の見知らぬ乗客が降車して加勢してくれた。2人の屈強な警備員が到着して暴漢に対処するまで、彼らはともに暴漢を組み伏せていた。

ジェイがそうであったように、傍観者効果を知ることは、緊急時に手助けをためらう心理的障壁を打ち破る後押しになるかもしれない。だが、現在ではキティ・ジェノヴィーズの話も、傍観者効果も、長年信じられてきたほど単純ではないこともわかっている。[6] キティ・ジェノヴィーズが死んだ夜、住民のなかには彼女が助けを求める声を聞き、何らかのかたちで介入した者もいた。何が起きているかはわからなかったが、何人かが窓から大声を上げ、犯人はその瞬間は怯《おび》えてその場を立ち去っている。また、後にニューヨーク市警の警官となった少年を含む数名の住民も、彼女が襲われているさなかに警察に電話をしたと報告している。警察が動かなかったのは、その4年後の1968年まで、当時のアメリカには一元化された緊急通報システム（911）がなかったことと関係していたかもしれない。それ以前は警察署、消防署、病院で電話番号が分かれており、今のように一般市民から通報を受けて対応できるような統一されたシステムが存在しなかったのだ。

傍観者効果からは、緊急時に誰かが助けに入ることはめったにないという印象を受けるかもしれないが、これは正確ではない。実際の緊急時にはほとんどと言っていいほど、周囲にいる多数の人々が介入していたと示唆する研究結果もある。たとえば最近の研究に、オランダ、南アフリカ、イギリスの都市部で起きた襲撃事件を撮影した監視カメラの映像を調査したものがある。[7] その結果、2人以上の人が関わる219件の事件のうち199件において、少なくとも1人の介入者がいたとわかっている。つまり、91パーセントの割合で誰かが助けに入っていたのだ。

意外なことではないが、傍観者の数が多いほど、単純な数の優位性により誰かが介入する可能性は高くなる。だが、だからといって、あなたが介入する可能性が高まったわけではない。このちがいを理解しておくことは重要だ。たしかに、周囲に人が多ければ、最終的に異変に気づいた誰かが行動する確率もそれだけ高くなる。ただし、誰かが助けに入るきっかけがなければ、その場の傍観者が行動を起こす確率はかなり低いままかもしれない。

多元的無知と責任の分散という心理を知ることは、人々がどのような場合に助けに入るか、あるいは入らないかを理解するうえで有益である。目にしているのが緊急事態なのかどうかわからないから介入しないのであれば、より危機的な状況では傍観者効果が起こりにくいという、やや直観に反する予測が成り立つ。状況がより危機的な場合、緊急事態であることや、多くの人の助けが必要なことは周囲の目にも明らかなはずだからだ。これを裏づけるように、傍観者効果の100以上の研究を対象としたメタ分析によれば、より危機的な緊急事態では、周囲に人がいたほうが介入をためらわなくなることがわかっている。[8]

ジェイの場合、傍観者効果を理解していたこと――そしておそらく社会心理学者としてのアイデンティティが芽生えていたこともあるかもしれない――が、他の人たちが傍観する状況で彼を突き動かす原因となった。だが当然、人助けをするのに社会心理学者である必要はない。人助けをするのに重要なアイデンティティは他にある。実際、社会的アイデンティティを誰かと共有しているという認識があれば、それだけで人を助ける大きな理由となるようだ。

共感の輪を広げる

私たちがどれだけ他者を助けようとするかは、他の多くの要素と同じく、自分と相手がアイデンティティを共有していると見なすかどうかにかかっている。哲学者のピーター・シンガーは、この考え方を「共感の輪」と呼んだ。この輪は、関心をいだくのに値《あたい》する相手、また値しない相手を見きわめる境界線を意味する。[9]言論の自由、抑圧からの自由、投票権など、現在では基本的人権と見なされる多くの権利は、かつては支配階級である少数のエリートだけが持つ特権だったが、時代とともに、より大きな集団の権利へと拡大した。また、女性、民族的・人種的・宗教的マイノリティ、LGBTQコミュニティなどの権利が拡大したのも、共感の輪が広がった結果と考えられる。

アイデンティティの境界は固定されているわけではない。どの属性が最も際立っているかにより、時と場合により変わりうる。マーティン・ルーサー・キング・ジュニアが「道徳の宇宙の弧は長いが、その弧は正義のほうに曲がっている」と述べた言葉は正しかったかもしれない。だが、私たちが人を助け、配慮する責任を感じる対象は、その時々で流動的だ。
イギリスのサッカーファンはあまり評判が良くないが、仲間のことはすすんで助けようとする。社会心理学者のマーク・レヴィンらは、ランカスター大学にある自身の心理学研究室に、マンチェスター・ユナイテッドのファンを招いた。[10] 被験者は研究室に着くと、いくつかの課題に取り組んだ。その課題は彼らがいかにマンチェスター・ユナイテッドを愛し、チームのファンであるかを想起させるためのものだった。被験者はその後、別の建物まで歩いて移動し、研究を完了するよう依頼された。

彼らは途中で緊急事態に遭遇した。前方の小道に若い男性が駆け出してきたかと思うと、躓《つまず》いて転び、足首を押さえながら痛みに呻《うめ》いている。彼らは窮地にあるこの男を助けようとするだろうか。

この無様な男は、実は実験の協力者であり、どのパターンでも同じ人物が演じていた。だが、彼のアイデンティティはその時々で変化した。被験者のある集団は、特徴のない地味なシャツを着た青年に遭遇した。またある集団は、マンチェスター・ユナイテッドのジャージを着て、赤い悪魔〔マンチェスター・ユナイテッドの愛称〕への忠誠心を示す青年を見た。そして3つめの集団は、マンチェスター・ユナイテッドの多くのファンが最大のライバルと見なす、リバプールのファンに出会った。

この些細なジャージのちがいは、重要だった。マンチェスター・ユナイテッドのファンは、怪我《けが》をした見知らぬ男が同じマンチェスター・ユナイテッドのジャージを着ていた場合、92パーセントの割合で彼を助けた。だが男がリバプールのファンである場合は30パーセントしか助けなかった。

ここで重要なのは、リバプールのファンを助けた人の割合が低かったのは、ライバルチームのファンを助けることへの嫌悪からではなく、たんにアイデンティティを共有していなかったためかもしれないということだ。というのも、地味なシャツを着ていた男も被験者の33パーセントしか助けなかったからだ。

そうか、なるほど、とあなたは思うだろう。「マンチェスター・ユナイテッドのファンは、自分たちの集団以外には手を貸そうとしない、度量の狭いぼんくらなのだ」と。だが結論を出すのはまだ早い。

二度目の研究でレヴィンらは同じ実験を繰り返したが、今回はマンチェスター・ユナイテッドのファンが研究室に着いたとき、想起してもらう対象を変更した。彼らには、自分がどれだけ「美しい試合」を愛しているか、またサッカーというスポーツのファンであるかを思い起こすための課題をこなしてもらった。こうして特定のチームより広義の、より包括的なアイデンティティを活性化させたのだ。

それ以外は一度目と同じように実験を進めたのだが、結果は劇的に変わった。今回、マンチェスター・ユナイテッドのファンである被験者は、怪我をしたリバプールのファンを、マンチェスター・ユナイテッドのファンと同じくらいすすんで助けたのだ。だが、ロゴのないシャツを着た不運な見知らぬ男をすすんで助けようとする人の割合は、依然《いぜん》として低かった。ここからわかるのは、被験者のあいだでは、活性化した社会的アイデンティティがより拡大していたことだ。彼らの共感の輪が広がり、それによってサッカーを愛する仲間だけとはいえ、思いやる範囲を拡大したのだ。

これはいくつかの点で、ハイジャックされた乗客がヨルダンの砂漠で体験したことと似ている。アイデンティティを共有していると感じたとき、彼らはすすんで協力し合った。だが、食べ物や子どもの世話、パスポートをめぐって対立すると、それほど助け合おうとしなくなった。同じ人がある状況では周囲に無頓着にふるまい、また別の状況では思いやりを持ち協力的にふるまうことがある。その理由を説明する一助となるのが、アイデンティティの変化だ。

たとえば、応急処置の訓練プログラムでは緊急事態をどう認識し、どう対応するかに焦点を当てることがよくある。だが、人助けで重要なのは、何をするべきかを知るだけではない。この研究が示すように、人助けは、私たちが誰に対して一体感を感じて助けたいと思うのかということから始まる。危険や恐怖を感じる状況では殊《こと》にそうだ。

潜在的な集団

すでに見てきたように、状況が異なれば、その人の持つアイデンティティのどれが活性化するかも異なり、考え方、感じ方、行動の仕方に大きく影響する。たとえば、スタジアムに集《つど》うファンとサッカー観戦をしているときは、そのチームのアイデンティティが職業や家族、宗教に優先して最も活性化しやすい。人は複数のアイデンティティを持つが、状況によって焦点をどのアイデンティティティに合わせるか合わせないかが変わってくる。だが、置かれた状況によっては、まったく新しいアイデンティティが形成されることもある。

第1章で述べたように、**人々の集まり**（たまたま同じ時間に同じ場所に居合わせた人々）と**心理学的な集団**では重要なちがいがある。前者はお互い同じ空間にいるだけだが、後者はアイデンティティを共有する。両者は互いに結びつくことで意味のある集合体となり、個々の要素の総和を超えることを知っている。

単なる人々の集まりであっても、その人たちは起こりうるできごとに対する潜在的な集団と呼べる。人々の集まりは飛行機の乗客であれ、レストランの客であれ、郊外の隣人どうしであれ、ひとたび社会的アイデンティティを共有するできごとが起これば、集団に変わる可能性があるのだ。こうしたできごとは、ときに計画的、意図的に引き起こされることがある。たとえば近隣どうしの集団を形成して団結させ、地域コミュニティを組織するような場合などだ。だが、まったく偶発的で望ましくない状況で発生することもある。飛行機がハイジャックされたりする場合だ。

２００５年７月７日、朝の通勤時間帯にそうした事件が発生した。テロリストが市内の広大な交通網を爆破したのだ。自爆犯は地下鉄で３カ所、ダブルデッカーバス１カ所で爆弾を爆発させた。テロリストを含む52人が死亡し、７００人以上が負傷した。

数千人の乗客の多くが爆破によって負傷し、硝煙《しょうえん》と暗闇と瓦礫《がれき》に囲まれたまま、呆然《ぼうぜん》としていた。こうした恐ろしい状況に直面した人々はみなパニックに陥ると思うかもしれない——人々は互いを押しのけて進み、被害者を見捨てて慌てて逃げようとする。そのようすは地獄のようであり、カオスだと。
だが、実際はそうはならなかった。イギリスの心理学者であるジョン・ドゥルーリーは、ロンドンのこの爆破事件を含め、群衆は非常事態にどう行動するのかを徹底的に調査し、災害時に何が起こるかについて、4つの学ぶべき教訓があると考えた。[11]
第1に、パニックや過剰反応はほぼ起こらないということ。シルビア・ジェイコブソンもまたハイジャックについての報告書で、パニックは起こらなかったと強調している。乗客はショックや恐怖、絶望した表情を見せ、何が起きているのかわからないというように呆然としていたが、どの場面でも冷静さは失わなかったという。第2の教訓は、生存者が互いに助け合ったり支え合ったりするのはよくあることだということ。第3は、そうした助け合いや支え合いの多くは、生存者たちがその瞬間にアイデンティティを共有したがゆえに生まれるということ。そして第4に、緊急対応スタッフや行政当局が群衆にどう対応するかが、生存者が共有するアイデンティティにおもに影響し、群衆の行動を形成するということだ。
ロンドンの爆破事件の後、ドゥルーリーらは生存者にインタビューを行い、一般市民の目から見て何が起きていたかという証言を詳細に調査した。[12]彼らは「パニック」という言葉をよく使ったが、その言葉は騒動や取り乱すといった行動というより、ほとんどは恐怖や衝撃といった、自然な感情の状態をあらわすために使われた。人々の態度については、状況が混乱していたにもかかわらず、冷静で規律正しく、統制が取れていたという声がよく聞かれた。インタビューを受けた一人はこう証言した。

　乗客はとても、とても落ち着いていて、適度に分散して避難しました。大声で叫んで車内を駆け出すような人はいませんでした。人々は少しも慌《あわ》てたりせず、たしかに声を出して泣いている人もいましたが、全体としてはあのような状況であっても、ほとんどの人が冷静を保っていました。すばらしいことだと思いました。

また、インタビューを受けた人たちは、他者との連帯感を感じたとも答えている。

　私たちは全員同じ境遇にあるのだと感じました……かなり張りつめた状況でしたが、私たちみなが同じ状況です。だから、生き延びるにはお互いに助け合うのが最善だと思ったんです……その瞬間、そばにいた人たちへの親近感をはっきりと感じました。

共有されたアイデンティティと人助けの関係を調査した研究結果と同じく、この事件でも人々の助け合いがよく見られた。新聞には、他人を助けたという57人の乗客、助けられたという17人の乗客、さらに人助けを目撃したという１４０人以上の乗客の記事が掲載された。身勝手な行動を目撃したという乗客は3人しかいなかった。

緊急事態や災害は極端なできごとではあるが、私たちはここからさらに多くを学ぶことができる。アイデンティティの力学は、正常で恐怖をともなわない状況ではどう作用するのか、である。誰かと運命をともにするという感覚は、自分たちが同じ集団の一員であるという認識、つまり、共有されたアイデンティティを形成する。共有されたアイデンティティは、連帯感と、集団で協力する力を生み出す。これらが一体となったとき、共有されたアイデンティティは人々が協力し、協調するための基盤となるのである。

波長を合わせる

本書を通じて、アイデンティティを共有する基本的な利点の一つは、集団を形成して、一人ではなしとげられないことを達成できることだと論じてきた。そうした例のなかには、協力してはじめて達成できる偉大な成果がある。たとえば、人々が協力しなければ、大聖堂を建てることも、交響曲を奏《かな》でることも、全人類にワクチンを接種することもできない。だが、協力することが本当に最善なのかが明らかでない作業もある。実際、一人で、または少なくとも個人の興味のおもむくままに進めるのが望ましい作業はある。

近年の研究で私たちはこの問いを検証するため、人が個人ではなく連帯して協力するとき、脳に何が起こるのかを実験した。アイデンティティを共有した集団は、文字どおり神経の波長も合いやすいのだろうか。また波長が合いやすいとすれば、たまたま同じ場所に居合わせただけの人々の集まりよりも優れた成果を発揮するのか。

博士課程の学生であるディエゴ・ライネロが主導したある研究では、１７４人の被験者に研究室に来てもらい、かなり難解な一連の課題に取り組んでもらった。[13] たとえば、ある課題では飛行機の救援物資のリストを被験者に渡し、真冬に飛行機事故に遭ったという想定で、生き延びるために必要な順に並べてもらった。リストの物資には、サバイバルの専門家でもなければ直感的に正解を導けないものもある。正しい判断には注意ぶかい推論が必要とされた。

各セッションとも、４人の被験者を同時に研究室に呼んだ。私たちはあらかじめ、この４人をチームとして協力しながら課題に取り組んでもらうか、または個人として一人ひとりに最善をつくしてもらうかを、セッションごとに無作為に割り当てていた。

共同で作業する被験者には、チームとしての連帯感が生まれるよう、この課題はチーム戦だと伝えた。さらに、チームが全体の上位５パーセントに入れば、報酬として合計２００ドル、４人で山分けすれば50ドルを得られるようにした。その後チーム名を決めてもらい、また互いに向き合い、ファンキーな音楽に合わせて一斉にリズムを刻んでもらった。音楽に合わせて体を動かすことは古来、共通の目的意識を育《はぐく》む方法だ。

一方、個人で課題を行うように割りふられた被験者には、この課題は一人で取り組むもので、他の被験者との個人戦であると告げた。上位5パーセントに入った被験者には50ドルの報酬が与えられるとも伝えた。それから、一人ひとりに個人のコード名を作成してもらい、他の3人に背を向け、同じ音楽が流れるヘッドフォンをそれぞれ装着し、一人で音楽に合わせてリズムを取ってもらった。こうして被験者間の競争心をより高めようとしたわけだ。

お気づきかもしれないが、個人の被験者が置かれた状況は、身近な組織や職場であなたが感じるような居心地の悪さに通じる。多くの企業や学校には、そして家庭内にさえ、この実験のように個々の競争心を高める構造がある。人は報酬のために互いに競《きそ》い合い、個人としてのアイデンティティを発達させる。仕切りのない開けたオフィスでは、多くの社員がヘッドフォンを付けて周囲の音を遮断し、自分の世界に没頭して集中する。

多くの人は、自分一人が出せる力を出し切れば、最高のパフォーマンスを発揮できると考えている。だが、私たちがアイデンティティについて見てきたように、人が実際により優れたパフォーマンスを発揮できるのは、一人ひとりで互いに競争するのではなく、連帯して協力したときなのではないか。

被験者が課題にそなえているあいだに、私たち研究チームは、各被験者に小さなヘッドセットを装着した。課題を終えるまでの脳の電気活動を記録するためだ。頭にのせるかたちのこのヘッドセットはかなり小型で、被験者の多くは課題が始まると、この装置のことはすっかり忘れていたようだった。

私たちは被験者が課題に取り組むあいだの脳活動のパターンを測定し、文字どおり、グループの被験者は他のメンバーと波長が合っているかどうかを確認した。一人ひとりの神経活動の同期レベルを評価するため、実験中の各被験者の脳活動を、同時に課題に取り組んだ被験者たちの示すパターンと比較した。彼らの脳で同時に起こる発火活動は、どれくらい一致していたのだろうか。

データを分析して真っ先に気づいたのは、チームで協力して作業したグループは、個人で作業したグループの成績をほぼすべての課題で上回っていることだ。チームは救援物資を重要な順に並び替える課題で優れた判断を導いただけでなく、数独パズル、記憶力の正確さ、ブレインストーミング、単語作成ゲームの各課題でも、個人で作業した被験者の平均以上のパフォーマンスを発揮した。一人でするよりもチームでするほうが、つねに良い結果を出したのだ。

人々はまた、単なる個人の集まりよりも、意義のある集団に属したときのほうが協力的だった。私たちは各セッションの被験者全員に、報酬のうち10ドルをグループに寄付できると伝えた。そのお金は合算して2倍され、4人に等しく分配される。4人全員が10ドル全額を寄付すれば、各メンバーが20ドルを受け取れる。この結果、チームとして取り組んだ被験者の74パーセントは10ドル全額を寄付したが、個人として取り組んだ被験者では51パーセントしか寄付しなかった。

つまり、チームでの集団的な意思決定は、ほぼすべての要素で個人を上回っていたと言える。チームのパフォーマンスが個人のそれより劣っていた課題は、単純なタイピングだけだった。協力して反応を合わせることでスピードが落ちたのが原因だった。チームワークは必ずしも最善の策ではないが、ほとんどの場面で効果を発揮することは確かだ。

脳の活動でも同じようなパターンが見られた。当初、チームで作業する被験者たちは、個人で作業する被験者たちと同じく、脳波は同期していなかった。だが、研究が進むにつれて、チームで作業する人たちの脳活動は互いに似通ってきた。研究が終わるころには、チームで作業するグループ、個人で作業するグループの同期の度合いには、明らかな差が生じていた。

さらに重要なのは、この脳の同期の度合いがパフォーマンスと関係していたことだ。同期の度合いが高いチームほど、集団での意思決定に優れ、課題で最高のパフォーマンスを発揮した。彼らはほぼまちがいなく意識していなかったが、神経活動の波長の同期は、成功につながっていたのだ。

似たような力学は教室や、人が自分を共同体の一人、あるいは集団の一部と見なす場所で発揮される。私たちは共同研究者のスザンヌ・ディッカーが主導する研究に参加し、高校の生物学のクラスの協力を得て、学年の半期を通して彼らの脳活動を測定した。[14] スザンヌは約3カ月間、毎週教室に通い、12人の生徒にヘッドセットを装着してもらった。私たちは生徒たちが神経科学を学習するあいだの脳活動を記録した。

教師にとって一番の難題は、複雑な内容を扱う授業において教室じゅうの生徒の意欲をどう保つかだ。この研究では、教師は音読する、ビデオを観《み》せる、講義をする、ディスカッションをさせるといったさまざまな取り組みで生徒を支援した。生徒が学んでいるあいだ、私たちは彼らの脳波が同期するタイミングを観察した。

その結果わかったのは、ビデオを見ているあいだやディスカッションの最中は、生徒が特に楽しいと感じただけでなく、彼らの脳の活動が最も似たパターンを示すということだ。集団全体の同期が高まったとき、生徒たちは授業により意欲的に取り組み、面白かったと評価していた。興味ぶかいことに、授業の前に軽いコミュニケーションを交《か》わした生徒どうしは、授業中に脳が同期する傾向も強く、さらにその日のあいだじゅう、互いにより親しみを感じるようになっていた。束の間のやり取りであっても、人々の波長を合わせる効果があるようだ。

研究全体を通して、人々が波長を合わせることは、集団の意思決定や学習、協力の効果を高める重要な要素となっていた。ここから、共有されたアイデンティティや社会的なつながりが、日常のどういった場面で有用な結果をもたらすかがわかる。そのパターンに多くの人が気づくことで、より大きな成果を達成する役に立つはずだ。

だが共有されたアイデンティティは社会レベルのもっと広い範囲においても、特に社会改革や世界における大いなる正義を追求するときに有益な結果をもたらす。マーティン・ルーサー・キング・ジュニアの弧が正義のほうに曲がったのは、人類を啓蒙《けいもう》した結果ではない。人権やその他集団の利益を拡大しようとする、いくつもの困難な闘いがもたらした――その多くは平等な正義を保証されない人々の手でもたらされた――起こるべくして起こった結果だ。変革は、そのために人々が連帯して闘うときに起こるのだ。

変革のための闘い

アイデンティティの共有は、周縁化された集団とその支持者が変革を求めて団結し、行動するための推進力となる。これまで見てきたように、人はどのようなものごとについても社会的アイデンティティを形成することができる。だが、農奴、奴隷、汚名を着せられた集団のメンバーや社会的に低い階層におかれた人など、長い歴史のなかでは多数の人々の集団が抑圧に苦しんできたにもかかわらず、彼らが共通の利益のために立ち上がった機会はそう多くはない。ここで重要な疑問が湧《わ》いてくる。周縁化された社会的カテゴリー、権利を奪《うば》われた社会的カテゴリーに属する人々は、どんなときに自らのカテゴリーを社会的アイデンティティとして結集し、改革を求めるのか。そして、何がその集団の改革を成功させるのだろうか。

人が最も大切にする社会的アイデンティティは、伝統、儀式、歴史、神話や物語、成功や喜びの記憶などを共有することで生まれ育《はぐく》まれる。だが社会的アイデンティティはまた、逆境や苦難、また他者からの待遇や不当な扱いによっても形成される。人は、自分がたまたまある特定の集団に属しているというだけで人生で限られた機会や結果しか手にできず、そしてそれが不当だと気づいたとき、自分のいる集団が運命共同体だと感じ、共有のアイデンティティをいだくことが多い。

作家であり教育者でもあるジャクソン・カッツはこの現象を説得力あるデモンストレーションで

示して見せた。[15] 彼はまず、部屋にいる男性に聞く。「あなたがたは性的暴行を受けないよう、日々どのような対策を取っていますか?」。大抵は気まずい沈黙が生じる。ほとんどの男性は発言することがない。続いて、同じ質問を女性にする。すぐに手が上がり、女性たちは日常的に取っている多数の安全対策について発言する。たとえば、護身用の道具として鍵を持ち歩く、車に乗る前に後部座席を確認する、携帯電話を肌身離さないようにする、夜に一人で外出しない、催涙《さいるい》スプレーを携帯する、明るい場所に駐車するなどだ。

この質疑では女性が直面する（そして多くの男性が気づいていない）非常に深刻なリスクが明らかになるが、同時に、いかに多くの女性が自分の性別を認識する体験をしているかがわかる。おそらく大半の男性は、日常で自分の性別を意識することがあまりない。男性であることがリスクではないからだ。だが、女性が日々いかに多くの安全策を取っているかを見れば、女性の多くはおもに男性からもたらされる危険のために、絶えず性別を意識していることがわかる。

社会的アイデンティティが強まり、変革を起こすための結束のきっかけとなりやすいのは、不利な立場の集団や抑圧された集団のメンバーが、自分たちの属する社会制度には越えられない境界があり、それが不当だと認識したときだ。[16] ひとたびある制度を社会的な境界だと考えるようになると、自分たちは今いる社会的な集団を理由に居場所や経験を制限されており、他のより有利な立場の集団のメンバーと同じようには成功できないと理解する。その制度は不当だと確信すると、この状況は根本的に不平等だと考えるのだ。ジェンダーバイオレンスについて言えば、女性は男性よりはるかに大きな危険に遭遇する――これも女性という集団に属していることによる不平等の一つだ。男性と女性では遭遇する体験に格差があるという事実は、#MeToo（ミートゥー）などの運動を通じて認識され、明らかに不当だとの認識が広がりつつある。

女性が組織内で一定以上の役職に昇進することを妨《さまた》げる「ガラスの天井」もまた、よく知られる不当な境界の一つだ。だが、ガラスの天井という言葉が示すとおり、組織的な障壁は必ずしもはっきりと目に見えるわけではないし、大抵は目に見えないようにする力が働いている。その力の一例が、結果は個人の働きによってのみ決まると考える傾向の強さだ。この傾向は多くの社会で見られる。また、世界やそこで起こることは基本的に公正なのだと見なす傾向や、現状のシステムを擁護し正当化する傾向もある[17]（この傾向はシステム正当化として知られる）。

まるで多くの人が暗黙のうちに因果応報論《いんがおうほう》〔カルマ論〕を信じているようなものだ。誰かに何か悪いことが起こると、それはその人の行いのせいだと多くの人が考えてしまう。この考えは、個人ではどうにもできない状況や結果への責任を個人に負わせ、さらには名誉を傷つけたり罰したりするという被害者非難につながることがある。[18] 性的暴行事件ではこうした被害者非難が生じがちだ。世間や――ときには司法当局までもが――加害者に対するのと同等かそれ以上の非難を、被害に遭《あ》った女性に浴びせる。結果を個人の能力や行動に帰するという傾向は、より一般的には、たとえ誰かが組織内で給与や健康状態、賞罰などに格差があると耳にしても、個人の選択や失敗のせいだとして切り捨てることにつながる。

彼女はバーでハラスメントを受けたって？

――「まあ、あんな服装をしていれば無理もない。だいたい、なぜそんなに遅い時間に外出したんだ？」

彼女は彼より給与が低いって？

――「それは彼女が熱心に商談をしていないからでしょう」

彼はまた職務質問と所持品検査を受けたって？

――「まったく、あんな派手な車に乗らなければ注意を引くこともないのに」

このように、あるできごとの原因が、状況ではなく個人にあると考えたとき、ある集団の人々が別の集団より不利になるような制度的、構造的な要因があることは見えにくくなってしまう。

社会的カテゴリーによって境界線を引く不当性を認識しづらくするもう一つの力は、トークニズム〔名目だけの平等主義〕と呼ばれる現象だ。[19] 極端に抑圧的な体制は別として、不利な立場の集団に属する人々のなかにも、立ちはだかる障壁の一部を乗り越え、境界を超えて成功する人がわずかながらいる。トークニズムは、制度や組織は公正であり境界などないのだと示すため、こうした例外的な個人が成功の象徴として取り上げられるときに生じる。すると、かつて社会が抱《かか》えていたかもしれない問題は、すべて過去のものと見なされる。ほら、女性にもCEOはいる。ゲイの市長も、黒人の大統領もいるではないか、というわけだ。

2008年にバラク・オバマが大統領に選ばれたとき、少なくとも一部の人々は、これはアメリカが人種問題を乗り越えた証《あかし》だと考えた。ワシントン大学のシェリル・カイザー教授らの研究によれば、人々はオバマの当選後、アメリカにおける現代の人種差別は、以前ほど問題ではなくなったと答えたそうだ。[20]また、人種による不平等を是正する政策も、選挙前より支持率が減ったという。こうした人々にとって、オバマ大統領の当選は、アメリカの制度が公正で公平だという証明に見えたのだ。

人々はこのようにあの手この手で制度を正当化し、自分自身や他人に対して不平等を肯定する。制度の正当化をテーマにした私たちの研究でも、人々はこの心的傾向のために人種的マイノリティにより厳しい判断をくだしたり、LGBTQコミュニティの平等権に反対したりすることがあるとわかっている。[21]人は抑圧的な制度に同調し、その制度を維持するよう動機づけられることが多いのだ。

制度を正当化するこうした力に逆らうため、権利を奪われた集団の人々やその支援者は、過酷で時間のかかる、人々の意識改革に取り組んでいる。そう、これは現実の問題だ。根本からまちがっている、構造的な問題なのだ。たまたま起きたわけではない。だからこそ、私たちにはともにできることがある。

#MeToo 運動や #BlackLivesMatter（ブラック・ライブズ・マター／ＢＬＭ）運動は、意識改革に成功した近年の――そして今もなお改革途上の――事例と言える。どちらの運動も、影響力のある組織的対応、街頭での抗議活動、そして有機的なオンラインでの行動が一体となったものだ。オンライン上での運動は、単なるハッシュタグ・アクティビズム〔ＳＮＳでハッシュタグを利用して展開される社会運動〕、あるいはスラックティビズム〔自己満足のために手軽な手段で社会運動に参加することへの蔑称〕だと批判されることもある。だが、携帯電話で動画を撮影する、ソーシャルメディアに投稿する、この２つの行動により、市民権に関わる問題に大きな変化が起きたことは確かだ。

動画のなかでも特に、警官が黒人や他のマイノリティの市民に暴力を振るっているようすを撮影したものは、こうした事件がひんぱんに起きていることを世界じゅうの人々に知らしめた。ニューヨーク市警の警官がエリック・ガーナーを殺害した２０１４年から２０２０年までのあいだに、「警官は黒人に対してより過剰に武力を行使する傾向がある」と考えるアメリカ人の割合は、33パーセントから57パーセントに増加した。[22] 同じように、セクシャル・ハラスメントや性的暴行が世界じゅうで起きていることを、「ＭｅＴｏｏ」ハッシュタグ（#MeToo）を使って世間に知らせ、その事実を証明できるようになった。

重要なのは、ＢＬＭやＭｅＴｏｏのような運動がなしとげた意識改革は、当事者である不利な立場に置かれた集団、権利を奪われた集団の人々のアイデンティティや忠誠心以外にも影響を与えたことだ。男性もまた、女性がセクシャル・ハラスメントや不公平な扱いを受けていることを知り、衝撃を受けたり嫌悪感を覚えたりした可能性がある。同じように、白人も、この社会制度は黒人や他の人種的マイノリティの人々よりも、自分たちのほうが恩恵を受けやすいように（あるいは好意的に解釈されるように）できていると認識した可能性がある。彼らは、こうした格差は根本的に不正であると認識し、社会変革を支持するようになるかもしれない。

もちろん、男性や白人やその他の有利な立場にある人々がみな、こう考えるようになるわけではないし、格差に気づいたというだけで集団の境界を超える支援を生み出せるわけでもない。だが、こうした認識の変化がアイデンティティを変化させたとき、さまざまな人種や年齢、ジェンダー、宗教、文化的背景を持つ人々が連帯のときを迎えて声を上げることになる。そしてついには2020年、BLMのデモ行進で見られたような変革のための運動が起こるのだ。[23]

抗議デモを行う

本書を執筆していた2020年、「ブラック・ライブズ・マター」運動を支持する抗議デモが全米のみならず世界じゅうに広がった。デモはミネアポリスから始まり、人々はジョージ・フロイドの殺害に関与した警官を逮捕《たいほ》するよう求めた。黒人市民の相次ぐ不当な死への苦悩と怒り、さらに警官の暴力への反感が引き金となり、BLMの抗議デモは、夏を過ぎてアメリカ史上最大規模の抗議デモに発展した。デモ行進は、遠く離れたロンドン、トロント、アムステルダム、シドニー、リオデジャネイロなどの都市でも行われた。

　抗議デモの大半は平和的に行われたが、一部でデモ参加者と警官の暴力的な衝突や、略奪が起きた。また、抗議活動への支持が高まるにつれて、反発も大きくなった。人々はこうしたデモのなか、自分のアイデンティティのレンズを通して知覚したものを見ていたことは明らかだった。ある人は平和的に自分たちの権利を行使する群衆を見たと言い、ある人は荒々しい暴徒を見たと言う。また、ある人は過度に攻撃的な警官を見たと言い、ある人はただ職務を遂行する警官を見たと言う。ここでも、アイデンティティが知覚を形成し、その人自身の現実を生み出していた。

　だが、それは知覚だけの問題ではない。抗議活動中に実際に何が起き、デモが終始平和であるか、暴動と化すかは、アイデンティティの力学に大いに関係する。特に、デモ参加者の行動の多くは、警察当局の対応の仕方に影響を受けることが多い。両者の関係性は一体感を生むとともに、デモ活動の規範も形成する。この点で、2020年、BLMの抗議活動で起こったできごとは、過去の多数の抗議活動で見られたパターンとよく似ていた。[24]

　その一つが2011年、ロンドン郊外のトッテナムで、イギリス人の警官が黒人男性のマーク・ダガンを射殺した事件だ。彼の死を受け、トッテナムで暴動が発生した。暴動はその後、イングランド全土の郊外や都市に広がり、略奪や放火が起き、5名が死亡した。怒りに燃えた市民が警官と対立し、数千人が逮捕された。

　この暴動は地域や都市を越えて拡大したが、あらゆる場所に波及したわけではない。なぜか？

ロンドン暴動と呼ばれるようになったこの事件の報告書によると、暴動が発生した地域は、所得が低い、衛生状態が悪い、教育への障壁が高いなど、貧困の度合いが高い。また、貧困地域では暴動がより長引き、逮捕者数も多い傾向にあった。[25] さらに、暴動が起きた地域は過去2年半のあいだに、住民はかなり高い割合で警官に職務質問と所持品検査を受けていた。

マーク・ダガンが殺害されたとき、多くの地域で貧困に加え、警官とのいざこざがひんぱんに発生していたのは重要な背景だ。これらの地域では住民がすでに警官に不信感をいだき、自分たちは警官と対立していると思っていた。ダガンが射殺されたとき、こうした状況が社会的アイデンティティの基盤になってコミュニティが形成され、自分たちは警官に対抗する仲間だと認識するようになったのだ。ロンドンやイギリスの他の都市でも、住民は警官からの扱いに対抗しようと自分たちを運命共同体と見なし、結束し、そして暴動が広がった。警官の対応はこのアイデンティティをいっそう喚起《かんき》し、発展させた。

トッテナムでの最初の暴動は、ダガンの死の2日後に起きた。その土曜日、ダガンの遺族と友人たちは、トッテナム警察署前で抗議デモを行った。デモは平和的に行われていたが、警官が抗議者の若い女性に暴行を加えたと見られる場面があった。彼らの怒りは限界に達した。「警官に対する暴力的抵抗が、やらねばならないこと」として初めて広がったのは、この瞬間だった。

もちろん、大半の抗議デモは警察を標的とするものではないし、少なくともはじめから警察を敵視してはいない。人々は石油パイプラインやごみ処理場に抗議するために結集する。悪税や政治的スキャンダルに抗議するために街頭に立つ。警察は秩序を維持し、国家権力を示すために出動する。抗議デモに参加したり、他のかたちで集団行動に参加したりするほとんどの市民は、自分が重要だと信じる変化を起こすためにそこにいる。略奪したり暴動を起こしたり、警官との暴力的な衝突に参加したりするためではない。

もちろん、ときにはわずかながらも混乱につけ込もうとする者はいるし、メディアは窓ガラスを割ったり店を略奪したりする人々をよく取り上げる。それがニュースになるからだ。だが、デモ参加者に一定の裁量を与えることで、参加者どうしで問題行動を止めたり、そうした人を排除したりするという証拠がある。デモに集まった人々は、適切な行動規範のもとに協調して秩序を守る。彼らは能動的に治安を保とうとし、実際にそうしている。だが、警官の攻撃的な行動が介入すると、この力学はたちまち崩壊する。[26]

2020年に起きたBLMのデモでは、私たちは世界じゅうの警察が正しい行動を取るのを目撃した。同時に、少なくともそれが平和的なデモをうながすためとはいえ、誤った行動を取るのも目撃した。前者では制服を着た警官がデモ参加者と並んで行進し、片膝をつき、涙を流す人々を慰《なぐさ》め、立ち止まって怪我《けが》をした人々を助けるのを見た。こうした状況は対立を緩和した。警察署長がコミュニティのリーダーたちに演壇と発言の機会を与えるのを見た。リーダーたちは大いに狼狽《うろた》えながらも、集団の怒りを非暴力的な行動に向けようと努力していたようだった。こうした行動はいずれも、「私たち」対「彼ら」という区別を取りのぞき、自分たちを統制する作用をもたらす。

だが一方で、警官が暴動鎮圧用の装備を身につけ、装甲車を運転して、平和的なデモ参加者に接近するのも見た。挑発されたようにも見えない警官が、市民に暴力を振るうのを見た。いかなる規則も破らず、何の脅威にもならないデモ参加者やメディア関係者に、警官が催涙ガスやゴム弾を発射するのを見た。こうした行動は、「私たち」対「彼ら」の区別を強化し、デモ参加者の集団規範を平和的な行動から暴力的な行動に変化させる可能性がある。さらにこうした場面の動画が拡散されれば、火に油を注ぐような事態になるかもしれない。

警官がデモ参加者を危険な一枚岩のように見なして攻撃的な態度を取れば、参加者どうしが運命共同体となるきっかけを誘発することになる。これは彼らが警官に対抗するための、共有されたアイデンティティを生む可能性がある。警官の先制的な実力行使の多くは違法と見なされるため、抗議者が報復として暴力を行使することが正当化されるようになる。それまで排除されていた危険人物が大勢から信頼され、影響力を持つようになるかもしれない。そうなると、平和的な活動を重視する抗議者たちは排除されるか、あるいはこの新しい、より暴力的な規範に適応するかもしれない。

つまり、警官が過度に攻撃的に対応することで、暴力が不必要に悪化し、群衆が暴徒化し、デモが暴動化することが多いのだ。警官は武力による威嚇《いかく》が抑止力となり、デモ参加者が散りぢりになり、二度と集結しないという展開を期待しているのだろう。だが、この期待は社会的アイデンティティの力を軽視している。警官の行動は不当だと広く認識されれば、人々は警官の行動に対抗するために団結する。

私たちは誰の味方か？

最終的に、社会変革をめざす運動の成否を左右するのは、誰の行動が、あるいは誰の主張が最も正当だと認識するかということだ。社会運動が変化を起こせるのは、そうできる力を持つのにじゅうぶんな数の人々が運動に参加したときだ。それは有権者の一般市民であったり、メディア関係者であったり、政治家、あるいは治安部隊や警官自身である可能性もあるが、こうした第三者は通常、現状維持を好む傾向にある。あるいは少なくとも、現状に反対する動機はあまりない。だが、彼らの忠誠心が変わったとき、変化は迅速に訪れる。

変化を起こすためには、抗議者や抗議運動が取る戦術が非常に重要だ。政治学者のエリカ・チェノウェスとマリア・ステファンは、1900年から2006年にかけて世界各地で起こった社会運動の有効性を調査した。[27] そのなかで、暴力的な運動と非暴力的な運動の成功率を比較した。結果、重大な変化は銃弾によってのみ起こるという直観に反して、この長い歴史のなかで、非暴力的な運動は暴力的な運動よりも有意に成功率が高いことを明らかにした。暴力的な運動が26パーセントの確率で成功していたのに対し、非暴力的な運動は約53パーセントの確率で成功していた。非暴力的な戦術は、暴力的な戦術の2倍の効果があったわけだ。

非暴力に効果がある理由は、少なくとも2つある。1つは、潜在的な支持者が非暴力を好ましく思ったことで、より包括的な社会的アイデンティティが構築されたことだ。非暴力的な戦術はより正当性が高いと見なされ、多くの人々が運動に参加するため、第三者から多くの支持を得られる。2つめは、警官が非暴力的な運動に武力を行使すると、それが逆効果となり、抗議者や活動家に同情や支持が集まりやすいことだ。このために警官に共感する人が減少し、抗議者に共感する人が増加する。

こうして忠誠心の矛先が変化し始める。さらに、政権交代のため、つまり独裁者を倒して指導者を交代させるための運動の多くは、治安部隊そのものの忠誠心がきわめて重要な役割を持つ。警官や軍人の忠誠心が変わる可能性が高いのは、平和的な市民や同胞に対して暴力的な行動に出るのがためらわれる場合だ。彼らが武力行使を拒《こば》んだとき、政権は崩壊する。

非暴力的な抵抗は消極的な抵抗ではない。このことは強調しておかなければならない。変革を求める集団は、自分たちの運動に注目を集める必要がある。彼らに必要なのは、人目《ひとめ》を引く見出しであり、人々の意識を高めることだ。これは多くの場合、騒動を引き起こしたり、不正と思われる法律をあえて破ったりする、市民としての反抗を意味している。私たちはときに人々がスプレーで落書きをする、道路や鉄道を封鎖する、公園やオフィスビルを占拠するなど、通常では受け入れられない行動を取るのを目にする。こうした行動は権力者に異議を唱えるためだけでなく、世間の注目を集め、最終的に世論を変えようとする目的のもとに行われる。

これは社会心理学者のマシュー・ファインバーグらが「活動家のジレンマ」と呼ぶ現象に通じる。[28]

高速道路の封鎖や建物の破壊といった抗議活動は、組織に圧力をかけたり意識を高めたりするのに効果的である一方で、大衆の社会運動への支持を失うおそれもある。つまり、効果的な社会変革を引き起こすには、適切なバランスを見きわめるのが重要だということだ。

社会変革にはまた、メディアが重要な役割を担うことも多い。大半の人は抗議活動や他のかたちでの集団行動を、直接ではなく、報道機関を通して目撃する。メディアがこうした抗議活動や抵抗運動をどう報道するか――誰を「正当」、誰を「不当」とするか――は、世論を形成する重要な役割を担《にな》う。そして、メディア報道もまた、抗議運動の戦術に影響を受ける。

政治学教授のオマール・ワソウは近年、アメリカの公民権運動で展開されたさまざまな抗議活動の種類と、おもな新聞の見出しの種類に注目して分析を行った。[29] その結果、非暴力的な抗議活動の場合、公民権に関する見出しの多さと、その後の世論調査で「公民権は重要な問題である」と回答する割合の高さと関連していることがわかった。これとは対照的に、暴力的な抗議活動は、暴動に関する見出しの多さと、運動規制を支持する世論の割合が高いことと関連した。

彼の分析では、アメリカのある郡で起きた非暴力的な抗議運動により民主党議員（多くが公民権の拡大を支持）への投票者数が約1・6パーセント増加したが、暴力的な抗議活動は、民主党議員への投票者数を2・2パーセントから5・4パーセントの範囲で減少させたことが示唆される。

抗議運動や社会的不平等の大半において、ほとんどの人は第三者として、忠誠心を当事者のどちらの側にも向けられる。たとえある改革運動では当事者として活動していても、多くの改革運動では傍観者の一人になるのだ。だからこそ、一人ひとりが傍観者として、自分自身に基本的なことを問わなければならない。自分は誰を支持するのか？　最も正しい主張をしているのは誰か？　正義の側にいるのは誰で、道徳の弧は誰に向かって伸びているのか？　そして、自分は誰とアイデンティティを共有しているのか？　そう自問する必要がある。

8
異議を唱える
Fostering Dissent

1968年4月下旬、陸軍師団の狙撃手ロナルド・ライデンアワーは、「暗く血塗られた」噂《うわさ》を耳にするようになった。ベトナムの米軍司令部付近を歩いていたライデンアワーは、航空訓練で知り合った仲間に出くわした。彼から不穏な話を聞かされた。およそ1カ月前、ウィリアム・カリー中尉率《ひき》いる部隊は通常どおり、ベトコンの拠点と見られる場所を攻撃していた。だが、ヘリコプターでミライ集落に進撃したとき、事態はひどくまちがった方向へと進んだという。[1]

兵士たちがそこで見たのは予想に反して、木々や小屋、家畜からなる小さな集落だけだった。敵の戦闘員ではなく、女性や子ども、老いて戦えない男性が暮らしていた。だが数時間後、アメリカ軍は無防備な住民たちを虐殺した。一般人である大勢のベトナム市民が機関銃で撃たれ、ピストルで処刑され、家に投げ込まれた手榴弾で吹き飛ばされたりして、容赦《ようしゃ》なく殺されたのだ。ミライ集落では500人以上が虐殺されたとも推定される。集落は焦土と化した。

あまりの衝撃で、ライデンアワーはその話をすぐには信じられなかった。だが彼はその後の1年間で、カリー中隊に所属していた兵士や彼を知る兵士から聞いた断片的な情報をつなげて、全容を明らかにした。彼が耳にした詳細は残酷で、恐ろしいほど辻褄《つじつま》が合っていた。ライデンアワーは事実をできるかぎり収集し、任期を終えてアメリカに帰国すると、それをすべて手紙に書き留めた。そして、その手紙を国会議員、大統領、国防総省の職員など30人に送付した。

1968年3月に（ミライ）集落で実際に何が起きたか、私には正確にはわかりません。しかし、ひどく惨《むご》い事実であるのはまちがいありません。もし私たちがこの国の根幹を支える正義の原則を、そしてどれほど身分の低い人間であっても、法の下《もと》ではすべての人が平等であると本当に信じているなら、私たちはこの問題の公開調査を広範にわたって進めなければならないと、私ははっきり確信しています。[2]

ライデンアワーの手紙により陸軍の内部調査が始まり、数名が起訴された。最終的にはウィリアム・カリー中尉1人だけが、ミライ集落での事件で有罪判決を受けた。この大虐殺という事実と証拠が隠蔽《いんぺい》されていたという事実を知り、アメリカ国民は完全に二分した。ベトナム戦争への国民の支持はさらに低下した。だが同時に国民の多くが、愛国心にもとる裏切りで軍隊の名誉を貶《おとし》めたとして、ロナルド・ライデンアワーや他の内部告発者たちに怒りの反応を示したのだ。ミライでの大虐殺から6年後の1974年、唯一責任を問われたウィリアム・カリーは、リチャード・ニクソン大統領の恩赦を受けた。

その後、ロナルド・ライデンアワーは調査報道記者となり、高い評価を受けた。彼はミライ集落で兵士が行った残虐行為を暴《あば》いたことを回想し、「私に最も多く投げかけられた質問は、彼らがなぜそうしたのかではなく、私がなぜそうしたのかということだった」と書いている。[3]

本章では、社会的アイデンティティはいかにして人が異議を唱える動機づけとなるかを論じる。多くの人は、集団への忠誠心が強いメンバーとは、その集団の社会規範を遵守し、自分たちの集団を批判する気持ちを抑えられる人だと考えている。だが私たちの研究によれば、集団への忠誠心の強さは往々にして、別のかたちで示されることが示唆されている。それは、内集団の価値や目標を守るために必要だと感じたときには、異議を唱えるということだ。

権利であり義務

アメリカは世界のなかでも、市民的不服従〔自身の良心が不正と見なした国家や政府の行為に対しては、法律を破ってでも抵抗するという思想や行動〕の重要性を知る国だ。それだけに、ロナルド・ライデンアワーのように、体制に反対して告発をした人に否定的な反応が起こるのは驚くべきことだ。ボストン茶会事件〔1773年に起きた事件で、アメリカ独立戦争の起点となった〕から公民権運動にいたるまで、抗議活動はアメリカのDNAに刻まれている。アメリカは抵抗を権利としてのみならず義務として支持し、燃えるような激しい反乱の末、1776年の独立宣言によって成立した国なのだ。

われわれは、万人《ばんにん》は生まれながらにして平等であり、生命、自由、および幸福の追求を含む不可侵の権利を創造主から与えられているという事実を自明のことと信じる……しかし、権力の濫《らん》用《よう》と権利の侵害が長く続き……人民を絶対的な専制のもとに置こうとする意図が明らかであるときには、そうした政府を捨て去り、自らの将来の安全を保障する新たな組織をつくることが、人民の権利であり義務である。

13植民地の大陸会議はジョージ3世を念頭においていたかもしれないが、独立宣言のこの文言は20世紀以降も世界じゅうで、人々が不正と見なした支配者や入植者を打倒するための独立運動に影響を与えてきた。

アメリカ国内でも、市民は何世代にもわたってこの言葉に奮起し、現状に疑問をいだいて、権威に異議を唱えてきた。公民権運動のリーダーであるマーティン・ルーサー・キング・ジュニアは、おそらく最も大きな影響をおよぼした自身の演説に独立宣言を広範に盛り込み、こう宣言した。「それでも私には夢がある。それは、アメリカの夢に深く根差した夢である。私には夢がある。それは、この国がいつの日か立ち上がり、『万人は生まれながらにして平等であるという事実を自明のことと信じる』という信条を、真の意味で実現することだ」

ロナルド・ライデンアワーが国の根幹を支える原則と自身の異議とを結びつけたように、キング牧師は国家の本来の原則にもとづいて、アフリカ系アメリカ人の権利のための政治的抗議を行った。キング牧師もライデンアワーも、建国文書の価値を高めるには、抗議活動にともなう代償が必要だと知っていた。両者はともに、自国がその信条を確かに実現するために高い代償――強い嫌悪から暗殺まで――を払うことを厭《いと》わなかったのだ。

道徳的反逆者を罰する

誰の目にも明らかな真理というものはあるかもしれないが、異議を唱える価値はそうではない。批判者の功績や反逆家の正当性をどう評価するかは、人によって変わるからだ。たとえば、第三者的な立場や歴史の観点から振り返れば、反対者や内部告発者を高く評価することはたやすいし、英雄視すらできる。だがこうした人々を現代で目にすれば、まったく別の見方になるかもしれない。実生活や内集団においても、そうした人々はよく問題を起こしたり、周囲の人々を煽動《せんどう》したり、常識を逸脱《いつだつ》したりする、あらゆる意味での厄介者《やっかいもの》であることが多い。

現代のアメリカでは、キング牧師記念日〔キング牧師の誕生日に近い1月の第3月曜日〕を祝日に定め、政治家、企業、あらゆる著名人が彼の言葉やその遺産に敬意を表している。2011年の時点で、キング牧師はほとんどの国民から英雄と見なされ、好感度も94パーセントに達した。だが、公民権運動が行われていた当時、キング牧師への見方はまっぷたつに割れていた。キング牧師が「私には夢がある」の演説をした3年後の1966年、彼を好意的に見ていた国民は33パーセントしかいなかった。[4]

現代においても、人は「道徳的な反逆者」、つまり、大きな困難に直面しつつも自分の価値観に従って生きる人々を不快に感じているのが実情だ。

心理学者のブノワ・モナンらは、正しい行いをする個人に対して人々がいだく、複雑な反応を研究した。[5] たとえば、ある実験では被験者に対して、「先に参加した人には、自分の信念に反する意見を唱える演説草稿を書き、録音してもらうよう依頼した」と伝えた。その後、被験者はその参加者の演説を聞く機会があった。この実験の条件として、半分の被験者にはその参加者が「指示に従順に従い、自身の意見に反する演説をした」と説明した。だがもう半分の被験者には、「自分の意見に反する演説はしたくないと、指示に背《そむ》いた」と説明した。

一方は同意した服従行動で、もう一方は信念にもとづく不服従行動だ。あなた自身が被験者なら、どちらの参加者に、より敬意をいだくだろうか。もし私たち2人と同じであれば、あなたは自信を持って信念にもとづく不服従者だと答えるだろう。

だが、あなたが実際に被験者だったらどうだろうか？　あなた自身は信念にもとづく不服従行動を取っただろうか？

先ほどは言及しなかったが、この実験では被験者に他の参加者の話をする前に、各条件の半数の被験者に、彼ら自身の演説草稿を書いて、録音する指示を出していた。彼らはみな一様に実験者の指示に従い、自分の信念とは異なる意見を表明した。残りの半数の被験者にはこうした指示をせず、たんに服従行動または不服従行動を取った参加者の話をした。つまり、彼らは無関係な傍観者というわけだ。

無関係な傍観者は、従順な態度より反抗的な態度を取った人の話に好感を示し、また尊敬した。彼らは信念を守ることを厭《いと》わない人に感銘を受けたのだ。もしあなたが反抗者を支持した場合、あなたは傍観者であった可能性が高い。

だが、被験者自身が従順な行動を取った場合、このパターンは完全に逆転した。彼らは反抗者より、従順に演説をした人に好感を示し、尊敬したのだ。

その後の実験では被験者に、ある課題を「人種差別の可能性があるから」という理由で拒否した参加者の話をした。ここでも被験者にこの話をする前に、一部の被験者だけに人種差別と思われる課題に取り組んでもらったことが重要だ。被験者にはその後、この反抗的な参加者の性格を想像してもらった。無関係な傍観者（自身の行動が脅《おびや》かされない）は、人種差別的な課題を拒んだこの道徳的な反逆者は「意思が強い」、「自主性がある」、「毅然《きぜん》としている」、「公平な見方をしている」と答えた。一方、自身がその課題に取り組んだ被験者は、この反逆者を「独善的」、「保身的」、「短気」、「混乱している」と表現したのだ。こうしたちがいはなぜ生じるのか？

道徳的な反逆者が遠くにいるとき、私たちは彼らを称賛する。だが、「自分は本来、善良で道徳的な人間である」という信念が脅かされたとき、彼らへの見方は変化する。この場合、道徳的な反逆者の存在によって、自分が悪人のように感じられるようになる。また「他者からもそう見えるにちがいない」と感じ、より道徳的な人たちから否定的に見られるのを恐れるようになるからだ。

圧力にさらされた人が非倫理的または不道徳な行動を取るのを見たり聞いたりして、「自分は絶対にそんなことはしない！」と思った経験は誰にでもあるだろう（たとえば、上司の命令で顧客を騙《だま》したり、みんなが面白がるからという理由で同僚をいじめたりするといった経験だ）。だが実際、私たちの大半は、意に反する行動を多少なりとも取ることがある。こうした人々が従順に行動するのに対して、反逆者は服従を拒む。それにより、大多数の人は道徳的ジレンマに直面すると信念を曲げる、という事実を浮き彫りにする。つまり、人は自分より勇敢な反逆者が登場するまで、自分の道徳的な弱さを認めない。もしかすると気づいてすらいないかもしれない。たんに独善的な世間知らずめ！　と思っているのだ。

また、大抵の人は、必ずしも善《よ》い行いをした人を評価するわけではないこともわかっている。たとえその人が客観的に見て集団のために行動していてもだ。たとえばこれが、困難なプロジェクトにほぼ貢献していないのに、成功したときにはちゃっかり自分の功績にする、あるいは課税から逃れていながら行政のサービスを大いに利用するといった集団内の「タダ乗り」行為であれば、否定的な反応となるのも無理はない。だが、より意外なのは、人々はかなり寛大な内集団のメンバーに対しても、同じように否定的な見方をする可能性があるということだ。

研究者のクレイグ・パークスとアサコ・ストーンは、集団の資源《リソース》に大きく寄与しながらも、自身はその恩恵をほぼ受けないという人を他のメンバーがどう感じるかを調査した。[6] 数名のメンバーを集団から排除する機会が与えられたとき、彼らは利己的なメンバーと同じくらい、こうした利他的なメンバーを追い出したがっていることが明らかになった。

なぜその選択をしたのかと研究者が彼らに尋ねると、一部の人々は、寛大なメンバーと比べて自分が悪人に見えるからだと答えた。だが、この種の答えとは異なり、寛大なメンバーが集団の規範に従っていないと感じたことを根拠とする人もいた。たとえば、「与えつづけるだけで見返りを受けないのは変だ。多く与えたなら多く受け取るべきだ」という被験者もいれば、「他のメンバーの選択を見て、彼がまわりと大きくちがうことに気づいた。そうでなければその人が集団にいても問題ないと思っていた。彼は周囲とあまりにちがいすぎた」という被験者もいた。

反対者や反逆者、批判者に対する周囲の反応を調査した科学論文では、否定的な反応を引き起こす原因は一様ではないことが証明されている。だが、いずれにも共通していたのは、アイデンティティが侵害されるかもしれないという脅威だ。前述した道徳的な反逆者のときのように、集団のメンバーは、個人のアイデンティティが脅かされると感じている場合もある。だが、かなり多くの場合、彼らは社会的アイデンティティや、集団にとっての利益や規範だと信じているものが脅かされると感じているのである。

人々が属する集団の規範を守るのは、その規範が自分たちの境界を定め、協調して行動するのに役立つからだ。つまり、規範によって集団全体が同じ認識を持てるのだ。そのため、規範からの逸脱によって規律や調和が乱れやすい小規模な集団ほど、逸脱者は強く拒絶される傾向にある。[7]
規範に違反した者たちは、その行動が集団間の境界をぼかし、みんなが維持したい「私たち」と「彼ら」の区別を曖昧にした場合に、特に厳しく批判される。また、集団は何かの期限に追われているときや、外集団との対立に巻き込まれている状況では、逸脱や異論を認めない傾向がある。[8]多少の逸脱があるのは健全と言えるが、こうした状況で逸脱するのはタイミングが悪い。集団が戦っているときは、意見を抑えて一致団結するべきだ。逸脱するタイミングを誤れば、あなたは「私たちの仲間ではなく、敵なのか？」となりかねない。
だが、集団が反対意見を抑え込むのは危険な賭《か》けだ。集団が新たな困難や逆境を乗り越えて成長するには、時間をかけて多様な意見を受け入れ、批判に耳を傾けることが不可欠だからだ。第3章で論じたように、カルト的な同調を強要する集団や組織は、遅かれ早かれ、失敗する運命に向かっていることが多いのだ。

異議はなぜ必要なのか

同じ立場の人の意見に依存してばかりでは、異議や批判、反抗の価値を正しく理解できないことは言うまでもない。私たちにとってはありがたいことに、異議を唱えるメリットとデメリットを研究した科学文献は大量にある。

『トラブルメーカーの擁護』〔原題：In Defense of Troublemakers 未邦訳〕の著者、チャーラン・ネメス教授は、異議の効果を調べることにキャリアの大半を捧《ささ》げてきた。彼女によれば、異議を唱える人々の本当の価値は、彼らが支持する意見や提案そのものというより、他の人々の考え方を変えることにあるという。[9]

人は広く受け入れられている多数派の考えに触れると、その考えが正しいかどうかということだけに重点を置いた、怠惰で狭い思考に陥《おちい》りがちだ。だが、ふだん耳にすることのない少数派の意見を聞くことで、思考が広がる。人がなぜその考えを支持するのかをよく考えるようになるからだ。実際は反論のための議論が始まりがちだが、それによって否応なく思考の幅が広がる。自分の思い込みについて再考し、そしておそらくは疑問を持つようになるのである。

この点は重要だ。というのも、異議を唱えることで革新性や創造性が向上し、より優れた集団の意思決定ができるのも、こうした思考の変化があるからだ。異議が効果的な理由は、人の考え方に変化をもたらすからなのだ。つまり、異議を唱える人は、実は集団の利益になる正当な意見を述べる必要はない。その発言が他者の思考を広げられさえすればいいのだ。反対意見が出るだけでも刺激となり、多様な考えが生まれる。こうしてより思考の幅が広がり、他者が別の視点でアイデアを出せるようになる。

ミシガン大学の研究者たちは異議を唱えることの影響を測定するため、学期《セメスター》中に同じ講義を受ける学生のグループを対象に、反対者のいるグループといないグループを実験的に操作した。[10] 実験では、28グループに10週間にわたる問題解決課題に取り組んでもらい、解決策の独創性を評価した。

その評価は成績の40パーセントに相当するため、学生たちにとってはかなり大きい。半数のグループでは、5人のメンバーのうち1人が他のメンバーには内緒で、反対者として選ばれていた。これにより、グループに1人でも反対者がいた場合にパフォーマンスが向上するか、たんに対立が生じてパフォーマンスが低下するかを研究者が判断できる。

研究者たちは、無作為に反対者を選んだわけではない。彼らが求めていたのは、合理的な異論を自然に唱えられ、かつ異論を前向きに考えられる学生だった。こうして14人が選ばれた。彼らは事前のアンケートで、「私はグループ内で、あえて思い切った意見を述べたい」、「私は人の行動の新奇性に価値を感じる」という質問に同意していた。研究者はこの学生たちに、異論を唱えるときは一貫して粘り強く、それでいて頑固な印象を与えないようといった、いくつかの訓練を行った。また、異論を唱えるのは本当に同意できない場合だけだと指示をした。

その学期の終わりに結果が出た。

少人数のグループに反対者1人を加えることは、いくつかの点で効果があった。反対者をランダムに割り当てたグループは、反対者がいないグループよりも成績が良かったのだ。第三者である外部の専門家も、これらのグループは独創性がより優れていると評価した。反対者と課題に取り組んだ学生さえも、このちがいを認識した。彼らはグループ内の思考パターンを振り返り、自分たちは反対者がいないグループの学生と比べて、より多様性に富んでいたという自己評価をしたのだ。

企業や組織においても似たようなプロセスが展開されている。組織研究者は詳細なケーススタディをもちい、フォーチュン500に入る7社を対象に、トップマネジメント〔企業組織の最上層部で経営活動の意思決定や活動全般を指揮する機関〕を行うチームを調査した。具体的には、彼らが成功（主要なステークホルダーを満足させられたことと定義）したと広く認められている時期と失敗した時期のそれぞれに、チームがどう機能していたかを調べた。[11] この二つの時期を比べると、リーダーシップを取るチームの力学は劇的に変化していた。

　成功した時期は、共有されたアイデンティティの重要性と明らかな関連が見られた。リーダーシップを取るチームはこの時期、集団の問題解決により熱心に取り組み、強い団結心を見せ、同じ目標に専念するという「運命共同体」としての感覚を強く持っていたようだった。

　特筆すべきなのは、こうした組織が成功した時期は、内輪の会議でもより多くの異論が推奨され、メンバーどうしがよりオープンで率直なコミュニケーションを取っていたことだ。ここから、一体感と団結力が強い時期には異論も盛んであるとわかる。実際に、これらの要素は研究室や実社会でも、集団が成功するのに重要な役割を果たしていると思われる。

　研究結果によれば、異論は一貫して粘り強く唱えられたとき、最も効果を持ちうると示唆されている。ヘンリー・フォンダ主演の名作映画『12人の怒れる男』では、父親殺しの罪に問われた18歳の青年が有罪か無罪かを、陪審員が検討する。証拠はもはや明らかと思われ、最初の無記名投票では12人の陪審員のうち、11人が有罪に投票しようとする。陪審員の1人は野球の試合のチケットを持っているため、議論を早く終わらせたいと思っている。

だが1人だけ、陪審員8番は、被告は無罪かもしれない、証拠はみんなが思うほど確かではないと考える。数時間の議論を経て、彼の疑念と見解は他の陪審員の心を徐々に動かし、やがて彼ら自身も証拠に疑問を持つようになる。初めは陪審員8番に反対する者もいた。だが、有罪を主張する最後の1人がついに意見を翻《ひるがえ》す。陪審員たちは全員一致で、この青年の無罪を宣告するのだ。

この映画は、異議を唱える義務について、また簡単に同調せず粘り強い主張を続ける1人の意見がいかに他者の考えを変え、正義の道を変えられるのかを力強く描き出す。より一般的には、他の人々がより慎重に考えるようになるのは、周囲の反論に屈せず自分を貫く反対者の意志に影響されるからである。彼らは「この反対者は自身の主張を心から信じているにちがいない。なぜそう思うのか?」と考えるのだ。

とはいえ、人が関わるあらゆるものごとと同様、異議に関する全容は複雑だ。異議を唱えることが集団に一様にポジティブな結果をもたらすわけではないし、研究によって結果も異なる。コドゥ・サンバらによる近年のメタ分析では、トップマネジメントチームに戦略的異論〔理想的な、または将来に向けた戦略的な重要事項に関する考え方や優先傾向、信念の相違〕が生じることで、意思決定の質やパフォーマンスが低下するとわかった。[12] その理由はおそらく、戦略的異論によってメンバー間の関係が悪化し、情報を慎重に検討する姿勢が低下したためと思われる。

だが大事なのは、この研究者たちが戦略的異論と呼ぶものには、目標達成のために集団や組織がどう行動すべきかという意見の相違だけではなく、目標そのものの相違も反映されているということだ。こうしたトップマネジメントチーム内での不一致は、組織が何をめざし、また今後どうあるべきかという認識がトップのあいだでも一枚岩ではないことを意味する。サンバらが述べるとおり「戦略的異論は、有益な情報にまとめる材料としての多様な情報や見識というより、メンバーが既得権を守るための目的や優先事項を反映している。つまり、マネージャーたちは自由な視点で検索や分析を行うというより、自分の立ち位置を守るために発言しているため、戦略的異論から情報を洗練させることは難しい」のだ[13]。

フォーチュン500に入っていた7社は、成功した時期には非常に多くの異論があった。それでもメンバーどうしの団結心がはっきりと感じられ、全員が同じ目標に打ち込んでいたという。アイデンティティが共有されているのが明らかな場合、反対意見は有益である。だが、アイデンティティが共有されていない、あるいはアイデンティティに深刻な疑念が生じているチームでは、異論を唱えるのはより難しく、軋轢《あつれき》を生みやすい。しかも、その異論が必ずしも優れた意志決定やパフォーマンスにすぐにつながるとも限らない。

だからといって、意見の相違が重要でないということではない。経営層のトップであれ、社会全体であれ、集団が自分たちの目標を議論して見直しを図り、自分たちの在《あ》り方《かた》や立場を根本から変えていくことは、ときに不可欠だ。ただ、その過程は簡単ではないかもしれない。

反対意見からもたらされるであろう利益を生かすには、集団は二つの障害を乗り越えなければならない。それは、メンバーに反対意見を積極的に表明してもらうこと、そして、他のメンバーが保守的にならず、好奇心を持って積極的に耳を傾けられるようになることだ。この二つの行動は、いずれも強く揺るぎないアイデンティティにもとづいている。

人々は従順な羊か？

異議、逸脱、批判、あるいは多くの人の考えをうながす反対意見が重要なのはまちがいないが、科学者たちはその逆の行動を理解するためにも、多くの時間と労力を費やしてきた。つまり、同調、服従、従順だ。心理学者が「同調する人」に焦点を当てるようになったのは、この分野で重要とされる、二つの研究に端を発する。

その一つが、ソロモン・アッシュが行った「同調実験」だ。この実験の被験者は、自分の目ではっきり確認したにもかかわらず、他人の誤った答えに同調した。[14] 第2章で説明したとおり、この実験では被験者に、数本の線から同じ長さの線を選ぶというかなり簡単な視覚課題が課された。他の被験者が先にまちがった答えをするようになるまでは、誰もが問題なく正解を導いていた。だが、被験者は急に周囲からの同調圧力を感じ、およそ3分の1の割合で、自らまわりと同じまちがった答えを選んだのだ。

二つめの重要な実験は、その数年後にイェール大学の心理学者、スタンレー・ミルグラムが実施した一連の研究だ。[15] ミルグラムはアッシュの同調実験による結果を発展させ、線分の長さを判断するよりはるかに深刻な結果につながる条件で、権威を持つ一人の人間が他者の行動をどう方向づけるかを観察した。

ミルグラムは、体罰が学習に与える効果の実験と称して、コネチカット州ニューヘイブンの住民に被験者として参加してもらった。被験者がイェール大学に着くと、白衣を着た実験者に迎えられ、もう一人の被験者とペアを組まされた。アッシュのときと同様、ミルグラムが計画したこの状況は、ペアのうち一人だけが本当の被験者で、もう一人は研究チームのサクラというものだ。この実験では本当の被験者は全員「教師」役に割り当てられ、「学習者」役であるペアの記憶をテストすると告げられた。

教師は2単語がペアになったリストを学習者に読み聞かせるよう指示され、学習者はその単語を復唱するよう指示された。だが学習者がまちがえるたび、教師は罰として、一回ごとに強くなる電気ショックを与えねばならないという条件があった。電気ショックは15ボルトという微量な刺激から始まり、まちがえるたびに15ボルトずつ強くなる。実験が進んで学習者がミスを重ねるにつれ、要求される電圧は大きくなる。装置上のラベルも禍々《まがまが》しい警告に変わっていく。「激しいショック」、「危険をともなう耐えがたいショック」、そして最も強い４５０ボルトには、ただ「ＸＸＸ」とだけ書かれていた〔４５０ボルトのスイッチには、初めは「致死的」というラベルがつけられていたが、あまりに悪趣味だという理由で「ＸＸＸ」という文言に変更された。詳細は『社会心理学・再入門――ブレークスルーを生んだ12の研究』（新曜社刊）１４１ページを参照〕。

学習者にはあらかじめ、教師がこうしたショックを与えた場合、抗議と苦痛をだんだん激しく表現する、もう止めてほしいと懇願する、その後は不吉な沈黙を貫くという指示が与えられていた。

教師が実験に反対した場合、実験者は続けるように催促した。段階ごとに「続けてください」、「実験のために、あなたに続けていただく必要があります」、「あなたには絶対に続けていただかなければなりません」と答え、最後には「続ける以外の選択肢はあなたにありません」と、有無を言わさぬ態度で返答した。もちろん、実際には学習者に電流は流れていないし、すべては被験者を騙《だま》すために巧妙に練られたシナリオだ。

まったく面識のない他人が苦痛で叫んだり心臓の不調を訴える〔学習者は心臓が弱いと、あらかじめ被験者に知らされていた〕声が聞こえるのに、電気ショックを与える人などいるのだろうか。大半の人は否《いな》と言うだろう。

実験を行う前、スタンレー・ミルグラムは精神科医のグループに、人々は明らかに危険な電気ショックをパートナーの被験者に与えるよう指示されたとき、どう反応すると思うかを尋ねていた。医師たちの意見は、指示に完全に従うのはせいぜい1000人に1人だということでほぼ一致した。だが、専門家たちの予想は大幅に外れた。ベースライン実験ではほぼ3分の2の被験者が、実験者の指示に完全に従った。白衣を着た男性に指示されたというだけで、大半の人々が意識のない学習者に最大レベルのショックを与えたのだ。

アッシュの実験でもミルグラムの実験でも、被験者は自分の置かれた状況を嬉々《きき》として楽しんだわけではない。アッシュの実験の被験者たちは、いったい何が起こっているのかを理解しようとして混乱していたようだった。他の人たちはなぜまちがえるのか？　自分の目がおかしいのだろうか？　一方、ミルグラム実験では、被験者の多くが実験者に疑問を投げかけた。正気ですか？　ようすを確認したほうがいいのでは？　実験者はこれに対して「続けてください。実験を続けなければなりません」と容赦なく答えた。結局、被験者の多くが最後の最後まで実験を続け、もはや無力と思われる隣の部屋の男性に繰り返し電気ショックを与えつづけたのだ。

当初、これらの研究結果は人々に衝撃を与え、議論を呼んだ。この結果は、ほとんどの人が想像もしていなかった人間の行動の一面を明らかにしたからだ。多くの人が、ミルグラム実験はホロコーストの残虐行為と類似するものだと考えた。これらの発見は衝撃の事実として受け止められたが、ほどなくして常識となった。少なくとも社会科学者のあいだでは。アッシュとミルグラムの実験から得られる教訓は明らかだ。それは、人間の同調性は非常に高いということだ。人は周囲から軽い圧力をかけられるだけでも羊《ひつじ》のように同調する。また、権威にも盲目的に服従する。何も考えずに服従するというこの行為が、やがて巨悪に加担することにつながるのかもしれない。

教科書や一般的な心理学の本では、これらの研究から得られた知見が今でもよく引用されている。だが、この問題に関する知見は専門家のあいだで進化を続け、今日《こんにち》の社会学者は異なる解釈を導き出している。こうした古典的な研究から得られる知見は、より微妙で複雑だ。過去にこれらの研究を学んだ人は驚くかもしれない。というのも、いずれの場合も、その知見はかつて認識されていた以上に、社会的アイデンティティと密接に結びついているからだ。

つまり、人々は従順な羊ではない

トロント大学の大学院生だったころ、私たち2人はダウンタウンのキャンパスに隣接するアネックスという賑《にぎ》やかな地区で、ひんぱんに古本屋を覗《のぞ》いては楽しい時間を過ごしていた。学位論文の執筆を先送りにしながらも、行く先々で心理学の棚を熱心に調べることで、これは生産的な時間だと自分を納得させていたのだ。ある日、ドミニクが何を探すでもなく棚を眺めていると、『服従の心理』（河出書房新社、2012年）が目に留まった。スタンレー・ミルグラムが自身の服従実験を包括的に記した一冊だ。6・99ドルの掘り出し物だった。ドミニクはそれを購入した。

大抵の場合、研究の一部が有名であればあるほど、その原著を実際に読んだという人は少ないと考えていいだろう。毎年100万人以上の学生が心理学入門の講義を選択するが、その大半が学ぶミルグラム実験は、教科書用に編集されたテキストだ。何度も語り直されるうち、その研究はまるで神話のようになっていく——主要な発見がより有名になる一方で、重要な詳細や背景は世代を経て、しだいに語られなくなっていくのだ。

学生たちはまた、ミルグラムの研究は人を騙して非人道的な行為をさせるという倫理的に疑わしいものであり、現代ではこの方法は認められないとも教わる。そうした実験の一次資料を、埃《ほこり》を払ってまで読む必要があるのだろうか。読むべき本は他に山ほどあるのに、誰にそんな時間があるというのか。

だが、依然として論文を先送りにしていたドミニクは、この本に時間を割き、新しく魅力的な発見に遭遇した。[16] ミルグラムはさまざまな種類の服従実験を行っていた。彼は実験ごとに条件の異なる状況をつくり出し、どのような要因が服従率に影響するかを解明しようとしたのだ。そのなかで、ショックを与える相手との物理的な距離が縮まると、服従率が下がることがわかった。女性は男性とほぼ同じように反応することもわかった〔ベースライン実験の被験者には男性しかいなかった〕。また、実験者が電話で指示を出すと服従率が下がることもわかった。ただし、なかには、不運な学習者に電気ショックを与えつづけたことにするため、そばにいない実験者に嘘をつかなければならないと考えた者もいた。

『服従の心理』にはこうした実験の生データも多数掲載されていた。表には15ボルトから450ボルトまで、どの電圧で何人の被験者が参加を拒んだかが記録されていた。条件のちがうさまざまな研究結果を読むうちに、ドミニクの目はこうしたデータに、特に服従しなかった被験者に徐々に引かれていった。彼が興味を持ったのは、電圧が最高レベルの450ボルトに達する前に実験から手を引いた被験者たち、つまり、残酷な権力者に服従しなかった人たちだ。この道徳的な反逆者は何者だったのか。

ドミニクが驚いたのは、この不服従に、あるパターンが存在するとわかったことだ。このパターンはミルグラムの本では言及されていなかったし、ドミニク自身も耳にしたことはなかった。ただの見まちがいだろうか？　ドミニクは数分かけてミルグラムの研究のいくつかのデータをスプレッドシートに入力し、グラフを作成した。研究室ですぐ後ろに座っていたジェイを振り返り、「この見方は正しいと思うか?」と聞いた。

いずれの実験でも、被験者が実験者の指示に背《そむ》くことができる段階は、最初の15ボルトから、最後から2番めの435ボルトまでの29段階のいずれかである。だが、ドミニクがデータをよく見てみると、これらのうち被験者が不服従を決めた段階の分布は、均等でもなくランダムというわけでもなかった。不服従はどちらかといえば、ある特定の段階に集中する傾向が見られた。特に重要な瞬間は、電気ショックが150ボルトの段階であると思われた。

150ボルトは他のボルトと何がちがっていたのか? 同じ実験の135ボルトや165ボルトとちがいが生じたのはなぜなのか? その疑問を解決するため、ドミニクはひたすらミルグラムのオリジナルの実験方法を調べた。

前述したとおり、ミルグラムの研究の学習者はシナリオに従い、電圧が増えるにつれ、抗議や懇願、苦痛の表情を徐々に強くしながら被験者に訴えた。苦痛の訴えはしだいに激しくなり、やがて沈黙が生じる。

だが、150ボルトのポイントでの訴えは、質的に異なっていた。学習者はここで初めて(だが最後ではない)実験から解放してくれと、具体的な要求をしていたのだ。「実験者の先生、ここから出してくれ! これ以上は実験に参加しない! もう続けないぞ!」と彼は叫んだ。

この最初の要求が分岐点だった。被験者は学習者の叫びに耳を傾けて彼らの要求を聞き入れるか、または、実験者の指示に従うかという、重要な選択を迫られたのである。後者の場合、たいがい最後まで実験が続くことになる。

学習者はそれ以降のボルトでも同じような要求をするが、同じ効果は得られなかった。重要なのは最初の訴えだったのだ。また、学習者は電圧が増すにつれて苦悶《くもん》の表情を強めたが、不服従率には影響しなかった。このことから、被験者は学習者の苦痛に共感反応を示したために電気ショックを与えないと決断したわけではないと示唆される。何か他の要因が働いていたのだ。

では、何が彼らの決断をうながしたのか？　スティーブン・ライヒャー、アレクサンダー・ハスラム、ジョアンヌ・スミスによる近年の分析によれば、被験者が実験者と学習者のどちらに一体感を覚えたかが、被験者の判断において決定的な役割を果たした可能性があると考えられるという。[17]そして、彼らが実験者と学習者、どちらの側に立つかという選択を迫られたのが150ボルトの時点だった。

ミルグラムの研究をそのまま再現することはできないため、多くの研究は長年実施されずにいた。だがこの3人の研究者は、ある巧妙な回避策を考案した。彼らはオリジナルの研究から半世紀後、ベテランの心理学者のグループと学部生のグループを含む参加者を集め、ミルグラムがさまざまな条件で実施した実験について説明した。そして、そのそれぞれの場面で、自分なら科学者と科学者コミュニティ、または一般市民である学習者にどれくらい一体感を覚えて同一化すると思うかを尋ねたのだ。

参加者は、学習者と物理的に離れている場合など、ミルグラムの実験のいくつかの条件では実験者のほうにより同一化し、学習者にはあまり同一化しないだろうと答えた。だが、実験者が電話で指示するなど別の条件では反対に、学習者により同一化し、実験者にはそれほど同一化しないと答えていた。

3人の研究者たちが検証したのは、こうして得られた現代の同一化についての評価から1960年代のオリジナルの実験に参加した被験者(教師)たちの行動を予測できるかどうかだ。その結果、予測は可能だった。現代の参加者が「実験者に強く同一化する」と考えた場合、50年前のオリジナルのミルグラム実験で観察された服従率の高さとほぼ一致した。これと反対に、参加者が「学習者に強く同一化する」と考えた場合、オリジナルの実験での服従率の低さとほぼ一致したのである。

ここから、服従するか反抗するかはいずれもアイデンティティの問題のように思われる。あなたが立つのはどちら側か？　白衣を着た科学者と、彼の象徴する知識、発展、技術の側か？　それとも、同じ市民としての権利を持つ一般市民の側か？　この決断をくだした瞬間、その人のなかには反抗の意思か、あるいは服従を続けて残酷な道を歩む意思が芽生えるのである。

合理的な同調と不合理な反対

ミルグラムの服従実験のデータ分析を発表した直後、ドミニクはバート・ホッジスと出会った。

ホッジスと彼の同僚たちは、ある実験を行ったばかりだった。彼らはソロモン・アッシュのよく知られた線分判断実験の条件を、一部逆にした実験を行っていた。[18] 1950年代に行われたオリジナルの研究では、この視覚的な実験に参加した被験者は正しい答えをはっきり見ていたにもかかわらず、他の回答者のまちがった答えを聞いたことで彼らに同調した。ホッジスらはこの新たなパターンとして、被験者は他の回答者の答えを聞けるが、自らの目ではははっきりと課題を見られない状況を設定した。部屋の前方にスクリーンを置き、そこに映る単語を被験者に答えてもらう。だが彼らの座る位置からは単語がほぼ見えないという状況だ。アッシュの研究と同じように、この実験でも他の参加者(単語をはっきり見ることができる)が先に答えた。

あなたがこの実験の被験者だったらと想像してみてほしい。不可抗力とはいえ、あなたの位置からは課題を正しく遂行できるほど単語がよく見えない。だが幸いなことに、他の被験者には課題がよく見えていて、あなたは彼らの答えを聞くことができる。あなたならどうするだろう。アッシュの研究では、被験者は明らかにまちがった答えに同調するのは不合理で、不快だと感じた。一方、この実験では正しいと思われる答えに同調するのが合理的だ。被験者は良心に背くことなく、椅子に座ったままリラックスして、他の人々に従えばいいのだ。

実際、被験者はおよそ3分の2の割合でこの行動を取った。だが、彼らは別の試行では、何度か直観に反する選択をした。推測で答え、ほぼ確実にまちがえたのだ。被験者は全試行の3分の1近い割合で、より知識を持つ人々の情報に頼らない選択をした。注目すべきは、オリジナルの研究でも、被験者は約3分の1の割合で「不合理な」同調行動を選択していたことだ。つまり、この実験の被験者が「不合理な」非同調行動を取った割合とほぼ一致していたのだ。

だがこの選択が「不合理」と言えるのは、アッシュのオリジナルの実験でも、パターンを変えたホッジスらの同調実験でも、被験者が「正確さ」という一つの目的を持ち、それのみが動機と仮定した場合に限られる。しかし、この仮定が正しくないのは明らかだ。なぜなら、アッシュの実験の被験者は、周囲に合わせ、気に入られ、受け入れられるためにも行動していたからだ。ただし、この目的もまた、唯一不変の動機にはなりえない。

人は多数の目的を持っている。大抵の場合、多くの人は複数の目的を一度に達成しようとし、バランスを取ろうとした結果が行動にあらわれる。誰かといるときは良い社会的パートナーであろうと努めるし、集団のなかでは信頼され、貢献的で有益なメンバーであろうとする。こうした目的を達成する手段は一つではない。たとえば、正確で正しい情報を提供することは重要である。だが、相手を信じて支持できる関係性の構築もまた重要であるし、たんに客観的な正解を出すというよりも、より広い意味で、自分は今何者であるかという真実を語ることも重要だ。

友人や同僚、家族との会話で、明らかにおかしいと思われる内容にみんなが同意しているという状況は、誰もが経験したことがあるだろう。『キャッツ』は素晴らしい映画だ！」、「エッグノッグはまったく甘ったるくなくて美味しい」「〝キャボット〟は猫とウサギが交尾した動物だ。そして実在する！」あなたには仲間のまちがいを正したいという正義の衝動が湧《わ》き上がるが、その気持ちをぐっと飲み込む。この平穏を維持しよう、と考える。今は楽しい時間を過ごしているのだから、まちがいは後で正せばいいのだ、と。この瞬間、自分は仲間の一人としてここにいるのであり、この場を円満に進めたいというのが、より広い意味での真実なのだ。

これこそアッシュの実験の被験者が取った行動だった。つまり、彼らは複数の目的のバランスを取ったのだ。被験者は正確に答えて周囲と対立するか、あるいは周囲と同じ答えを選び、彼らと良好な関係を維持する意思を示すかという綱渡り状態にあったわけだ。ホッジスらの実験でも、また別の綱渡り状態が発生した。今回は、被験者は正確さを追求するか（この場合は他者の答えを真似すること）、あるいは集団に独自の貢献をするかが問題だった。集団内で突出するのは居心地が悪いものだが、見境なく他人の真似ばかりするのもまた同じくらい居心地が悪い。その結果、被験者はときに周囲とちがう回答をすることで、ある程度の独自性を保つと同時に、自分は視界が悪く、正確な情報源として頼れない、役に立つ情報を認識できないと周囲に示していたのだ。

こうした研究からは、人の性質に関する重要な教訓がうかがえる。第1に、人は権威に盲従するわけではないということだ。抵抗や異議は、同調と同じくらいに人の性質の一部を成している。重要なのはむしろ、私たちが誰に同一化するかである。権威ある立場の人々の側につくのか、それとも、耳を傾け権利を考慮する必要のある、より一般の人々の側につくのか？　ということだ。

第2の教訓は、人は周囲からの圧力にさらされても、つねに同調するわけではないということだ。私たちが他人の行動によく同調するのは確かであり、それには正当な理由がある。だが私たちにはまた、同調を拒《こば》む正当な理由があることも多い。私たちが周囲とちがう選択をするのは一般に、他人の目を気にしないからでも、思慮ぶかい人だと思われたいからでもない。通常は集団の役に立ちたいからちがう選択をするのだ。

集団に対して異論を述べられるとき、その集団はより良い意思決定を行う傾向がある。若干の反論があることで、重要な情報が新たにもたらされたり、思考の幅が広がったり、他の人々が発言しやすくなったりするからだ。異論はまた単純に前提条件を見直す機会にもつながるため、自分たちの進む方向が正しいという確信を強めてくれることもある。

私たちが直面する選択

では、私たちはいつ、この重要な役割を果たすのか。また、地域の組合や企業組織や国家などにかかわらず、集団が健全な範囲で異論を形成するにはどうすればいいのだろうか。

いくつかの場面を想像してほしい。あなたは国境警備員で、同僚が特定のタイプの旅行者に、より集中的に質問を浴びせていると気がついた。あるいは、あなたは中小企業の社員で、チーム内では日に2～3時間、仕事をせずソーシャルメディアに費やすことが当たり前になっている。あるいは、あなたは小さなスタートアップに勤めている。職場では社長をはじめとした全員が一日の大半を仕事に費やし、週末も出社し、自分がいかに多忙かを自慢し合うなど、誰が最も仕事熱心かを競い合っている。もしくは、あなたはボランティア団体の一員だ。団体の仲間は恥ずかしげもなく、政治的見解が異なる人を見くだす態度を取っているが、あなたは政治的見解がちがう人のなかにも勤勉で、そして沈黙を貫く人がいると知っている。

こうした状況であなたがどう行動するかは、いくつかの質問から予測できる。1つめの質問は、その慣習に反対か、それとも賛成かという単純なものだ。そんなことはこれまで考えたことも、自問したことすらないかもしれない（たとえば、ソーシャルメディアの閲覧にかかる費用は経営資源の有効活用かどうか、考えたことがあるだろうか）。また、その慣習について考えたことはあるが、問題ないと思ったかもしれない。国境ではある種の人々は、徹底的に質問されるべきだと思うかもしれないし、スタートアップの社員が長時間働きたいと思うなら、その人の好きにすればいいと思うかもしれない。こうした慣習に異論がないなら、あらためて疑問を持つこともないだろう。だが、もし反対の場合、疑問が生じているのではないか。

その場合、2つめの質問をする必要がある。それは、あなたがどれくらいその集団に一体化しているかだ。[19]一体化は、あなたが誰の利益のために行動するかを左右する重要な問題である。どれだけ最適なタイミングであっても、反対するのがいかに難しいかは、道徳的な反逆者に対する反応からも想像できるだろう。あなたがその集団や仲間、あるいは集団の未来を深く気にかけていなければ、リスクを負ってまで異議を唱える価値はないかもしれない。

たとえば、あなたは集団にそれほど共感していないとする。言い換えれば、あなたは特に大切とは思わない集団に属していて、その集団の規範には同意できないと思っている。こうした状況で、時間と労力をかけてまで反論しようとするだろうか。反論すれば、ほぼ確実に社会的な批判にさらされるというのに、自ら火中に飛び込むようなことをするだろうか。おそらくしない。この場合、あなたは集団から離れる可能性が高い。その集団以外の友人には意見を伝えるかもしれないが、その行動は誰かの考えを変えたり、集団をより良い場にするためのものではない。規範にいだく不満の大きさによっては、集団から抜ける可能性もあるだろう。おめでたい集団とはさようならというわけだ。

だが、その集団を深く気にかけていた場合はどうだろう。その場合、異議を唱える価値はあるかもしれない。あなたはその集団に投資することで、成功してほしいと思っている。高い評価を受け、成功し、倫理的で道徳的な集団でいてほしいと思っているのだ。この場合、あなたは集団をより良くしようという動機のため、集団に異議を唱える可能性がある。

あなたは同僚が越境者ごとに異なる態度を取ることで、国境警備隊への世間の信頼が下がったり、あなた自身の権威が損なわれたり、士気が低下しないかを心配している。また、チームがもう少し仕事に集中し、インスタグラムに自撮りを投稿したり、リンクトインの履歴書に磨《みが》きをかける時間を減らせば、業績不振が解決するかもしれないと思っている。「誰がいちばん仕事に打ち込んでいるか」という職場の文化は善良な社員を消耗させ、一部のタイプの人材、特に子どもを持つ女性を排除していると知っている。この文化はまた、長期的に見れば会社の存続に貢献しないし、優秀な人材を確保する企業の力を削《そ》いでいることを憂《うれ》えている。あるいは、献身的なボランティア団体では、考え方の異なる人にも敬意を持ち、同じように接するのが原則として重要だと考えている。

あなたが規範を問題視し、かつ集団を大切に思っている場合、実際に異議を唱えるかどうかは3つめの質問にかかっている。それは、異議を唱えることでどのような結果を期待しているかということだ。これにはあなた個人への影響と、集団全体への影響という、二つの重要な結果が考えられる。

個人への結果は重要だ。これまで見てきたように、規範から逸脱すれば、大抵は否定的な反応を生む。それが愛する集団の親しい仲間からであれば、それだけ心も痛む。もしあえて他のメンバーからの好意を失い、受け入れられなくなるというリスクを負えるほど集団を強く愛していたとしても、あなた個人への制裁が増せばそれだけ不快に感じるし、異を唱える意欲も低下してしまう。よって集団への結果が、まず考えなければならない問題だ。否定的な反応が返ってきても、自分の異議で集団が変わる――実際に状況が改善する――可能性がじゅうぶんにあると思えば、それでも突き進もうと思うかもしれない。だが、変化はおそらく起こらないか、または不可能だと感じれば、異議を唱える価値はまるでないと思うだろう。これが反対意見の費用対効果分析である。

このように、人が異議を唱えるかどうかは、いくつかの分岐点から予想できる。1つめの分岐点は「その規範に反対するか?」。2つめの分岐点は「その集団に強く同一化しているか?」。そして3つめの分岐点は「異議を唱えることで予想される利益は、予想されるコストを上回るか?」だ。

このすべてが「イエス」の場合、その人が異議を唱える可能性は高い。

異議を引き出す

私たちは異議や批判を唱える人々を漠然と称えたり、あるいは彼らと距離があるときには称賛したりする。また、私たちは自分自身が不正に気づいたときには毅然《きぜん》と指摘したり、より優れた解決法を提案できる人間だと思いたがる。だが調査によれば、実際に異議を唱える人――つまり道徳的な反逆者――を目《ま》の当たりにした人の多くが、まごついたり、彼らを罵《ののし》ったり、拒絶したりするとわかっている。また、現実に集団内で意見の相違が発生したときも、多くの人は勇気を出して状況を改善しようとするのではなく、沈黙を貫いたり、集団から距離を置いたりするのである。

集団のメンバーやリーダーが、こうした状況を何とかしたい、問題があるときには誰かが声を上げる文化をつくりたいと思った場合、どうすればいいのだろうか。メンバーが忌憚《きたん》なく意見を述べ、異なる意見から学ぶスキルを持つ集団を育成したい場合、どう取り組めばいいのだろう。

私たちはいくつかの研究で1つめの分岐点に焦点を当て、集団に有害となりうる規範や習慣について、簡単に尋ねた。[20] こうした規範を挙げたうち、集団への同一化が強いメンバーは、反対意見を表明したいという気持ちがより強かった。実際、彼らは同一化が弱いメンバーや、あるいは同一化は強いがその規範が自分たち個人にどう有害なのかわからないというメンバーと比べて、異を唱えたいという思いが強かった。

自分の大切な集団にとってその規範が害になると思うことが、異議を唱える鍵となるようだ。私たちはまた、集団への批判的な思考をうながす、より繊細な方法もテストした。[21] そのなかでも、より抽象的に考えてもらうことで、多様な見方が促進されるようだった。抽象的な思考をうながす方法は多々あるが、一般的な方法の一つは、短期的ではなく長期的な視点で見てもらうことだ。短期的に考えるとき、私たちは目先のニーズや目的に焦点を当てる。すると、「とにかくやらなければならない」という切迫感や、「今は疑問や質問を挟んでいる場合ではない」という気持ちが生じやすい。

だが、より長期的に考えることで、行動を変えたり改善する余地に目を向けやすくなる。5年後や10年後を見据えると、「そのとき、自分は同じことをしていたいだろうか」という疑問が湧く。異常な働き方で社員を消耗させたまま、このスタートアップは黒字企業に転換できるのだろうか？ 今日の国家安全保障の懸念はこの先も同じだろうか。そうでないなら、この差別的な対応が諸国との関係を悪化させた場合、どう修復するのか？ 社員がソーシャルメディアに費やす時間を減らすこともなく、また業務に充てる時間も増やさないままで、この企業は5年後まで存続できるのか？ ボランティア組織のなかに政治的偏見が存在すれば、献身的な貢献者が離れ、組織の信頼が損なわれるのではないか？ そう考えるようになるのだ。

長期的な視点が異議に与える影響を調べるため、私たちは共和党の支持者と、彼らが党の一般的な立場にすすんで異議を唱える場合の関係性を研究した。[22] たとえば研究事例の一つは、オバマケアとも呼ばれる医療保険制度改革だ。共和党はこの改革に反対する立場だが、そうした態度をとる党への懸念を積極的に表明しようと思うか尋ねた。

懸念を積極的に表明しようと思うには、3つの点が重要だった。第1に、これまで論じてきたように、党の一般的な立場に反対でなければならない――実際、支持者の一部は反対していた。第2に、共和党への強い帰属意識を持っていなければならない。そして第3に、共和党そのものの将来への影響を強く懸念していなければならない。この場合は共和党が医療保険制度改革に反対を続ければ、今後の選挙で得票が減るかもしれないという懸念だ。この3点がそろったとき、懸念を表明しようとする支持者の意志はより高まった。

変化を強く望む人々に、私たちは2つのことを提案したいと思う。1つは、集団への同一化は弱くてもかまわないということだ。属するすべての集団に、必ずしも同一化する価値があるとは限らない。たとえば、ミルグラム実験の被験者は、実験者に同一化しなかった。私たちは、これは良いことだと思っている。被験者は権威ではなく学習者により同一化することで、有害な指示に背《そむ》いて正しい行動を取ったからだ。

2つめは、異議を唱える立場になるには、集団の行いを批判的に考えられる必要があるということだ。つまり、同意できない何らかの慣行や言動に気づかなくてはならない。これは簡単なようでいて、実際はそうでもない。もし職場の全員がソーシャルメディアに数時間を費やせば、それが普通となり、慣行と化す。すると、たんにそういうものだからとしか思わず、立ち止まって疑問を持つこともなくなるかもしれない。もし全員が非常識な長時間労働をしていれば、それは非常識ではなく、ここでの働き方なのだと思うかもしれない。こうした規範が問題視されるまでには、集団の多数のメンバーはその規範をすでに内面化して自分たちを正当化するようになっている。彼らは長時間働かなければ会社が倒産する、まちがいなくチームが失敗すると考えているのだ。

悪《あ》しき習慣は、より悪化することがある。これはミルグラム実験の被験者が学習者に450ボルトの電気ショックを与えた（と思っている）のと同じ論理だ。15ボルトのショックは、それほどひどいようには思えない。被験者はそれを正当化し、30ボルト、45ボルト……と気軽に電圧を上げられる。小刻みにすすむことで、次のステップにすすむのが容易になる。ひとたび150ボルトを超えると、その後は箍《たが》が外れたように450ボルトまですすむ可能性が高くなる。それ以前は考えられなかった状況に慣れてしまうのだ。

だが多くの人は、たとえ自分自身では気づくことができなかったとしても、集団の規範に内在するマイナス面を指摘されれば、すぐにその弊害を認識できる。そのために必要なのは、視野を広げ、目先のものごとや課題から、より大きなものごとの意味や将来に焦点を当てることだ。性格特性テストで「経験への開放性」のスコアが高い人は異論を唱えることも多いが、それはこのためかもしれない[23]。開放性の高い人は、より創造的で抽象的なやり方でものごとを考え、いっけん無関係な思考を結びつけて考える傾向にある。また、より独特な経験を追求する傾向も強いため、多様な視点にふれる機会につながっているのかもしれない。

もしあまり一体感を感じない集団に属していて、不快だと思うような行動に自分が順応していると気づいたときには注意したほうがいい。いつもなら週末に仕事をする必要などないと思っているのに、地域マネージャーが町に来ているときには働いてしまう。ふだんは政治的に意見の異なる人を笑いものにしたりしないのに、同僚といるときにはなぜかそうしてしまう。こうした変化に気づくのは、あなたがその規範を気にしているサインだ。実は問題視しているのかもしれない。ふだんならしないような行動を強制されたと感じるのは、何かがまちがっている徴候かもしれないのだ。

だが、人はできることなら多くの時間を、自分が大切にし、一体感を感じられる集団で過ごしたいと思っている。その集団では、集団の利益に最も貢献できそうなことをする動機を持ち、集団の一員として正しいことをしたいと思っている。しかし、集団の最善の利益とは、いったい何か。集団の一員として正しいことをする、とはどういう意味か。これらは重要な問題だ。

もしあなたがリーダーとして、問題があればより積極的に異論を唱えてもらい、チームが集団思考に陥るのを避けたいと思うなら、前述した意思決定の分岐点を確認してほしい。まず、メンバーは意見の相違を認識できるくらい、批判的に考えられなければならない。また、集団に強く同一化し、異議を述べられるくらい集団を大切に感じていなければならない。そして、もちろん、異議を述べた結果にそれだけの価値があると思っていなければならない。見込まれるコストや利益が割に合わなければ、誰も異議を唱えようとはしないだろう。

そしてメンバーには、集団のめざすものが何かを長期的に考えてもらうことが必要だ。組織では、上司が短期的な結果ばかりを気にしていたり、管理職が目先の危機ばかりに飛びついていれば、社員も同じ視点を持つようになる。そうしなければならないと思うのだ。だが、ときにはリーダーが立ち止まり、長期的な結果や10年後にどうしていたいかをメンバーに尋ねることで、彼らはそうした視点を持ってもいいのだと感じるようになる。反対に、四半期ごとの収益に固執することは、集団思考を助長し、反対意見を抑制する最たる動機の一つかもしれない。同じような力学は、毎回次の選挙を気にする悪循環にはまった政治家にも影響しているかもしれない。

リーダーは、異議を唱えるリスクについてメンバーが発するサインに特に気を配る必要がある。彼らは仲間からの逸脱をいやがることがあるが、大抵はそれと同じくらい、重役に囲まれた場や上司が周囲にいる場では、口をつぐまなければという強い圧力を感じている。人が集団や組織で自発的に意見を述べようと思うのは、多様なアイデアや異論を述べても安全だと思えるとき、特にそうした意見が明確に評価されていると思えるときだ。あらゆるレベルのリーダーは、こうした「心理的安全性」を生み出す重要な役割を担っている。[24]

組織心理学者のエイミー・エドモンドソンは、いくつかの心臓手術チームが新たな手術法を習得した過程において、リーダーが心理的安全性をどうやって高めたかを研究した。[25] この新しい手術法には外科医、麻酔科医、看護師、技師が関与する。受けたトレーニングや専門分野の背景、またそれぞれの地位も大きく異なっているにもかかわらず、彼らはチームとして完璧に連携して機能しなければならなかった。手術の危険性はかなり高い――彼らがどれだけ円滑なコミュニケーションを取れるかが、文字どおり生死を分ける重要な要素だった。

彼女が気づいたのは、外科チームのなかでもメンバーが発言権を持ち、安心して意見を述べられるチームは、新たな手術法を習得する成功率が高いということだった。また、そうしたチームのリーダーである外科医は、こうした心理的安全性をつくり出すのに長《た》けていた。成功率の高いチームのリーダーは、自分たちの使命、つまり、新たな技術を習得する重要性を伝えることに、より懸命に取り組んだ。同時に、チーム内の権力格差をなくし、メンバーの距離感を縮めて対等な立場になるようにも尽力した。彼らはメンバーから意見が挙がれば、必ず耳を傾け、行動に移した。一人ひとりの役割が重要なのだと強調し、自分の限界を打ち明けるという謙虚な姿勢も示した。また、ミスには過剰に反応しないようにした。大抵の場合、チームメンバーがまちがってもその個人を責《せ》めることなく、臨機応変に対応して先に進むという判断を取ったのだ。

似たようなパターンはグーグル社でも見られた。彼らは、最も生産性の高いチームをつくる要素は何なのかを見きわめようとした[26]。全社中180のチームを調査し、集団を成功に導くスキルセットや個人特性を特定しようとしたのだ。同社はデータを分析し、パターンを発見する企業として名高い――だが、パターンと呼べるものは見つからなかった。プロジェクト・アリストテレス（この研究の通称）のリーダーの一人、アビヤー・ダビーはこう述べている。「厖大《ぼうだい》なデータをもちいましたが、特定の個人特性やスキル、経歴の組み合わせがちがいを生むと示す結果はありませんでした。この問題に〝個人〟の要素は重要ではないようです」

だが、ある要素でチームの成功が予測できた。グループ・ダイナミクスがチームの成功の鍵であると、同社の研究チームは結論づけた。特に、チームの生産性を高めるには他の何より心理的安全性が重要であることが、データから明らかになった。パフォーマンスの高いチームには、メンバーが否定的な結果を恐れることなく別の視点から発言できる、協力的な環境が生まれていたのだ。

心理的安全性というと、決して相手を批判しないことだと思われがちだ。だが実際は、その逆だ――心理的安全性のある環境とは、議論が歓迎され、受け入れられているため、人々が安心して異なる意見を表明できる環境を意味する。こうした集団では人々が互いを尊重しながら意見をぶつけ合い、翌日にはまた、わだかまりなく議論ができる。また、全員が同じ目標を持って行動していると実感できるため、既存の考えや慣習にも異議を唱えられるのだ。

賢明なリーダーや組織は、人々が心理的に安心できる環境を整え、異議を唱えるコストを削減することに重点を置いている。なかには、この取り組みをさらに強化し、建設的な反対意見に報奨を与える策を考案した組織もある。この風潮を体現した一つが、アメリカ外交協会だ。同協会は毎年、外務省局長と共催し、現役の職員に4つの「建設的異論賞」を与えている。ウェブサイトではこう説明されている。

本賞は、問題の大小やその行動の結果にかかわらず、組織の内部から異議を唱え、現状に疑問を持って意見を表明する聡明な勇気を示した個人を公的に称《たた》えるものである。[27]

同協会は組織に異を唱える価値をはっきりと――また国家全体に代わって――認めることで、こうした行動を起こす価値を高めたと言える。また、価値を認めることに加えて、各賞には4000ドルの賞金が出ることも、異論を唱えることへの後押しとなっているはずだ。

もちろん、私たちの大半は建設的な異論に褒賞を設けるような立場にはない。だが、一般的な集団の一員であっても、この複雑な問題の重要な要素であることには変わりない。私たちが異なる意見にどう反応するか、積極的に意見を聞こうとするか、独特な意見を述べる人にはどう対応するか、それが実際に彼らが異議を唱えるかどうかを左右する。また現状を気にかけている周囲の人々の、その後の行動にも影響するだろう。私たちには規範に背《そむ》く行動や行為に抵抗を覚える性質がある一方で、こうした行動がしばしば集団に利益をもたらすこと、そして、その行動の多くが、実は集団を大切に思うがゆえのものだと知っているのだ。

だから、異論や反論、批判を唱える人々には悪質な動機があるにちがいないと直《ただ》ちに決めつけるのではなく、一呼吸おき、彼らにチャンスを与えてほしい。アメリカ外交協会が認めているように、彼らが建設的な考えを持ってる可能性も大いにあるからだ。

だが実のところ、動機が何であるかはあまり関係ない。逸脱や反対意見の効果に関する研究結果が示しているように、反対意見の大きな利点の一つは、それによって他の人々が考えるようになることだ。私たちの思考を活性化させ、より革新的で優れた意思決定をうながすのに、反対意見が正しくある必要はない。チームに悪魔の代弁者がいること自体が、全員に利益をもたらすかもしれないということだ。

異論は集団のためになると認めることで、異論をより受け入れやすくなるかもしれない。だが、それだけではじゅうぶんでないこともある。あなたはこの助言に納得してくれたかもしれないが、本章の冒頭で説明した、道徳的な反逆者の研究を思い出してほしい。人々は自分が逸脱したわけではないにもかかわらず、原則から逸脱した他者に抵抗感を覚えていた。その行為によって自分の思慮や誠実さに疑問を投げかけられたと感じたからだ。この研究の被験者たちは、反逆者を「独善的」、「混乱している」と見なし、軽視して貶《おと》しめることで、自己像を脅《おびや》かされまいとしたのだ。

幸いにも、ブノワ・モナンらは、この無意味とも言える反応に対抗できそうな手段を発見した。彼らは被験者に、自分が大切にする価値観を行動で示した最近の経験を思い出してもらった。これにより、道徳的な反逆者への脅威が軽減した[28]。自己を肯定することで、自分は大抵、実際は思慮ぶかい善良な人間なのだと思うようになる。すると彼らは自己像への脅威から解放され、他者の思慮ぶかさや善良さに目を向け始めるようだ。たとえ実際には、自分で想像したほど善良ではなかったとしても、である。モナンらが被験者の肯定感をうながした方法は、次のとおりだ。

最近、あなたが大切にしている資質や価値観で行動に移したもの、かつ自分自身を肯定的に感じた経験を書いてください。

例：芸術スキル、ユーモアのセンス、社交性、自発性、運動能力、音楽的才能、身体的魅力、創造性、ビジネススキル、恋愛観など（ただし、これらに限りません）

良ければ、ぜひ試してみてほしい。面倒な意見、厄介な異論は聞きたくないというときに試してみると、より良いかもしれない。うまくすればいずれは、他者が異論を述べられるような安心感を提供したとか、自分自身が正義のための反乱に関わったという経験についても、自信を持って書けるようになるだろう。

9

効果的に導く

Leading Effectively

行動を起こすリーダーというと、私たちは大抵、いくつかの象徴的な場面を思い出す。

たとえば、ニュージーランドのジャシンダ・アーダーン首相がテレビの生中継に出演した際、突然起きた地震にどう反応したかを思い浮かべるかもしれない。新型コロナウイルス感染症が蔓延《まんえん》するさなか、アーダーン首相は自国の効果的な対応についてインタビューを受けていた。すると地面が音を立てて揺《ゆ》れた。彼女は冷静沈着だった。「こちらは今、少し地面が揺れています」と落ち着いたようすでインタビュアーに伝え、このまま続けて問題ないと請け負った。[1]

ある人はドイツ軍の激しい夜襲を受けたロンドンで、破壊された建物の残骸《ざんがい》のなかを歩き、瓦礫《がれき》を片づける市民に声をかけるウィンストン・チャーチルを想像するかもしれない。

人種隔離政策が取られるアラバマ州モンゴメリーで、バスの後部座席に移動するのを静かに、だが断固として拒否した、お針子《はりこ》のローザ・パークスを想像する人もいるかもしれない。

または、インドで何千人もの民衆を先導し、海岸まで数百キロも行進を続けたマハトマ・ガンジーの姿を思い浮かべるかもしれない。彼はとうとう海岸までたどり着き、インド人は塩を自由に採取したり売ったりしてはいけないという法を破って、塩の粒を拾い上げた。大英帝国の抑圧の象徴に対抗し、非暴力でありながらも強烈なストライキを起こしたのだ。

あるいは、1期目の就任直後、大統領執務室で腰をかがめて黒人の少年に髪を触《さわ》らせるバラク・オバマ大統領の有名な写真を思い浮かべるかもしれない。そのきっかけは、職員の息子で当時5歳だったジェイコブ・フィラデルフィア少年が、「僕の髪の毛と同じか、知りたいんだ」と、ささやいたことだった。オバマは「さわって確かめたらどうだい？　さわってごらん」と答え、ジェイコブ少年がふれられるように頭を低く下げたのだ。[2]

リーダーシップは非常に複雑な現象だ。研究者は何世紀もリーダーシップを研究してきたにもかかわらず、きわめて基本的な質問にもまだじゅうぶんな答えを出せていない。何が有能なリーダーと無能なリーダーを分けるのか？　何が人をリーダーになろうと駆り立て、なぜ他の人々はリーダーに同意して従うのか？　リーダーシップ能力を高めるにはどうすればいいか？　リーダーにはどのような能力が必要なのか？　リーダーが善を促進する、あるいは悪を促進する原動力となるのはそれぞれどのような場合で、悪のリーダーを阻止《そし》することはできるのか？

心理学者のハワード・ガードナーは、その優れた著書『「リーダー」の肖像——20世紀の光と影』（青春出版社、2000年）で、20世紀の著名なリーダーたちの事例を取り上げた。[3]彼が人生や戦術、成功や失敗を調べた11人の顔ぶれは多岐にわたる。たとえば、マーガレット・ミードやJ・ロバート・オッペンハイマーのような学術・科学界のリーダーから、軍人、宗教家、ビジネスリーダー、そしてマーティン・ルーサー・キング・ジュニア、マーガレット・サッチャー、ガンジーのような社会的・政治的リーダーまでと、実に幅広い。彼が取り上げた人々には顕著なちがいがいくつもあるにもかかわらず、ガードナーは彼らの重要な共通点を見いだした。優れたリーダーたちは分野を問わず、基本的にアイデンティティの物語を語っている、と彼は述べている。

この11人の人物、そして彼らに引けを取らない今世紀の多くのリーダーに共通するのは、彼らが自分だけでなく、最終的には他者をも動かす物語に到達したという事実である。彼らは自分や自分が属する集団について、自分たちはどこから来て、どこへ行くのか、何を恐れ、何と闘い、何を夢見るのかを――実に多くの言葉で――物語ったのだ。

だが、ガードナーはまた、リーダーは物語を語るだけではじゅうぶんではなく、物語を体現しなければならないと明言する。

リーダーは……自らが切りひらく人生によって物語を伝え、自らが模範となってフォロワーを鼓舞《こぶ》しようと力をつくそうとする。直接のリーダーが切りひらく生き方、つまり、彼らが体現するものは、影響を与えようとする人々にとって明確に理解できなければならない。

本章の冒頭で紹介した、リーダーシップを象徴するいくつかの瞬間は、まさにそうした物語を体現した例だ。これらが力強く響くのは、リーダーシップの本質をとらえているからだ。だがこうした瞬間は、たんにリーダーその人の本質――彼らの熱意や才気、カリスマ性――だけでなく、集団全体の本質をもとらえている。つまり、リーダーが行動によって私たちのあり方、またおそらくは、私たちがそうありたいと思う姿を実際に示したのが、こうした瞬間なのだ。

地震に対するジャシンダ・アーダーンの落ち着いた対応は、２０１９年にニュージーランドのクライストチャーチで起きた残虐なテロ攻撃、そして新型コロナウイルス感染症の大流行のさなかに見られた、冷静沈着かつ、集団の一体感を重視する姿勢が受け継がれている。

堂々と瓦礫のなかを進むチャーチルは、ヒトラー率《ひき》いるドイツの電撃戦に――当時は事実上、単独で――立ち向かったイギリスの勇気と回復力を体現している。

ローザ・パークスは、アラバマ州の人種隔離法に違反したことで逮捕《たいほ》され、告発された。しかし、ただ拒否するという、威厳を保ちながらも慎《つつ》ましさを備えた行動により、止められない何かが動き出し、それは人種差別に対する非暴力抵抗を象徴する力強い出来事となった。その数日後、モンゴメリーで組織的なバス・ボイコット運動が始まった日をはさんで、当時26歳だったマーティン・ルーサー・キング・ジュニアは演説を行った。「彼女の……」と、彼はローザ・パークスをこう語る。「果てしない誠実さを疑う人はいないでしょう。彼女の人格の高さを疑う人はいないでしょう……ただ立ち上がるのを拒否しただけで、彼女は逮捕されました。そして、みなさん、今こそ抑圧という鉄の足に踏みつけにされるのを終わらせるときなのです[4]」。キング牧師が初めて行ったこの政治演説は、公民権を求めた国民のための闘争のきっかけとなった。

大統領執務室で5歳の少年に髪をさわらせようと身を屈《かが》めたオバマ大統領は、この闘いに挑《いど》みつづける姿勢を体現している。それまで、アメリカに住む黒人の子どもたちは、自分たちと似た外見の人物がここまで高い地位に就くのを目にしたことがなかった。これは公民権運動があったからこそ実現したアメリカの歴史上の瞬間であり、黒人の大統領という存在そのものが、アメリカがより公正で公平な社会に向かって前進しつづけているという、希望をもたらす瞬間でもあった。

「さわってごらん」というオバマの態度も、アメリカ的なカッコ良さの体現と言える。

これらのリーダーのなかでもガンジーはインドの独立と非暴力の闘いに関する物語を、おそらく最も入念に、そして確実に目に見えるかたちで体現しようとしたリーダーである。彼は粗末な手織りの腰巻を身につけることにより、貧しい人々とのつながりを強調した。また、イギリスが支配する綿織物産業のボイコットを起こし、自分たちの手で糸を紡《つむ》ごうと奨励した。チャルカ（糸繰《いとく》り車《ぐるま》）は独立運動の象徴となった。塩もそうだ。

こうした瞬間の行動は人々の心を喚起《かんき》する。というのも、これらはリーダーがアイデンティティを体現した瞬間であり、リーダーが語ろうとした集団のアイデンティティの物語が、まさにその行動によって体現された瞬間だからだ。

もちろん私たちはこうした多くの事例が、その後どうなったのかを知っている。今日、あるアイデンティティによって集団を一つにしていたリーダーが、明日はそうでなくなる可能性があると知っている。どのリーダーの物語も、集団のすべてを語っているわけではないと知っている。また、どの物語にも議論の余地があると知っている。私たちはどこから来てどこへ行くのか、何を恐れ、何と闘い、何を夢見るべきなのかというビジョンには、つねに対立するビジョンがある。こうした理由から、リーダーシップとはさまざまな意味で、複数の物語の対立だと理解できる。

リーダーシップとは何か？

経営学の教祖的存在であるヘンリー・ミンツバーグ教授は、実際に集団を動かすには、さまざまな役割が必要だと指摘する。[5] あるときはスポークスマンとして、チームのことを外部に伝達する役割。あるときはモニターとして、集団にとっての好機や脅威がないか、チームの環境を監視する役割。また、あるときは起業家として、そうした好機や脅威に対応する戦略を練り、あるときには障害処理者として（おそらくひんぱんに）、社内外の危機に対応したり、人事や広報などの問題に対処する役割。また、ときには資源配分者として資源の割り当てを決定したり、ときには交渉者として他のチームや組織との合意を引き出すための交渉をすることもある。

では、リーダーシップとは何を意味するのか？　その定義は、リーダーシップについて書いた人の数だけ存在する。だが、大半の学者はハワード・ガードナーが唱えた、「リーダーシップとは個人（または個々人の集団）が他者に影響を与える能力である」という定義を支持している。これとほぼ同じ定義を、ハリー・トルーマン大統領は、より皮肉な言いまわしで表現した。「リーダーとは、人々を説得して、やりたくないことをさせ、かつ、そうすることが好きな人物だ」と彼は述べている。[6]

こうした広範な定義は、リーダーは企業の役員室や政界だけでなく、地元のサッカー場にもいるという事実を強調するものだ。リーダーは正式な地位や高い地位に就いている必要はない。実際、ビジネスの場では経営幹部ではなく、組合役員や型破りな中間管理職が突出した影響力を持つことがある。サッカー場では監督よりも、ミッドフィルダーが影響力を発揮することもある。

過去数十年のあいだ、数多くの研究が「トランスフォーメーショナル（変革型）・リーダーシップ」を調査してきた。トランスフォーメーショナル・リーダーは、数々の望ましい特性を発揮する。[7]倫理的で、組織の幸福に貢献し、自らが模範となって誠実さを示す。また、メンバーが意欲的な目標を達成するための自信を与え、ベストをつくせるように刺激する。メンバーを信頼することで、批判的に、また自分自身で考えさせる。実務的なことだけでなく、精神面においても支援する。当然、人々はトランスフォーメーショナル・リーダーから良い刺激を受ける。こうしたアプローチが社員、チーム、組織の良好なパフォーマンスにつながるというわけだ。

変革型リーダーシップが組織に有益であることに疑いの余地はないだろう。だが、研究者のフランク・ワンとジェーン・ハウエルが職場の変革型リーダーシップに関する研究を考察したところ、これには2種類の行動が含まれる傾向があると気づいた。[8]変革型リーダーシップのある面は、リーダーがフォロワーを一個人と見なして接することを重視する。たとえば、フォロワーの専門能力の開発や、キャリアの向上を気にかけるといった行動だ。自分のことをよくわかってくれる、業績を認めてくれている、志《こころざし》を大切にしてくれるとフォロワーが感じる行動が、優れたリーダーを生む要素だということだ。だが変革型リーダーシップはまた、チームのビジョンを共有し、共通の目的意識によって連帯感を築くという、集団志向の行動も重視していた。

研究者は、この2種類の行動からは2つの異なるアイデンティティが形成されるかもしれないと考えた。**個人志向のリーダーシップ**は、対人関係的なアイデンティティを形成している可能性がある。すなわち、フォロワーがリーダーと個人としてのつながりを感じ、自分は大切にされていると思えると同時に、リーダーのことを大切に思うという感覚だ。一方、**集団志向のリーダーシップ**は強い社会的アイデンティティを形成している可能性がある。これは、フォロワーが連帯感や集団としての目的をみなが共有していると思える感覚である。

2人はカナダのある大企業を調査し、上司が個人志向の場合、つまり、上司が部下に高い期待を寄せて能力を伸ばそうとするタイプの場合、部下はその上司個人に同一化しやすいことを発見した。上司であるリーダーへの共感は、個人として高いパフォーマンスを発揮し、より自信を持って業務を遂行することにつながった。

一方、上司が集団志向、つまりビジョンを共有し、集団としての一体感を高めることに時間を取るタイプの場合、部下は職場のチームにより強く同一化した。こうしたチームは集団として高いパフォーマンスを発揮し、チームは効果的だと感じていた。重要なのは、チームを基盤とした社会的アイデンティティが強いほど個々のメンバーも、より高いパフォーマンスを発揮していたことだ。

能力のあるリーダーは、変革型リーダーシップの持つ個人志向と集団志向の要素をいずれも体現している。どちらも管理者や指導者、また言うまでもないが、コーチやメンターに求められる要素である。リーダーシップについてはこれまでも、ありとあらゆる記事や書籍が書かれている。そのほとんどが強固な人間関係の形成、効果的なフィードバック、戦略の策定、リソース配分や人的資源の問題への対応といったアプローチに焦点を当てている。だが、私たち2人のアプローチはそうではない。私たちは、リーダーがフォロワーの社会的アイデンティティに働きかけ、彼らに影響を与える方法に焦点を当てていく。

リーダーの多くはフォロワーが誰に共感し、何に社会的アイデンティティをいだくか、つまり「私たちは何者なのか」という概念に影響を与えようとする。そのために、アイデンティティの物語を語る。だが、その物語が受け入れられるかどうかは、フォロワーにかかっている。

リーダーの物語

メアリー・ロビンソンは1990年、アイルランドで初の女性大統領に選出された。女性大統領の選出は、国家にとって突如生じた驚くべき変化であり、少なくともその要因の一端は、彼女の反対派の自滅によるものだった。ロビンソンが大統領になった当時、アイルランドではまだ人工妊娠中絶が違法とされ、既婚女性が特定の公職に就くのは禁じられ、男女の賃金格差は約2倍で男性のほうが高かった。

ロビンソンは1990年から1997年まで任期を務め、アイルランドの自由化に大きく貢献した。また、アイルランド大統領として、イギリスの君主エリザベス2世と初めて会談し、イギリスとの外交関係を根本から変化させた。任期中、そして退任後も国連人権高等弁務官を務めたロビンソンは、アイルランドで絶大な人気を博した。2019年に75歳の誕生日を迎えた際には、ニュースサイト「アイリッシュ・セントラル」で「20世紀で最も影響力を持ったアイルランド人女性」と称《たた》えられた[9]。

メアリー・ロビンソンが大統領に就任した1990年12月3日、彼女は就任演説でアイルランド国家の物語を語った[10]。それはアイルランドがどこから来て国民はどこへ向かうのかという物語であると同時に、抑圧的で排他的な過去から寛容で活気に満ちた未来への旅を体現するという、彼女自身のリーダーシップを位置づけるものでもあった。

私が表象するアイルランドは、公正で寛容、そして包括的な、新しいアイルランドです。私に投票してくださった方の多くは、私の意見にすべて賛同していなくても、票を投じてくださいました。これは変化に向けた重要な兆《きざ》しであり、たとえささやかであっても、アイルランドが多元的国家として新たな国になっている証《あかし》であると、私は信じています。

すべてのリーダーがそうであるように、ロビンソンもまた境界をもちいて自分たちの集団を定義した。だが、彼女の定義には、根本からすべてが含まれていた。つまり、単なる国民国家としての枠《わく》を超えて、世界じゅうの――世界のどこにいても存在するであろう――〝アイルランド移民の広大なコミュニティ〟を、アイデンティティに包括する手段を取ったのだ。

彼女はさらに、アイルランドが国際舞台で果たす役割についての野心的なビジョンに言及し、自国の物語を拡大した。ベルリンの壁が崩壊して1年足らずという「ヨーロッパの歴史上きわめて重要な瞬間」に自分が就任したことも強調した。人権、寛容さ、包括性を掲《かか》げるアイルランドなら、ロビンソンのリーダーシップにより、ヨーロッパの再構築に重要な役割を果たせるのではないか、という可能性を呈したのだ。

ヨーロッパは今、古傷が癒《い》え、シェイマス・ヒーニーの言葉を借りれば「希望と歴史が響き合う」新たな時期に突入しています。この心高まる変革期にあるアイルランドを指揮できることを幸運に思います。ウィリアム・バトラー・イェイツが蘇《よみがえ》らせた14世紀のアイルランドの詩は、「私はアイルランドの女……アイルランドの地で踊ろう」と歌いました。大統領としての私の任期が、この喜びに満ちた旋律をアイルランド国民のみなさまに歌えるようなものとなりますよう。

ロビンソンは、それが話し言葉でも、書き言葉でも、ツイートであっても、リーダーが使う言葉は共通のアイデンティティを築くための重要なツールだと知っていた。

私たちは力強い演説を聞いたり読んだりするとき、巧《たく》みな言いまわし、洒落《しゃれ》た比喩、美しく詩的でもあるリズムに目を向けがちだ。こうした特徴は確かに、優れた演説を区別する要素だ。だが、より微妙なニュアンスを持つ言葉もまた重要である。連帯感を想起させる言葉は特にそうだ。

研究者のビビアン・セイラニアンとミシェル・ブライは、セオドア〝テディ〟ルーズベルトからジョージ・W・ブッシュまで、20世紀におけるアメリカの大統領全員の演説をサンプルにもちい、包括的な言葉の使い方を調査した。[11] また、集団的なアイデンティティを刺激するような単語や成句を探すだけでなく、リーダーとフォロワーの類似性も調査した。

その事前作業として彼らはまず、この17人の大統領のうち「カリスマ的なリーダー」といえる人物を10人の政治学者に特定してもらった、カリスマ的リーダーとは、研究者たちに倣《なら》うなら「人々を鼓舞《こぶ》して動機づける強力なビジョンを示すことにより……根本的な何らかの方法で現状を変え、社会変革を引き起こす」人物だ。この基準でカリスマ的と判断された大統領は、わずか5人しかいなかった。セオドア・ルーズベルトとフランクリン・ルーズベルト、ジョン・F・ケネディ、ロナルド・レーガン、ビル・クリントンだ。

研究者が彼らの演説を分析すると、この5人の大統領の演説では、他の12人のものと比べて、包括的な言葉がはるかに多用されていることがわかった。この傾向は在任期間を通して変わらなかった。だがカリスマ的な大統領ほど、任期の早い段階で、フォロワーが共通点を感じるような言葉を使いがちだった。おそらく就任後の早いうちに、自分が集団を体現していると印象づけることが最も重要だったからかもしれない。メアリー・ロビンソンが就任演説でそうしたように。

ある研究では、アイデンティティを想起させる言葉が成功戦略となる可能性が示唆されている。2013年、研究者たちは、1901年以降にオーストラリアの首相候補となったすべての党首の選挙演説を分析した。これらの総選挙で勝利した党の党首は、負けた党の党首と比べて〔単数の〕一《いち》人称《にんしょう》代名詞（「私《アイ》」や「私に／私を《ミー》」）ではなく〔同じく一人称ではあるものの複数の〕集合代名詞（「私たち《ウィー》」や「私たちに／私たちを《アス》」）を使う頻度が有意に高かった。[12] 概して、こうした選挙で勝利した政治家の演説では79ワード中に1回の頻度で「私たち」と言っていたのに対し、敗北した政治家の演説では136語中に1回だけと、ほぼ2倍の差があったのだ。

リーダーは言葉によって共通の目的意識をはっきり示す。だが私たちがリーダーの象徴と見なすリーダーたちはまた、ある瞬間が持つ力にも敏感だ。こうしたリーダーたちは、自分がフォロワーを通して体現したいと思う社会的アイデンティティを、いつ効果的に示せるかをよく知っているのだ。メアリー・ロビンソンが新たなビジョンを掲げてアイルランドのアイデンティティを象徴したのと同じころ、別の大陸ではまったく異なる状況にいたリーダーが歴史の暗黒時代から自国を救うため、このアイデンティティ・リーダーシップの原理を利用した。

アイデンティティの象徴

1990年代初頭、南アフリカで人種隔離（アパルトヘイト）政策が崩壊を始めると、同国は国際社会から孤立し、危機的状況に陥った。諸外国は政権の残忍な人種差別制度への抗議として制裁措置《そち》を課していたため、経済はすでに衰退。反共のために西側諸国と結んだ便宜的な同盟関係も、冷戦の終結にともない解消された。抗議行動と弾圧という2つの政治的暴力が、国家を揺るがす恐れがあった。内戦が勃発する可能性もじゅうぶんにあった。

一歩まちがえれば暴動に発展しかねないこの緊張した情勢のなか、ネルソン・マンデラは現れた。マンデラはそれまでの26年間を獄中で過ごしていた。アパルトヘイトに反対して悪名高いロベン島〔ケープタウンの沖合の島。周囲は流れが急で脱出困難なため歴史的に監獄島としての役割を与えられた。1990年代後半に刑務所が閉鎖され一般公開後、ユネスコ世界遺産に登録された〕に送られ、5平方メートルにも満たない独房に閉じ込められていたのだ。彼は多くのものを失った。子どもたちが成長する姿を見られなかった。母と長男を1年ちがいで亡くしたときも、2人の葬儀に参列することすら許されなかった。

マンデラは、南アフリカの黒人と彼の率いる政党、アフリカ民族会議の支持者にとっては英雄だった。だが南アフリカの多くの白人にとっては犯罪者であり、テロリストであった。彼らは1990年にマンデラが出所すると、不安を――恐怖すら――いだいた。また1994年に人種規制のない普通選挙が導入され、マンデラが南アフリカの大統領に選出されたときも、同じ不安をいだいた。マンデラとアフリカ民族会議が権力の座に就き、突如として支配権を掌握した今、自分たちはどうなってしまうのか？

幸いなことに、マンデラは自分たちを抑圧した白人に復讐したいと思うような人物ではなかった。彼はアイデンティティの象徴が持つ力を知っていた。自国で何世代にもわたって続いてきたように、アイデンティティの象徴は人々を分断するだけでなく、人々を一つにする力があると知るリーダーだった。

マンデラが当選した翌年、南アフリカでラグビー・ワールドカップが開催された。アパルトヘイト時代には出場を禁じられていたため、これは象徴的なできごとだった。だが、マンデラはこの大会がそれ以上に意義ぶかいものになると考えていた。スプリングボクスの愛称を持つ南アフリカのチームは、当時はほぼ白人のみで構成されており、南アフリカの白人からは愛されていた。だが、黒人からはひどく嫌われ、黒人たちは信条に従って敵チームを応援することも珍《めずら》しくなかった。

こうした背景があったため、スプリングボクスが自国開催のラグビー・ワールドカップに出場した——そしてチームは優勝を決めた——瞬間をマンデラは見逃さなかった。映画『インビクタス／負けざる者たち』〔2009年のアメリカ映画（日本公開は翌2010年）〕がその瞬間を不朽のものとしたように、彼は南アフリカの大統領として、そしてまた一人のファンとして表彰台に上がった。マンデラは、スプリングボクスのチームカラーである緑色のキャップとジャージに身を包んでいた。

南アフリカの黒人と白人の双方にとって、マンデラのこのごく単純な行動には重要な意味が込められていた。私たちは一つのチームであり、一つの国だ、と。この瞬間、マンデラは植民地時代の抑圧の象徴を取り入れ、そして利用することで、わずかながらも南アフリカの国民を歩み寄らせたのだ。

もちろん、すべてのリーダーがメアリー・ロビンソンやネルソン・マンデラのように、包括的な境界線を設けようとするわけではない。なかには、より狭い範囲で集団を結集させたり、「私たち」と「彼ら」というあからさまな区別をもちいて、より排他的な社会的アイデンティティを形成しようとするリーダーもいる。また、内集団の結束力を強めるため、外集団との競争や認識された外部の脅威に注意を向けようとするリーダーもいるかもしれない。言うまでもないが、この力学は二極化した政治構造や独裁政権で起こる。だが決して新しい手段ではない。本章の最後で悪に向かうリーダーシップを論じる際に、その危険性についても述べていく。

マンデラやロビンソンのような人物には人を鼓舞《こぶ》させる力がある一方で、物語、言葉、象徴、あるいは壮大で雄弁な意思表示が過剰に突出する懸念もある。だがリーダーの行動は、言葉と同じくらい重要だ。アイデンティティを体現するというハワード・ガードナーの考えは、それを私たちに教えてくれる。リーダーはアイデンティティの物語を語り、言葉を操《あやつ》り、象徴を想起させ、境界を設けるが、それがリーダー自身の行動と一致していなければ、フォロワーが同じ目的のもとに結集することはないだろう。

言葉を行動に

臆病なリーダーは、他者に勇気を与えることができない。利己的なリーダーは、他者の寛大さを生み出せない。また、資源を惜しんだり、大言壮語の戦略を具体的な行動で支援しないリーダーは、最終的に失敗する。

一方で、有能なリーダーは、自身のアイデンティティの物語を具体化するのに必要な条件、構造、制度をつくることに強い関心を寄せている。ネルソン・マンデラは、たんにスプリングボクスの緑のジャージを着て、それで終わりにはしなかった。彼と南アフリカの指導者たちは深く慎重な議論のもと、自国の問題を修復して統一するための長く困難なプロセスに取り組んだ。過去と向き合わなければ過去は清算できないと認識した。そして、真実和解委員会のような組織を設立し、アパルトヘイトという国の悲惨な歴史と向き合うことで、より希望の持てる未来を守ることにつなげたのだ。ローザ・パークスと公民権運動の同胞たちは、さまざまな運動や団体を何度も何度も組織し、それでもまだ組織した。チャーチルは第二次世界大戦中、首相と国防相を兼務した。国防相として海軍戦略や兵器開発、食糧の配給や報道まで、軍事力を支援する社会的資源の調整、動員といったほぼすべてを監督した。近年ではジャシンダ・アーダーン政権が、新型コロナウイルス感染症の抑制を含むニュージーランドの後方支援を引き受けた。

条件、構造、プロセスと集団のアイデンティティを一致させるという原則は、組織や企業にも当てはまる。多くの企業は多様性を高め、より包括的で公正な文化を築こうという意欲がじゅうぶんにある。だが、ワークショップを開催したり、オンラインで価値観を表明したりするだけではふじゅうぶんだ。本格的に前進するには、「私たちはこれからどこへ向かうのか」という物語を具体化し、ビジョンの裏にある行動を重視することが求められる。そのためには、リーダーが自由に使える管理手段を最大限に利用することが重要だ。

これには次のような方法が挙げられる。まず、公正化を進める部署に適切な人員を配置すること。つまり、たんに多様性、公平性、包括性を担当する人員を雇用するだけでなく、彼らに相当の予算と意思決定権を与えるということだ。次に、偏見を生む懸念のあるプロセスを監査し、変更すること。それから、こうした目標に向けて前進できる環境、あるいは後退するような環境を監視すること。また、どのような人員が採用されているかを定期的に報告してもらうこと。これに加え、どのような人員が社に長くいるかを報告してもらうことも、より重要と思われる。それから、組織の少数派が活躍できていないという危険な兆候に目を配り、それを可視化すること。リーダーは、こうした問題の根本的かつ組織的な原因を突き止め、それらを根絶するよう主張しなければならない。

これらはすべて、リーダーが築こうとするアイデンティティを日々の業務で体現し具体化する方法だ。だが制度を整えることの他にも、リーダーが自分たちのアイデンティティを体現し、より強化する方法がある。それは、集団に共有された現実感、あるいはその定義そのものが脅かされたときにどう対応するかということだ。

脅威への対応

こう言われることは稀《まれ》だが、社会心理学者が研究したリーダーシップのうち、きわめて象徴的とされる瞬間の一つが、1954年12月21日の早朝、終末論的カルト、シーカーズの信者の意気消沈した心をドロシー・マーティンが奮《ふる》い立たせた瞬間だ。この話は第3章で述べた[13]。信者たちは真夜中に異星人が現れ、宇宙船で地球から脱出できると期待して待っていた。だが、そのときが来ても異星人は現れず、打ちのめされた。

ところがまもなく、マーティン夫人は異星人からメッセージを受け取った。一晩じゅう座りつづけたことで信者たちが多くの光を広く行き渡らせ、世界は救われたというのだ。彼らが共有する現実は、間一髪《かんいっぱつ》のところで救われた。「私たちは狂信者ではない。賢く善良な人間であり、英雄ですらある」

このように、集団が共有する自己像を守って強化することも、リーダーに日々求められることの一つだ。特に集団のアイデンティティが集団内外のできごとによって脅《おびや》かされるとき、リーダーには創造的な対応が期待される[14]。

1988年、そうした脅威の一つがアメリカのビジネススクールを震撼《しんかん》させた。『ブルームバーグ・ビジネスウィーク』誌がビジネススクールのMBA（経営学修士号）プログラムのランキングを開始したのだ。[15] このランキングには「近年のMBA取得者によるプログラムの満足度」と「企業の採用担当者がその取得者にいだく満足度」という、2つの主要な指標がもちいられた。それまでのビジネススクールは、機関によって意義や強みもさまざまな、いくつものアイデンティティをかかえていた。だが、そうした価値観は突然崩壊し、明確な数字至上主義という一つの次元に集約させられたのだ。

それ以前はどのビジネススクールも、独自の強みを誇ることができた。スクールによっては国家的リーダーを輩出する機関であるとか、研究集約型なプログラムであるとか、あるいは地域の大手機関であることを誇っていたかもしれない。独自の強みを強調して自校を差別化することで、どのビジネススクールも自身を最高の機関の一つだと考えていたのである。ランキングを作成したジョン・バーンの言葉を借りれば、「何年ものあいだ、自分たちは上位20校に入ると主張するビジネススクールが50校はあり、上位40校に入るというビジネススクールは何百校とあっただろう……だが本誌の調査によって、ビジネススクールの一部は自分たちが上位集団だと誇れる強みを失った[16]」

この新たなランキングは、ビジネススクールのリーダーたちを混乱させた。なかでも、それまで自校が良い学校だと信じていたビジネススクールのリーダーたちは自らのスクールが否定的な数字であるのを見て甚《はなは》だしく気落ちした。この突然かつ新たに出現したアイデンティティの脅威に着目したのが組織心理学者のキンバリー・エルスバックとロデリック・クラマーだ。彼らはビジネススクールのリーダーたちが、この脅威にどう対応したかを調査した。

2人はプレスリリースや学生新聞の記事などの文書を分析し、学部長や広報担当者へのインタビューを行った。「茶番だ」と答えた人もいれば、「自校は国の上位機関から転落しつつある。この認識に対して何も手を打たなければ、私が学部長でいられる日も長くはない」と答えた人もいた。

ビジネススクールのリーダーたちは回答のなかで、「より具体的なカテゴリーに目を向けることなく、ビジネススクールという機関を一緒くたに比較するのはいかがなものか」と疑問を呈した。ある人は「『ビジネスウィーク』誌は、フォードとシボレーとポルシェを同じものとして扱っているようなものです。まったく公平ではありません。リンゴとオレンジが比較できないのと同じで、私たちの機関は他の多くの機関とは種類がちがうんです」と述べる。彼らはさらに、もし順位づけが必要ならと前置きし、より適切と思われる指標を提案した。その指標でランキングを作成すると、偶然にも、自校が肯定的な位置づけとなる傾向があった。

だが、より重要と思われるのは、ビジネススクールのリーダーたちがこの脅威を利用して、自分たちが何者であるかというフォロワーとの共通認識を強化したことだ。彼らは内集団に共有された現実を強化することに、より労力を注いだのだ。たとえば、カリフォルニア大学バークレー校ハーススビジネススクールの理事はこう述べた。「私たちは起業文化を大切にするビジネススクールであり、この文化はわが校の根幹をなすものです。もしハース〔ビジネススクール〕が方針を変え、ハイテク産業の研究と起業文化を重視しなくなるようなことがあれば、私たちのアイデンティティと競争優位性は失われるでしょう」。つまり、**私たちは他者に自分たちの定義を委《ゆだ》ねない。私たちは一般的な枠《わく》には収まらない。私たちはユニークな存在として、独自のアイデンティティを維持しなければならない**ということだ。

私たちはここまでで、リーダーが社会的アイデンティティという手段をどのようにもちいて連帯感を築き、集団の意欲を高めるのかを論じてきた。だが、結果はどうなのか？　フォロワーをどれだけ鼓舞できるかはリーダーによって異なるし、リーダーの成否を決めるのは、結局はフォロワーの反応だ。フォロワーは自身の社会的アイデンティティというレンズでリーダーを評価する。そして、信頼できる場合のみ、少なくとも熱意を持って、そのリーダーについていく。

リーダーシップの本質

ここまで論じてきたように、共有されたアイデンティティがもたらす重要な影響の一つは、人々が互いを信頼しようと思えることだ。「この人なら安心だ」という感覚は、他者の手に何らかの結果が、ときに運命すら委ねられている場合には、とりわけ重要となる。だからこそ、チームや組織、国の将来を左右するリーダーを信頼できるかどうかが、人々の関心事項であることが多いのだ。[17]

リーダーへの信頼は、アイデンティティを共有する者どうしの信頼よりも重要だ。サイモンフレーザー大学の科学者カート・ダークスは、全米大学体育協会（ＮＣＡＡ）の男子バスケットボールチームのヘッドコーチ30人を説得し、シーズン前の選手への調査を許可してもらった。[18] 330人の選手を対象にした調査では、他のいくつかの質問とともに、何より自分のコーチをどれくらい信頼しているかを評価してもらった。

シーズンが始まった。ダークスが各チームの成績を追ったところ、選手が「チームの選手の大半がコーチを信頼し尊敬している」、「コーチはプロ意識を持って熱心に仕事に取り組んでいる」と考えていたチームは良い成績を収めた。実際、シーズン開始時にコーチへの信頼が高いチームは、そのシーズンの勝率が高い傾向にあった。この関係は、選手どうしの信頼、チーム全体の実力、コーチの過去の成績、チーム自体の過去の成績といった他の外的要因を考慮しても変わらなかった。

ある選手の言葉を聞けば、この結果に納得できるだろう。「(コーチを)信頼できるようになった途端、コーチに疑問をいだいたり不安を感じたりしなくなり、パフォーマンスが著しく進歩しました。それだけでなく、一生懸命やれば勝てるという考えを受け入れ、信じられるようにもなりました」。[19]

つまり、集団がリーダーを信頼することで、リーダーがいるというそもそもの利点を最大限に活かせるというわけだ。というのも、方向性を示したり重要な決断をくだしたりする人物がいることで、他のメンバーは自分の役割に専念できるからである。これと同じで、職場の調査でもリーダーを信頼できることでパフォーマンスが向上し、利他的行為が増え、満足度や献身度が高まり、離職率が低下するといった利点が見られたのは驚くに当たらない。

意外でもないだろうが、NCAAのバスケットボールチームの分析では、過去に良い成績を収めたチームは、調査対象のシーズン中も勝ち星が多かった。より意外なのは、この相関が統計的に見て、コーチへの信頼度とも関係あるように見えることだ。現役の選手は、過去の実績があるからこそリーダーをより信頼し、それが未来の実績にも影響しているのだろう。優れたリーダーシップからは好循環が生み出される。つまり、リーダーを信頼することが成功をうながし、私たちは成功に導いてくれたリーダーに信頼を寄せるようになる。その信頼が将来の成功につながるというわけだ。

私たちがリーダーを信頼する要素の一つは、勝利に貢献してくれるなど、リーダーが自分たちのためになることをしていると信じられることだ。そしてもう一つの重要な要素は、研究者によれば、リーダーがいかに「プロトタイプ的」かということだ。[20]「プロトタイプ的」とは、リーダーがいかにその集団らしさを体現しているかを意味している。人は集団と同一化すると、その集団のおもな特徴によって自分を定義するようになる。もし誠実さ、競争心、好奇心などがその集団のアイデンティティの中核である場合、メンバーは自分をそのように特徴づける可能性が高い。集団の規範に近づこうとして、行動を変えるようにもなるだろう。ただし、メンバーがその集団の中核的な特徴や規範をどれくらい体現するかは、どの集団においても、もちろん個人差がある。

集団は多くの場合、リーダーが自分たちの社会的アイデンティティにいかに「適合」しているかを特に気にすることがわかっている。心理学ではこの適合性を**典型性**ではなく**プロトタイプ**（原型）**性**と呼ぶ。というのも、最も影響力を持ち信頼されるリーダーは、その集団で最も平均的な存在でも、ただ集団に溶け込もうとしているわけでもないからだ。リーダーというのは実は、集団のメンバーが考える自己像、あるいはなりたい自分というものの本質を最もよくとらえている。実際、リーダーはよく大げさなくらいのやり方で、その集団の本質を体現している。つまり、集団の社会的アイデンティティを取り込み、それを生き生きと体現することで、集団の誰より「私たちの仲間」らしくふるまうことに成功しているのだ。

選挙運動中、政治家が庶民的な郷土料理――ホットドッグやチーズステーキ、ピザなど――を食べる姿を報道写真に撮らせることも、その一つだ。これは表面的とはいえ、うまくいけばリーダーと集団のあいだに本物の信頼が築かれる。このリーダーは自分たちを理解し、自分たちのために声を上げ、自分たちの最善の利益を踏まえた選択をしてくれると心から思えることで、このリーダーについていけば大丈夫だという気持ちがフォロワーに芽生えるのだ。

だがあいにく、この適合性をもとにリーダーとして信頼すべき人物を選ぶことには、大きなマイナス面もある。ある特定のプロトタイプに当てはまるかを重視しすぎると、集団の多くが持つ、あるいは伝統的なリーダー像とは異なると見なされる人たちがリーダーシップを取る機会が制限されかねない。たとえば、歴史的に白人男性が多数派を占める業界では、女性や人種的・民族的マイノリティのメンバーは昇進に値しないとか、リーダーとしての能力に劣ると見なされることがある。[21]

また、人は不安を感じると、プロトタイプ的なリーダーを好むようになるという研究結果もある。だが、集団が危機に陥り、これまでとはちがうタイプの責任者が必要と考えるようになった場合はこのかぎりでない。こうした状況に置かれた集団は、今こそ変革が必要だと判断するかもしれない。[22]

たとえば、企業は業績が悪化すると、男性のCEOを女性のリーダーに代える決定をすることがある。一見、これは良いことのようにも思われる。だがエクセター大学のミシェル・ライアン教授らによれば、かなり多くの場合、この現象は到底ポジティブとは言えないことがわかっている。[23] こうした非プロトタイプ的なリーダーの多くが、失敗者に仕立て上げられているからだ。

彼らの研究では、組織の業績が悪化して危機的状況に陥ると、実際に女性やマイノリティの人物がリーダー的な立場に置かれやすくなるという、「ガラスの崖《がけ》」現象が実証されている。彼らの言葉を借りれば、「これは（女性が）状況を改善することを期待されているからではなく、女性が人材マネジメントに適しているとされ、また組織が失敗した責任を負わせられる存在であることを示唆している」。その結果、女性リーダーは自分たちが招いたわけでもない業績不振の責任を必要以上に負い、同じ状況に置かれた他のリーダーのように、対応に苦慮する可能性がある。失敗すればもちろん、女性より男性のほうがリーダーに相応《ふさわ》しいという、古い固定観念を存《なが》らえさせることになる。

こうした状況を打破するには、「私たちの仲間」が指す概念を広げることが必要だ。幸いなことに、何が「私たちのため」になるかという集団の意見は変えられる。多様な経験や経歴、知識をリーダーシップに生かすことを重要視することもできる。また、集団のビジョンを発展させ、メンバーを増やして集団を成長させられるリーダーシップを選ぶこともできるのだ。

最後に、私たちは自分たちの利益に貢献するリーダー、自分たちの仲間だと思えるリーダーを信頼することに加えて、公正なリーダーを信頼する。リーダーには事あるごとに苦渋の決断が迫られ、それらは実質的にフォロワーの人生に影響するからだ。バスケットボールでは試合に出場する選手とベンチを温めるだけの選手を決める。職場では昇進する社員としない社員を決める。ときには社員を解雇する必要もあるだろう。国が戦争に踏み切る決断をすることさえあるかもしれない。

公正な意思決定には、「**どのように決められたか（手続き的公正）**」と「どの結果に決まったか（分配的公正）」という二つの要素がある。これはフォロワーにとって重要な関心事項だ。[24] 意思決定が公正な手続きに沿っていることは、信頼を確保し、維持するための鍵となる。人はたとえ好ましくない結果になっても、その手続きが公正だと思えれば、結果をより受け入れやすくなるからだ。昇進できない、職を得られないなど、自分の利益に反する結果となっても、その手続きが公正だと思えるかぎりは、すすんで受け止めようとするのである。

人がある決定を公正だと見なすのは、その決定が中立的に成され、リーダーに私欲がなく、自分たちが礼儀と敬意をもって扱われていると思えるときだ。また、人はその過程でどう扱われるかによって、リーダーのなかで、また集団内での立ち位置を感じ取る。偏《かたよ》った、あるいは恣意《しい》的な手続きでぞんざいにあしらわれれば、自分は明らかに重要でないと感じることになるだろう。一方で、入念で偏りのない手続きによって慎重に扱われれば、たとえ期待した結果にならなくても、自分が尊重されているというメッセージを受け取るはずだ。当然ながら、公正な扱いを特に気にする傾向が強いのは、集団につくし、集団内での立ち位置に惜しみない努力をつぎ込む人、つまり、最も強い社会的アイデンティティを持つフォロワーということになる。

このように、リーダーシップの大部分は、フォロワーの社会的アイデンティティと密接に関わっている。リーダーはこのアイデンティティの力を利用して、フォロワーの考え方、感じ方、行動に影響を与えているということだ。だが、リーダー自身もまた社会的アイデンティティに大きく影響を受けることがある。彼らは属する集団の社会的アイデンティティだけでなく、リーダーというカテゴリーの一員として、このアイデンティティにも影響を受けているのだ。

リーダー自身のアイデンティティ

社会的アイデンティティは私たちの認識をかたちづくり、何に注意を払うかに影響する。また集団の規範を守り、集団内で共有された現実を維持する動機づけをメンバーに与えている。彼らはときにアイデンティティを肯定するエコーチェンバーに陥り、他の視点が見えなくなってしまうこともある。だがリーダーもまた、メンバーの一人として集団に深く関与し、多くの場合はプロトタイプ性を高めるにつれ、他のメンバーと同じ影響を受けるようになる。[25] たとえば集団が共有する現実感は、リーダーが何を好機と捉え、何を脅威と見なすかなど、リーダーが周囲の何に注意を払うかに影響する。

１９７０年、インテルは世界初の商用ＤＲＡＭ（ダイナミック・ランダム・アクセス・メモリ）を製造した。この新技術は、それまでコンピューターメモリに使われていた磁気コアメモリの性能を大きく上回るものだった。DRAMの技術によって、インテルはコンピューター業界の主要企業としての地位を確立した。一時はDRAMが事業の中核を担っていた。だが、1980年代初めごろには日本のハイテク企業の激しい追撃を受け、インテルの市場シェアは低下の一途《いっと》をたどった。組織が戦略的課題にどう対応するかを分析した経営戦略の研究者、ロバート・バーゲルマンとインテルの元CEOアンドリュー・グローブは、幹部が競争環境の変化を把握し対応するのが遅いことを発見し、その遅れの多くは社会的アイデンティティが原因だと考えた。[26]

「経営トップは通常、地位を上げていくなかで、何が会社を成功させたかという認識に強く影響されるようになっている。たとえばインテルはDRAM事業から撤退するのが遅れたが、その理由は、経営トップがメモリ会社としての同社のアイデンティティにしがみついていたからだ」と彼らは言う。インテルのリーダーたちは、自社がメモリ会社でなくマイクロプロセッサ会社になったと自認してようやく、すでに赤字事業となっていたDRAM製造から撤退したのだ。

リーダーは自分が率いる集団と同一化するだけでなく、リーダーという位置づけ――つまり、他者に影響を与える側のカテゴリーの一員であること――に社会的アイデンティティをいだくことがある。そのアイデンティティは、自分はCEOである、副社長である、首相であるといった狭い範囲かもしれないし、あるいは自分は歴史上の大勢のリーダーの一員であるといった、より広い範囲かもしれない。

この社会的アイデンティティを、つまり、リーダーであることが何を意味するかをリーダー自身がどうとらえるかで、重大な結果が生じるかもしれない。ハワード・ガードナーは20世紀のリーダーたちのケーススタディを振り返り、別の規則性に着目した。彼らの多くは幼いころから、自分はこのカテゴリーに属するものだと考えており、そこに位置するのが当然だと考えていたようだ。ガードナーはここから、この特性がリーダーとしてのアイデンティティのプロトタイプの一種だと考えた。彼はこの特性を「模範的リーダー（E・L）」と呼び、こう説明する。

模範的リーダーは、権力を持つ立場の人物と自分を同等と見なしたり、自分がその一員だと思うという点で突出している……彼らは特定のリーダーシップの地位に関する問題を深く思案する。そして、自身の見識は少なくとも現在権力を持つ人物のそれと同じくらい刺激的で、もしかするとより効果的かもしれないと信じている。

当時16歳だったウィンストン・チャーチルは将来について学友と語り合い、「この国はいつか何らかの手段で、とてつもない侵略を受けるだろう。でも、いいかい、自分はロンドンの防衛司令官となって、ロンドンとイギリスを大惨事から救うんだ」と述べている。[27]

「そのとき、君は将軍になってるのかい？」と友人は聞いた。

「わからない」とチャーチルは答えた。「将来の夢はまだ曖昧だけれど、めざすべき目的は、はっきりしている。もう一度言おう。この先ロンドンは危機に見舞われる。自分は高い地位に就き、首都と大英帝国を守る責任を負うことになる」

1891年のこの言動は驚くほど自信過剰ではあったが、約50年後に勃発《ぼっぱつ》するできごとを、驚くほど正確に見通してもいた。だが、この予言にも近いリーダーとしてのアイデンティティは、体現したからといって自己満足感が得られるわけではない。どちらかといえば、リーダーとしての自意識を持つ人は、自分が属したいカテゴリーの中心に自らを位置づけたいという動機づけが特に強いのかもしれない。

歴史家のアンドルー・ロバーツは、近年出版したチャーチルの伝記で、チャーチルが政治的権力を得るためにいかに戦略的な道筋を計画し、10代のころからその計画に余念がなかったかを説明している。[28] たとえば、チャーチルはインドで兵役に就いていたあいだ、イギリス下院の近年の記録を持参し、片っ端から読んだ。自身が描く政治家としてのキャリアに向けて、自分が当時の下院議員ならどう演説したかを詳述するほどだった。またそうするのが当然とでもいうように、彼はその仮想演説を記録に張りつけていた。

リーダーとしてのアイデンティティは、その人に大志をいだかせ、成功をもたらすかもしれない。だが、あまりに凝《こ》り固まったアイデンティティは限界を設け、失敗の原因となることもある。心理学者のロデリック・クラマーはリンドン・ジョンソン大統領の事例研究で、彼が大統領としての地位を損なったのは、究極的に偉大な大統領とは何かという自らのアイデンティティ感覚のせいだと主張した。[29]

ジョンソンの野望が、卓越し、ジョンソン自身が言うように「わが国で最も偉大な父」になることであったのはまちがいない。そして、彼はその野望を達成する能力および知識の点で、おそらく20世紀のどのアメリカ大統領より盤石《ばんじゃく》な備えを固めていた。ジョン・F・ケネディの暗殺後に就任宣誓を行うまで、彼は膨大な法的・政治的経験を積み重ね、上院多数党院内総務を経て副大統領にまで上りつめた。だが、ベトナム戦争で大きくつまずいた。ベトナム戦争はジョンソンが前政権から受け継いだ内戦だ。彼自身は望んでいない戦争だったにもかかわらず、ジョンソンは戦争の泥沼化を止められず、そのせいで他の優先事項に着手できなくなり、人気はしだいに降下した。

「ジョンソンの目には、大統領の偉大さは二つの礎石《そせき》から成っていた。国内での歴史的な功績と、国家を危険にさらさないという大統領の能力だ。……（したがって）偉大さを達成するには……この戦争を成功に導く必要があった」とクラマーは主張する。リンドン・ジョンソン自身、泥沼化するとわかっている戦争への投資を止められなかったのは、後者の大統領としてのアイデンティティのためだった。かつてジョンソンが述べたように、「『すべて捨てて撤退する』という考えはタブーだった。危機と挑戦の瞬間にどうすべきかという鋭い感覚を備えた、偉大で、活動家である大統領なら、絶対に取らない選択だった」のだ。

リンドン・ジョンソンは、偉大な大統領とは何かという自身の考えに囚《とら》われていた可能性がある。だが、リーダーはそれ以外にもさまざまな理由で苦戦し、失敗することがある。リーダーがなぜ失敗するかという包括的な説明は、ここでは行わない。私たちは代わりに、リーダーが社会的アイデンティティをどう利用するかを考察し、彼らが道を踏み外すいくつかの可能性に焦点を当てる。

おそらく最も一般的な失敗例は、リーダーシップを取る人が、たんに社会的アイデンティティを完全に無視することだろう。そのため、連帯を築き、信頼を生み、共通の目的のもとに人々を結集させるという社会的アイデンティティの持つ力をじゅうぶんに活用できずに終わるのだ。私たちが見てきたなかでも、優れたリーダーと言われる人でさえ、大半は変革型リーダーシップの集団志向ではなく、個人志向の面をより重視していた。こうした上司は個人としてのフォロワーを丁寧に育て、適切に評価する。だが一方で、集団としての明確なビジョンを打ち出すことも、集団のメンバーが協力し合えるような支援をすることもない。フォロワーと一対一の強い信頼関係を保ってチームを運営しようとするが、彼らが「チームの一員としての自分は、個人としての自分を超えるパフォーマンスを発揮できる」と思うような働きかけはあまりしない傾向があるのだ。

こうしたリーダーは好機を逃すことになる。だが言うまでもないが、彼らは社会的アイデンティティティを、ひいては対人関係を壊すような行動を取るリーダーよりは、はるかに好ましい。このような破壊的なリーダーシップは「狭量な独裁」と称される。[30]「独裁」は他者を犠牲にして自分の権力を悪用することを、「狭量」はそれが意味のない行動で、つまらない動機であることを意味している。私たちの多くは、最低でも一度はこうしたリーダーと関わる不運を経験したことがあるだろう。

リーダーシップ論の研究者であるビルギット・シンズとジャン・シリングは、職場における破壊的リーダーシップがもたらす影響のメタ分析を行い、社員は敵対的・妨害的な管理者に対して否定的な感情をいだき、彼らに従うことに抵抗を感じやすいという結果を得た。[31]重要なのは、破壊的と見なされた上司を持つ社員はまた、組織全体をより否定的にとらえ、「非生産的な勤務態度」を取りやすいということだ。非生産的な勤務態度とは、要は、手抜き、明らかな不正、窃盗にいたるさまざまな行為を丁寧に言い換えただけだ。この結果から、上司が好ましくない行動を取ることはフォロワーである部下との関係を悪化させるだけでなく、部下の組織への帰属意識にも悪影響を与えることが示唆される。

社会的アイデンティティを考慮しないが善意のあるリーダーは、善である（だが偉大ではない）。専制的で破壊的なリーダーは醜悪であり、彼らはまちがいなく善ではない。どこに行ってもひどい混乱を招くだろう。だが第三の、より危険なリーダーも存在する。社会的アイデンティティをどう利用すべきかを知り、フォロワーとのあいだに連帯と団結を築くのに長《た》けていながら、その力を腐敗的、非倫理的、または非道徳的な目的のために使うリーダーだ。これまで論じてきたように、社会的アイデンティティは善の力にも悪の力にもなりうる。アイデンティティの物語の強い力が誤った者の手に渡るとき、集団はひどくまちがった方向に導かれる可能性がある。

独裁と抵抗

9人の若者が1人ずつ検挙された。パロ・アルト〔カリフォルニア州シリコンバレーの北の端にある都市〕の警官は自宅にいる彼らを逮捕し、武装強盗と侵入窃盗の罪で告訴した。同調実験と並んで、心理学史上きわめて有名なこの実験は、こうして始まった。[32]

1971年の夏、18人の健康な青年が「監獄生活に関する心理学研究」のボランティアを募《つの》る広告に応募した。8月下旬の1~2週間ほど刑務所での生活と労働を疑似《ぎじ》体験するという内容で、1日15ドルの報酬が支払われた。被験者はコイン投げで囚人役と看守役に無作為に割り当てられた。

カリスマ的地位にあった若き心理学者フィリップ・ジンバルドーと助手たちは、独房と手かせを備えた本物そっくりの模擬刑務所を、スタンフォード大学心理学部の地下に建設した。より現実味を持たせるため、囚人たちは刑務所までパトカーで連行された。刑務所では看守が待ち構えており、彼らの指紋を採取し、服を脱がせて所持品検査を行い、彼らを名前ではなくIDナンバーという新たな記号で識別した。

大半の教科書で見る説明によれば、「看守役は看守をどう演じるかという特別な訓練は受けていなかった」。彼らにはサングラスと棍棒《こんぼう》が支給され、自由に看守を演じるように指示された。実験者たちはこの環境で何が起こるかを観察した。よく知られるように、看守は数日のうちに囚人を見くだし、攻撃的な態度を取るようになり、その度合いは日に日に悪化した。これが引き金となって囚人は一時暴動を起こし、その後看守は彼らをさらに残忍に取り締まるようになった。問題行動を起こした囚人は「穴」と呼ばれる1・2平方メートルほどの小部屋に入れられた。別の用途で使われていた部屋を、看守が独房用に変更したのだ。それ以外の囚人も屈辱的な扱いを受けたり、肉体的、性的な嫌がらせを受けた。看守はより残酷になり、囚人はより従順になった。

状況があまりに悪化したため、ジンバルドーはわずか6日で実験を打ち切った。説明どおりの事象にもとづけば、結論は明らかだ。人は与えられた役割に、おそらく無意識のうちに強力に影響される。制服とサングラスを与えて看守と呼べば、彼らはほぼ必然的に、囚人を残虐に扱うようになるということだ。

人は役割が与える影響から、ほぼ逃れられないというこの考えは、あらゆる場に浸透《しんとう》している。[33]世界じゅうでは何百人もの学生がこの考えを学ぶ。裁判で正当と主張され、人気映画で描かれ、ベストセラー小説で扱われ、議会でも公表されている。人は与えられた社会的役割に自然と順応し、そのせいで不正や残酷な行為におよぶこともあるという考えは、権威ある立場の人が不正を犯したときによく思い起こされる。

だがあなたはもう、役割やIDといった記号が人の行動に必然的に影響するという考えを、疑わしく思うようになっているはずだ。人にあるアイデンティティが形成されたとき、彼らの行動は集団の規範とリーダーシップに影響されるとあなたは知っているからだ。実際、ある種の規範を確立し、促進し、強化するには基本的にリーダーが関わっている。

スタンフォード監獄実験から半世紀が経った現在、私たちはこの研究にまったく別の知見を与える新たな情報を得た。[34] ジェイは近年、スティーブン・ライヒャーとアレックス・ハスラムが実施した研究に加わり、スタンフォード大学の文書館が新たに公開したテープや文書を分析した。すると、この有名な実験に参加した被験者は、何も指示を受けず、ただ自由に看守を演じたわけではないとわかった。実際には指示を受けていたのだ。この実験の結果にはアイデンティティ・リーダーシップが顕著な役割を果たしていたことが、私たちの分析で明らかになった。

こうしたリーダーシップは、囚人が到着してすぐに発揮された。ジンバルドー博士自身は刑務所長官を務め、彼の研究助手を刑務所長に任命した。実験が始まると、リーダーである長官はフォロワーである看守に明確な指示を出した。

囚人に退屈さを感じさせてもいいし、ある程度の恐怖をいだかせてもいい。彼らの生活が完全に自分たちに支配されているという理不尽さを与えてもいい。囚人たちは私たちが許可しない限り、自由に行動したり発言したりする権利を奪われているのです。

私たちは記録文書から、ある興味ぶかい会話の音声記録を発見し、分析した。研究者のデイビッド・ジャッフェが演じている所長と、看守役である被験者の一人の会話だ。[35] 一般に、看守は囚人に対して自然と残酷にふるまうようになったとされるが、この会話の状況はちがっていた。被験者であるこの看守は、与えられた役割を受け入れがたいと感じていた。そのため、実験を指揮する研究者が望むように行動するのをしぶっていたのだ。

ジャッフェ所長はこの看守に要求した。「私たちは君にぜひ積極的に参加してほしい。どの看守にも、いわゆるたくましい看守になることを知ってもらう必要がある……」。看守は返した。「私はそれほどたくましくありません」。「そうかもしれない。でも、そうなるよう努力してもらわないといけない」と所長は看守に告げた。

会話のなかで（上記はそのほんの一部である）、所長は看守に、自分自身も他の看守も実験者として、同じ目標と価値観を共有していると思ってほしいと告げた。この説得のねらいは、この実験そのものに道徳的で価値ある大きな目的があると思わせることだった。ジャッフェ所長は、この実験には現実の更生制度の改善に役立つ情報を提供する目的があると説明した。また、更生制度の残虐性を明らかにして、実際の刑務所をより人道的にする意図があるとも述べた。これは崇高《すうこう》な使命なのだ、と。

少なくとも私たち2人にとって最も印象的だったのは、ジャッフェ所長がアイデンティティ・リーダーシップという手段を活用し、消極的な看守にもっと積極的になるようにうながしていたことだ。彼は集合代名詞を計57回（30語に1回）使い、自分たちは同じチームとしてこの実験に参加する者どうしだと伝えようとしたのだ。これまで見てきたとおり、共同体意識を呼び起こすこの種の言語は、連帯感や団結感を示すのに有効だ。

こうした資料が見つかったことで、この有名な実験から得られる知見は大きく変化した。看守の多くが囚人に対して残忍にふるまうようになったのは確かだ。だが彼らがそうふるまったのは、決して必然的でも自然発生的でもなかった。看守は、この実験を「私たち」対「彼ら」という図式に当てはめようとしたリーダーにより、攻撃的な行動に走るように説得されていた。看守が抵抗しようとすると、リーダーは積極的に介入した。そして同一化を想起させる言葉を駆使し、残虐性というチームの規範を形成していたのだ。

スタンフォード監獄実験はいわば、社会的アイデンティティが醜悪さに向かう過程の一部を示した縮図だ。リーダーが集団を悪に向かわせ、最終的には暴力や虐殺にさえ達する過程を、ハスラムとライヒャーは段階ごとにこう説明する。[36]最初の段階は日常でもよく見られる、比較的穏やかな方法だ。リーダーは「私たち」と「彼ら」の境界を設けることなどで、集団としてのアイデンティティを強化する。境界を設けること自体に問題はない。スポーツチームや企業間の競争、またオリンピックのような祭典における国家間の競争も、結局は境界を顕現化するものだ。

だが、リーダーがアウトサイダーを脅威と定め、アウトサイダーが自分たちの愛する集団にとって重大かつ、存亡にさえ関わる危機をもたらすとフォロワーに思い込ませたとき、境界は危険になる。この危険が特に深刻となるのは大抵、本来は集団の一員であるはずの人たちを、リーダーが言葉巧みに集団から締め出したときだ。歴史を通じて、移民やユダヤ人、性的少数者などのあらゆるマイノリティが、こうしたかたちで標的にされてきた。集団が暴力に向かう軌道を描くとき、彼らがアウトサイダーと見なした人たちを反逆者呼ばわりしたり、人間以下の、たとえば寄生虫、ネズミ、ゴキブリなどと呼ぶようになるのはよくあることだ。

やがて、最後の段階が次々に訪れる。リーダーは自分たちの集団を唯一の高潔な存在だと表現する。**私たちはこの世界で本当の善を生む集団だ、だから私たちが行うすべてが本質的な善であるべきなのだ**、と。**私たちはこの美徳を守り、何としてでも悪に打ち勝たなければならない**、と。この段階から、暴力と残忍性を美徳と称《たた》えるようになるまでは、あっというまだ。**正しさは唯一私たちから生まれるものだ。よって、もしアウトサイダーが私たちの善を、また私たちの存在そのものを脅《おびや》かすなら、彼らが抑圧されたり、虐《しいた》げられたり、滅ぼされるのも当然だ**、というわけだ。この歪《ゆが》んだレンズを通したとき、フォロワーにとって殺人は道徳的な善として、また避けられない手段としてすら映るのだ。

これが、歴史上のリーダーが残虐行為や侵略を正当化してきた方法だ。彼らの言葉や行動は大きな影響力を持っている。大規模な残虐行為はひとり孤立した状態からは生まれないのだ。

歴史家のロバート・パクストンは自著『ファシズムの解剖学』（桜井書店、2009年）で、ファシスト運動を生み、持続させた「情熱の動員」について述べている。[37] 彼はこの情熱について、「自分たちの集団が犠牲者だという信念、それは法的、道徳的な制限を超え、内外の敵に対するあらゆる行為を正当化する感情である……可能な場合は同意によって、必要とあらば他者を排斥する暴力によって、純化した共同体のために緊密に団結しようという欲求……抽象的で普遍的な理性に対する、リーダーの本能の優越性」だと説明する。

アイデンティティ・リーダーシップがなければ、集団がこの段階まで到達することもない。このことは、社会的アイデンティティは善にも悪にも利用できる強力な手段なのだと私たちに思い起こさせる。だが、リーダーの物語には、いずれもそれに対抗する物語があるし、どの物語も抗《あらが》えないほどの強い力があるわけではない。私たちはこの章の大半で、自らの生き方と物語によって、集団の包括的なビジョンを体現するリーダーに焦点を当ててきた。しかし、彼らの多くには当然、異なるビジョンやときにはより排他的なビジョンを持つ、対立するリーダー候補がいた。

前述したように、リーダーシップは多くの意味で、物語の戦いと考えられる。その戦いのどちらにつくかを決断するのは、フォロワーとして、またときにはリーダーとしての、私たちの責務だ。自分たちがどこから来てどこへ行くのか、何を恐れ、何と闘い、どのような夢を実現したいのか、そしてどのアイデンティティの物語を受け入れるのかは、私たちが決めるのだ。

10
アイデンティティの未来

The Future of Identity

1960年代、アメリカプランナー協会〔現・アメリカ都市計画協会〕は設立50周年を記念して、著名な学者や政策立案者たちに論文の寄稿を依頼した。[1] 彼らに期待されたのは、未来を見据え、50年後はどうなっているかを論じることだった。それから半世紀を過ぎたばかりの今、こうした偉大な思想家たちの未来予測を振り返ってみるのは興味ぶかい。彼らの論文は概して「予測は難しい、特に未来に関わる場合は」というマーク・トウェインの警告をよく実感させてくれるものだった。

ある論文は、技術革新によってその後数十年のうちに起こるかもしれない問題に焦点を当てていた。[2] その不安の一部は冷戦の産物で、核技術や「終末兵器」のような装置が開発されることへの懸念などに向けられていた。他にも超音速ジェット機の衝撃波や100万トン級タンカー、さらには100万トン級の飛行機が建造される危険性など、今にして思えば奇妙で風変わりとも思える予測もあった。

だがこの思想家たちは、後に現実的な問題となった懸念にも目を向けていた。彼らは世界的な不平等の拡大と民主主義への脅威に警告を発していたのだ。世界的な気候変動への懸念については、「地球規模における生態系の急激な変化」と呼び、「考えにくい問題」という雑多な分類に追いやっていた。とはいえ、彼らは現代の私たちが直面している大規模な気候変動について、ここでも先見の明を見せていた。彼らはこう述べている。「現在生じている問題を正すためには、どこかで長期的な被害を見きわめる必要がある。だが、大規模で長期的な問題の大半は、効果的に取り組むのが難しい。なぜなら、こうした問題は〝全員の問題〟と見なされ、それゆえ誰の管轄《かんかつ》にもならない傾向があるからだ」

マーク・トウェインは正しかったと証明する結果となるかもしれないが、私たちも最後にアイデンティティの未来についての考えを述べることにする。未来の予測は賢明ではないと知りつつも、現在人類が直面するいくつかの重大な問題に、社会的アイデンティティが果たすであろう役割について述べていく。まずは経済的不平等と気候変動について論じ、そして最後に民主主義についても少し触れようと思う。

不平等への取り組み

2016年、アメリカの上位350社のCEOの報酬平均は、その企業の社員の給与平均の224倍であった。この驚くべき格差は、全世界で所得、さらには富（人々が保有する資産）の格差が拡大しているという象徴だ。世界の絶対的貧困者数は減少している反面、経済的不平等はこの数十年間、多数の国で拡大した。ある推定によれば、2018年時点における世界人口の半数の資産を合計しても世界の資産総額の1パーセントに満たない一方で、その85パーセントの資産を世界の上位10パーセントの超富裕層が占めているのだという。

近年の国連の報告書[3]は、世界人口の71パーセントが住む国々で、1990年以降に格差が拡大したと結論づけている。この格差リストの上位国には、世界で最も裕福とされるアメリカやイギリスなどの国々が含まれる。こうした国には想像を絶するほどの贅沢《ぜいたく》がすぐそばにある一方で、同じ国で起きている悲惨な貧困、経済的な不安感は大抵、都合良く無視されている。

経済的不平等は個人にも社会にも悪影響を与えることは、多数の研究でわかっている。格差が大きい国ほど凶悪犯罪や精神疾患が多く、乳児死亡率が高く、平均寿命も短い傾向があるのだ。アメリカの各州でもこれと似たような関係が見られる。たとえば、同じような指標の結果は、貧しいが格差の少ないアイオワ州よりも、豊かだが格差の大きいカリフォルニア州のほうが悪い。実際、この比較はある重要な点を突いている。多くの場合、社会的に見て、貧困よりもむしろ格差があるほうが、負の結果と強く関連しているように思われることだ。すなわち、貧困層、近年では中産階級も含めた人々の所得や資産が、富裕層の所得や資産と大きく乖離《かいり》するとき、社会状況が悪化するということだ。[4]

格差の拡大はまた、私たちのアイデンティティにも影響する可能性がある。そして今度はそのアイデンティティが、経済的不平等に取り組み、軽減しようとする私たちの能力に影響をおよぼす。アイデンティティに影響する例として、何百万ドルもの報酬、ストックオプション、ボーナスを受け取るCEOが挙げられる。このCEOは生活に満足しているだろうが、リーダーとしては懸念されるべき存在だといえる。すでに論じてきたように、リーダーはフォロワーにとって「私たちの仲間」であるほど集団を統一し、動機づけを与えられるからである。

平均的な人の224倍もの所得を得ている人は、本当の意味で「私たちの仲間」になれるだろうか。

近年行われた2つの実験によれば、その答えは否《いな》であると示唆される。最初の実験では、ルーベン・マーティンという架空のCEOの略歴を被験者に読んでもらった。[5] ただ略歴には2種類あり、片方は全米最高レベルの報酬を得ているという略歴となっていた。もう1つの実験では、企業の社員に自社のCEOの報酬を答えてもらった。どちらの実験でも、人々は高い報酬を得ているCEOにそれほど共感せず、彼らが良いリーダーであるという印象もあまりいだいていなかった。より報酬の高いCEOを評価する人たちもいたが、この人たちは報酬の低いCEOを評価した人たちよりも、CEOが「自社のために戦っている」、「団結力を生んでいる」と考える割合が低かった――これらのCEOは、報酬以外の点はすべて同じであったにもかかわらずだ。この組織内の実験から見られるように、不平等は連帯感や共通の目的を生むというリーダーの能力を損《そこ》ない、組織を分裂させる懸念がある。

社会的なレベルでは、私たちは不平等が経済的階層の最下位にいる人々のアイデンティティにどう影響するかを気にするべきだ。すでに論じてきたように、人間は地位を追い求め、肯定的な評価と尊敬を集めるアイデンティティを欲する動物だ。社会経済的な階層の低さが社会的地位の低さを感じさせるように、自分がそうした地位にいると思うことで幸福感にネガティブな影響が出るかもしれない。実際、オーストラリアのニューカッスル大学に所属する心理学者が近年行った分析によれば、人は社会経済的地位が低いと不安が増大し、生活満足度も低下することがわかった。[6] ただし、このパターンは、社会的階級をアイデンティティの重要な一部と見なし、そのことをひんぱんに考えると答えた人たちのみに見られた。

社会評論家は長いあいだ、貧困層の人々は「相対的剥奪感《はくだつ》」（自分を他人と比較し、自分のほうが得ているものが少ないと感じること）から不満をいだき、それが反社会的態度や行動につながると推測してきた。たとえば、貧困層は多くの場合、マイノリティや移民に対して、より否定的な態度を取ると見なされている。また表向きには、経済的な不満にかられてポピュリズム（大衆迎合主義）や権威主義的な政治運動に忠誠を示して支持するのも、貧困層が主だと思われている。

だが綿密な調査の結果、こうした固定観念は必ずしも当てはまらないと判明した。社会心理学者のフランク・モルスとヨランダ・ジェッテンは、近年の著書のなかで広範な証拠を検証した。その結果、相対的剥奪感は反移民的な態度を生み、権威主義的なリーダーに惹かれることがあるのは確かだが、「相対的満足感」も同じ反応を生むと結論づけている。[7] たとえばある研究では、生活状況が悪化または向上している人はいずれも、政治的権力を維持するために暴力的な手段に訴えることを大いに支持すると報告した。モルスとジェッテンによれば、裕福な人たちの驚くべきこの反応は、自分たちの優位性を正当化して維持したいという欲求が動機かもしれないという。その手段が、たとえばマイノリティや周縁化された集団の評価をより貶《おとし》めることなのではないかと彼らは主張する。

不平等が社会的不満をはびこらせ、経済的階層は不変ではないという不安を生んでいるなら、富裕層の行動や態度もまた地位や特権を失う不安にかられている可能性がある。実際、これも経済的な不安の一種であり、この不安は貧困ではなく不安定な特権的立場に起因している。ブラック・ライブズ・マターをはじめとして、人種やその他不平等の是正を求める運動には保守的な反応が生じる。この反応は、特権的な地位を失うという恐怖と無関係ではないだろう。

社会運動について考えると、経済的に不利な立場にある人たちは、いつ組織を立ち上げ、変革を求めるのかという疑問が生じる。彼らはここ数十年のあいだに生じた不平等を、いつ是正し、逆転させようとするのだろうか。[8] これまで（特に第7章で）見てきたように、人は自分が特定のカテゴリーに属することで人生の機会や結果が奪われていると知ったとき、社会経済階級などを基盤に、集団としてのアイデンティティを形成する傾向がある。

社会階級としてのカテゴリーがどのくらい重要かは、社会によって異なる。たとえば、イギリスには歴史的な社会階級がある。一方、アメリカは社会階級とは無縁だという神話のような話もある。たとえどのような生まれであっても、大統領、CEO、有名人など、どんな成功者にもなれるのがアメリカンドリームだ。こうした希望は実力主義の物語によって強まり、個人の決断力や人生における運も大事なのだと強調される。経済的な成功という運命は自分しだいだと思うとき、人は階級や経済的アイデンティティをもとにして似た境遇の人と結集する可能性は低くなる。代わりに独力で頑張ろうと思うのだ。

もちろん、経済的な状況を改善するために、ある階級全体が結集する必要はない。たとえば、鉄鋼労働、教職、郵便局といった特定の業界では、労働者の利益のための労働組合が組織されている。だがアメリカでは格差が拡大するにつれ、組合組織率はこの数十年で減少した。いわゆる「ギグエコノミー」〔企業に所属せず、インターネットなどで単発の仕事を受注する働き方〕の台頭によって、今後、労働者が自らの権利を守り、変化を要求する力がどのような影響を受けるのかはまだわからない。だがその影響の一部は少なくとも、労働者が自分たちを運命共同体だと見なすかどうかにかかっているかもしれない。

ギグエコノミーは最近生まれた言葉だが、こうした労働形態は昔からある。だが現在のテクノロジーにより、この形態は近年増加していると思われる。労働者と短期的な雇用（日用品の配達や乗車サービスなど）を結びつけるアプリが開発されたことにより、ギグエコノミーが盛んになったのだ。ギグワーカーは基本的に独立した契約者と見なされるため、通常は福利厚生や健康保険の対象外だ。また、労働条件を改善するための組合を組織できるかも不明だ。[9] 従来のタクシードライバーは、団結して組合を組織した。配車サービスのドライバーは集団の利益のために闘うだけの連帯感を見いだせるだろうか。

集団が変化を求めるには、変化が可能と信じることが不可欠だ。将来を見通すと、人々は特にある二つの事象をきっかけに、経済的な変化は可能だと感じ、また、その変化は必要かつ必然だと思うようになると私たちは考えている。その一つは、新型コロナウイルス感染症だ。パンデミックは公衆衛生的な脅威かつ医学的な大災害であるだけでなく、世界経済をも危機に追い込んだ。この危機がどれだけ続くかはまだわからない。パンデミックはまた既存の格差を拡大し、それが正当な格差ではないことを明らかにした。この疫病は一方で、未来は過去のようにはならない、今こそ舵《かじ》を切るときなのだという可能性をも感じさせた。小説家のアルンダティ・ロイ〔インドの作家。『小さきものたちの神』でブッカー賞を受賞〕が言うように、パンデミックは「ある世界と次の世界への入り口であり、ゲートウェイ」なのだ。[10]

経済の根本的な変化が必然と思うようになるもう一つの要因は、気候変動だ——おおかたの推測では、その影響はパンデミックをはるかに凌《しの》ぐ。

気候変動への対応

冬になると、私たちの故郷を知っている人たちは、ほぼ決まってこう言う。「カナダ育ちの人には、これくらいの寒さは何てことないはずだ」と。特に皮肉な人は、「でしょう？」とまで加えてくる。悲しいことに、アメリカに住んで10年以上にもなる私たちはすっかり軟弱になった。ニューヨークの寒い日は、私たちにとっても寒い日に過ぎないというのが現実だ。だがもう一つ、故郷の冬もかつての寒さとはちがうという現実がある。最も寒い日でも以前のような凍《い》てつく寒さにはならないのがふつうだし、雪の吹き寄せも子どものころのように深くない。ドミニクがスキーを習ったゲレンデも、もはやすべてのコースを利用できるだけの雪は期待できないし、冬じゅうオープンすることとさえ難しい。

地球は熱を蓄積し、状況は悪化の一途をたどっている。地球の平均気温は産業革命以降0・8～1・2度上昇した。その原因の大部分は人間の活動に起因するというのが、現在の科学者のほぼ一致した意見である。[11] だが、人間が気候変動を引き起こしたという広範な証拠があるにもかかわらず、多くの人は依然《いぜん》として気候変動の存在や、その重要性を疑っている。実際、科学的な証拠が今世紀の初頭に集まっているのに、気候変動の問題は大げさだと答えたアメリカ人は1998年の31パーセントから増加し、2010年には48パーセントに達した。その後この傾向は反転し、2019年には、大げさだと答えた割合は35パーセントまで減少した。[12]

洪水や旱魃《かんばつ》といった異常気象を経験すると気候変動の存在を信じやすくなるという研究結果もあるが、両者の相関はそれほど強くはなさそうだ。温暖化懐疑論について、個人的な経験がどれくらい重要かは定かではない。だが、少なくとも一部の地域では、ある要素がきわめて重要に思われる。それが政治的アイデンティティだ。アメリカ、イギリス、オーストリア、その他多くの先進国で、保守派はリベラル派よりも、人為的な気候変動が現実に起きていると思う傾向が弱いのだ。[13]

だが、これはどの国も同じというわけではない。オーストラリアの心理学者、マシュー・ホーンジーらが25カ国で気候変動に対する人々の意見を分析した結果、4分の3の国では政治的アイデンティティは重要な要因でないとわかった。[14] 政治的アイデンティティは、二酸化炭素の排出量が多い国で重要視される傾向が強かった。言い換えれば、経済が化石燃料の消費に大きく依存し、二酸化炭素の排出量の抑制が日常生活に打撃を与えると思われる国では、保守派が気候変動の問題を軽視しがちだということだ。

もちろん、これが純粋な心理的傾向だと信じるほど私たちは単純ではない。ホーンジーらが言うように、「このデータからは、化石燃料の既得権益が大きいほど、偽情報キャンペーンが組織され、資金提供されやすいという見方もできる。気候変動に〝科学的証拠はない〟というメッセージを広めるためだ」。[15] だが、そのメッセージを信じる聴衆がいなければ、偽情報キャンペーンは成り立たない。私たちの研究によれば、党派のアイデンティティが、こうした主張を多数の人が受け入れる（あるいは受け入れない）レンズであると示唆される。[16]

50年後のできごとを予測しようとした1960年代の立案者たちは正しかった。彼らは、人類が気候変動のように長期的で広範な問題に取り組むことがいかに困難かを正確に言い当てていたのだ。地球の大半の地域はいつか人が住めなくなるかもしれない。現代の科学者の多くが、この壊滅的な被害を防ぐには、産業革命前からの気温上昇を1・5度未満に抑える必要があると述べている。[17]

この目標を達成するには、国どうしが大規模な政治的協力を図る必要がある。その際、人々がふだんの政治活動に持ち込むアイデンティティが、こうした課題に効果的に対処できるかどうかはまったく定かではない。これまで見てきたように、右派と左派の政治的なアイデンティティは、まちがいなく問題解決の役に立たないどころか、有害であることも多い。だが、国際的な場でよく見る国家のアイデンティティもまた、地球全体の問題に効果的に対処するにはあまりに近視眼的といえる。

気候変動の壊滅的な被害を防げれば、どの国にとっても長期的な利益となる。だがそのためには世界全体がいっせいに、厳しくはあるが必要な経済的、社会的、政治的な犠牲を払わなければ、どの国も直接の利益は得られない。こうしたジレンマを解決するために締結されたのが、パリ協定のような国際協定だ。だが2017年、世界で2番めに二酸化炭素排出量の多いアメリカが、この協定から(一時的に)離脱した。ここからわかるのは、拘束力がなく、当事者の善意に全面的に依存する取り決めは、国内政治に左右される曖昧なものだということだ。

だが、人はアイデンティティを共有していると認識すれば、よりすすんで協力し、協調し合うようになる。私たちが行動の基準とし、活性化させるアイデンティティは通常、私たちと他者を区別するものだ。境界が職業、宗教、人種、ジェンダー、国のいずれであってもそれは変わらない。だがこれまで論じてきたように、人は誰かと同じ状況、究極的には運命を共有していると認識したときも、運命共同体として結束する。現在80億人近い人々が、太陽のまわりをまわるこの脆《もろ》い岩を共有している。気候変動はどの地域にも等しく影響するわけではないが、私たちはみな、この地球を守ることに大きな関心を持っているのだ。

私たちはこの関心を活かせるだろうか？　近視眼的なアイデンティティの先を見据えることができるだろうか？　地球の住人という共通のアイデンティティを認識することは、世界を救う手助けとなるだろうか？

おそらく、宇宙から地球を見た宇宙飛行士ほど、地球規模のアイデンティティを強く実感した人はいないだろう。フランク・ボーマン、ジェームズ・ラベル、ウィリアム・アンダースは、1968年のクリスマスイブを宇宙船アポロ8号で迎えた。人類が初の月面着陸を成し遂げる数カ月前、彼らの任務は月の周回軌道に乗ることだった。月を周回する宇宙船から、彼らは起伏が激しく、穴の点在する異質な地表に魅了されていた。その後、フランク・ボーマンが急に大声を上げた。「すごいぞ、あれを見てくれ！　地球が昇ってくる。なんて美しいんだ！　カラーフィルムはあるか、ジム？　渡してくれないか、早く」

月の地平線からゆっくりと昇る地球を、彼らは何枚も写真に撮った。彼らは「地球の出」を目撃した最初の人類で、帰還とともに持ち帰った写真は今も「史上最も影響力のあった環境写真」と呼ばれている。

それから半世紀のあいだに、38カ国から何百人もの人類が宇宙に旅立った。NASAが多数の宇宙飛行士にインタビューしたところ、彼らの多くが「驚異と畏敬《いけい》の念、自然との一体感、人種を超えた普遍的な人類の絆《きずな》を感じる、心から変化させられるような体験だった」と語っていたという。[18]畏敬の念や超越感は束《つか》の間《ま》の感覚だが、彼らは長期にわたり、変容したアイデンティティをいだきつづけていたことが研究で明らかになった。彼らは人類全体としてのつながりを深く感じるようになったのだ。宇宙から地球を見た後は、国境が重要だという感覚がうすれ、地上の人々を分断する対立は、さほど意味がないように思われたという。ある宇宙飛行士が言うように、「地球を1時間半で1周すれば、自分のアイデンティティは地球全体にあると思うようになる」のだ〔国際宇宙ステーションは約1時間半で地球を1周する〕。

全人類が宇宙に行くことは不可能だ。これは不運なことかもしれない。というのも、私たちが共感の輪により広範な人類を含められれば、特に差し迫った問題の一部——気候変動だけでなく、パンデミック、テロ、核戦争の脅威など——は、もっと簡単に解決するかもしれないからだ。だが実際、人類としての一体感や地球規模のアイデンティティを持つのに宇宙飛行士である必要はない。自分を幅広い人類の一部と見なすことで、国際協力や環境保護を支援する傾向が高まるという研究結果もある。[19]

とはいえ、通常はこうした人類全体への一体感が見られることはほとんどないだろう。仮にあったとしても束の間の感覚であり、ただでさえ困難な変容を長期的に維持することは難しいと思われる。これを実現するには、世界じゅうの人々が近視眼的で限られた利害関係を越え、万人に共通するアイデンティティを築けるような、地球規模のリーダーシップが必要となるだろう。人間にはこうした広大なアイデンティティを築く心理的な力があるだろうか。私たちはあると考える。だが、はたしてタイムリミットまでにその方法を見つけられるかどうかは、また別の話だ。

民主主義について

2021年1月6日、当時のアメリカ大統領に煽動《せんどう》されて暴徒と化した民衆が、議会の合同会議に乱入した。大統領選の結果の承認を阻止《そし》するためだ。暴動は最終的に鎮圧されたが、この米議事堂乱入事件は民主主義の土台を揺るがすものだった。これは暴力でリーダーを排除し別の人物を立てるという、国民の権利を阻害する試みだったからである。

アメリカの民主主義がこの日に終わるという事態は避けられた。だが、2週間後のバイデン大統領の就任式に向け、2万人の州兵がワシントンDCを封鎖することとなったこの就任を、平和的な政権移行と呼ぶのは難しい。民主主義が健全に機能し、繁栄していると信じることもまた然《しか》りだ。

この50年間の大半は、実は民主主義の黄金時代であったことがわかっている。1960年代後半の民主主義国家は40カ国ほどだったが、20世紀の終わりには100カ国をゆうに超えていた。2011年には、後に「アラブの春」として知られるようになる抗議活動が活発化。中東の権威主義体制を揺るがし、民主化の新たな波を予感させた。だがその波はほぼ立ち消え、今や民主主義の後退期に突入したと懸念する学者もいる。世界では、トルコ、ブラジル、ハンガリー、インド、フィリピンなど、各国が民主主義への参加を拡大して政府の説明責任を果たそうとする代わりに、むしろ逆行する方向に進んでいる。[20]

本章で挙げた大きな課題、つまり不平等と気候変動は、民主主義に対する脅威といえる。すでに論じたように、不平等には大抵、不安定さが内在する。人々は不安定であることで権威主義的なリーダーシップに惹かれ、移民や周縁化された集団への態度を硬化させる可能性があるからだ。一方、地球温暖化とそれにともなう異常気象や疾病の増加の可能性、人口移動などにどう立ち向かうかといった課題はまた、民主的ではない強力なリーダーの魅力を高める危険がある。

こうした傾向は、テクノロジーによって増大する可能性がある。インターネットの登場によって、市民が政府を信頼しなくなる傾向があることが、近年の研究で判明したのだ。ヨーロッパではインターネットの普及により、反体制主義を掲げるポピュリズム政党への票数が増加した。[21]

未来を予想したアメリカプランナー協会の寄稿者たちも、似たような懸念をいだいていた。「世界はかなり複雑化し、また急速かつ危険な方向に変化を遂げている……そのため、民主的な政治的プロセスを放棄する誘惑にかられるかもしれない（あるいは維持できるだけの余裕がなくなる可能性もある）。専制君主や独裁者が権力を手にできたのは、大衆が確固としたリーダーシップを強烈に望んだからだ。このことを思い出すことが重要だ[22]」

民主主義を転覆《てんぷく》させるための特定の手段は、以前より取られなくなっているようだ。[23] たとえば、軍事クーデターの件数は徐々に減少している。とはいえ、そこまで劇的でなくても、政治権力のチェック機能を弱めたり、選挙の手続きを操作（制限的な規則を設けたり、明確な脅迫により、ある集団が投票できないようにするなど）したりすることで、民主主義の弱体化が加速している可能性はある。

政治学者のデイビッド・ワルドナーとエレン・ラストは、民主主義の後退は「主な政治アクターが規則に厳密に従って行動すること、潔く敗北すること、次の闘いでまた競うことにもはや満足できなくなった」ときに起こると指摘する。続けて、「彼らを抑制できるか、それとも抑制できないまま、民主主義がいずれ侵食《しんしょく》されてかたちだけのものとなるかは、権力の均衡を維持できるかにかかっている」と警告する。[24]

この説明は、二つの重要な問いに焦点を当てている。まず、一部の政治アクターが民主主義を転覆させようとする動機は何かということ。そして、そのための取り組みに、政治制度を担う他の政治アクターがどれだけ効果的に対抗できるかだ。これにはアイデンティティの力学が重要な役割を持つと私たちは考えている。

たとえば、ある政党やその支持者は、ライバルが異なる政策を優先するだけでなく、ライバルが国を危機にさらし、混乱を招くと認識したとき、公正で透明性のある選挙プロセスを阻害しようと考えるかもしれない——これは政治の二極化によって増幅しうる問題だ。[25]すると、彼らは国の利益と政党の利益を同一視するかもしれない。自分たちが何としても権力を維持することが、国益を守る最善の策だと思い込む可能性があるわけだ。逆に言えば、党より国の利益を優先しようと思うなら、この二つは必ずしも一致するわけではないと理解しなければならない。そして、たとえ自分の党派が選挙で一度や二度負けたとしても、民主主義を維持することが国益だと理解する必要がある。

もちろん、有権者が自発的にこう考えるようになることはない。政治家などの政治エリートや報道機関は定期的にアイデンティティの力学を利用して、排他的なアイデンティティのもとに人々を結集させ、皮肉にも国民の声を奪う政策への支持を高める。さらに、分極化が進めば敵対する政党のデマや陰謀論、プロパガンダも簡単に広まるようになる。

では反対に、こうした民主主義の後退に効果的に対抗するにはどうすればいいか。これには目的も利益も異なる多様な人々を、共通の目的のもとに、いかに結集できるかが重要と思われる。人々は、民主主義的自由を基盤とした共通のアイデンティティを形成できるだろうか？　公共の利益をうながし、協力する意欲を高め、権威主義の魅力を打ち消すような制度を構築できるだろうか？

私たちは何者になりたいか

望む望まないにかかわらず、未来は私たちがつくるものである。不平等、気候変動、民主主義、その他の社会問題にどう関わるかを選ぶのは、最終的には読者である、あなたがたのような人たちだ。私たち2人は、こうした問題を理解するだけでなく解決策を見つけるには、社会的アイデンティティの力学を把握することが重要だと信じている。

社会的アイデンティティは、私たちが誤情報を信じ込み、差別に関与し、属する集団のために資産をため込む動機となりうる。だが、社会的アイデンティティはまた、私たちが自己犠牲を払い、他者と連帯し、集団が行動する新たな規範を生む動機になることもある。それにはもちろん、こうした力学を理解し、活用できるリーダーのまわりに人々が集結し、こうした——その他数えきれない——困難な課題に取り組む必要がある。読者であるあなたがたのような人が、アイデンティティを善のために活用してくれることを願っている。

本書を通じて、私たちはアイデンティティのいくつかの原理を考察してきた。集団は、私たちが何者であるかの中心を占めている。そして大抵の場合、生活で最も重視する集団、つまり私たちの最も中心にある社会的アイデンティティは、ほぼ変わらない。だが私たちはまた、連帯するレディネスもそなえている。いくつかの状況が重なり、新たなアイデンティティが形成されたとき、集団として共通の大義を見いだせるのもそのためだ。どのアイデンティティがどのタイミングで顕現化するかはさまざまだ——だが、ある特定の社会的アイデンティティが活性化したとき、それは絶大な効果を発揮するかもしれない。私たちはその社会的アイデンティティのレンズを通して世界を経験し、共有された現実を受け入れ、集団の象徴や伝統に喜びを感じる。その集団の利益を守ろうとして犠牲になり、闘いさえする。多くの場合、知覚、信念、感情、行動がこのように変化するのは、集団の規範に従うためだ。そして多くの場合、リーダーが集団を率い、フォロワーがそれに続くとき、私たちを突き動かすのは「私たちは何者であるか」という集団に共有された感覚なのだ。

アイデンティティには思考や行動を形成する力があるが、アイデンティティは私たちが主体性を発揮する場でもある。私たちが何者かという特定の認識を拒むのも、受け入れるのも、また集団をより良くするために闘うのも、世界をより良くするために団結するのも、私たちしだいだ。私たちが何者でありたいかを決めるのは、私たち自身に他ならないのである。

日本語版あとがき

パンデミックによって見えてきたもの

本書の執筆を開始した2018年、私たちはすでに社会的アイデンティティ、つまり、ある集団を大切に思い、自分がその集団の一員であると自己認識することの重要性を理解していた。社会的アイデンティティは家族とどう関わり合い、職場の仲間とどれくらい円滑に連携し、オリンピックではなぜ自国の選手を夢中で応援するかといった、日々の多くのものごとをより深く理解するうえで重要だ。また、国家間の対立、気候変動、後退する民主主義など、世界でもきわめて複雑かつ困難な諸問題を理解し、解決に導くためにも重要である。

しかし、本書の主題である社会的アイデンティティとアイデンティティの科学は、私たちが思っていた以上にと言っていいほど、2020年代に世界を震撼《しんかん》させた出来事——新型コロナウイルス感染症の蔓延《まんえん》から、陰謀論を発端とした偽《にせ》情報の拡散、ロシア軍によるウクライナ侵攻まで——と深く結びついている。

私たちが本書の初稿をアメリカの出版社に送ったのは、新型コロナウイルス感染症の世界的流行が発生した直後の2020年6月だった。当時はほぼ世界じゅうでロックダウンが実施され、社会的孤立への対応策が取られていた。私たちは初稿の最終調整を行うかたわら、国際的なプロジェクトをリードしていた。このパンデミックにおいて社会的アイデンティティがどのような役割を果たしているのかをより深く理解するためのプロジェクトだ。過去1世紀以上を遡《さかのぼ》っても最大規模かつ最大級の公衆衛生危機に直面したこの状況は、私たちが自分たちの理論を検証できる場でもあった。パンデミックはまた、世界各国のリーダーに厳しい試練を課すこととなった。彼らは国民がウイルスに感染しないよう、国を団結させて集団的な行動を取らせなければならなかったからだ。

コロナウイルスは直接的または間接的な接触を通して感染するため、平時なら何ら問題のない行動を大幅に修正しなければ、急速かつ致命的な感染拡大を最小限に防げない。疫病が流行した当初、公衆衛生当局からは、よりひんぱんに手を洗う、他人との接触を減らす、外出を最小限にする、人の集まる集会などには参加しないなどの注意喚起が発せられた。

感染経路を示す証拠が明確になってくると、公衆衛生上の推奨事項にマスクの着用が加わった。――ただマスクを着用するだけでなく、効果的に感染を防げる種類のマスクを正しく着用すること、というものだ。またウイルス感染の検査方法やワクチンの開発が進むと、検査を受ける、陽性の場合は隔離のガイドラインに従う、ワクチンを接種する、免疫力を維持するためのブースター接種を受けるといった重要な行動が人々のあいだに広まった。

帰属意識と公衆衛生

このように、感染拡大を抑える行動をうながし、拡大を加速させるような行動を抑制することが、パンデミックのどの段階においても効果的な感染症対策として重視されていた。だが人々の行動を変えるには、たんに政策を変えるだけではふじゅうぶんであることにもリーダーたちは気づき始めていた。多くの国でルールやガイドラインが軽視されていた。なかにはマスクを着用する、集会に参加しないといった推奨事項を守らないばかりか、公衆衛生政策に従うようにという指示に対して怒りや暴力的な反応を示す国民もいた。国によっては不快な情報を公的に発信したとして、政策立案者や科学者が嫌がらせや脅迫を受けた。

アメリカの小売チェーン店では、マスクの着用を求められた客が激怒してレジ係を射殺し、店の警備にあたっていた警官を負傷させたという恐ろしい事例がある。客室乗務員やレストランの接客係も嫌がらせを受けた。カナダや日本を含む多数の国では、ノーマスク、反ワクチンを訴える抗議デモが行われた。こうした事例からわかるのは、科学的な証拠を提示したり新たな法を制定したりするだけでは、人々を団結させて集団行動をうながすにはふじゅうぶんだということだ。

この時期、私たちは世界じゅうの250人の科学者とチームを組んで、ある研究を行っていた。人が自分だけでなく、家族や友人、近隣の人々のリスクを軽減し、少しでも安全性を高めようとして正しい行動を取る場合、その動機は何なのかを調べようとしたのだ。この研究では67カ国から

5万人近くの人々に参加してもらい、彼らの考えと行動を調査した。[1]

結果のなかでも特に顕著だったのは、人は所属する社会集団を強く大切に思っている限りは、手洗いから行動の制限にいたるまで、公衆衛生に努めた行動を取るということだ。この研究では自国への帰属意識が強い人ほど、あらゆる公衆衛生対策を支持する傾向にあった。こうした人々は「私はカナダ人である」とか「日本人であることは、私が何者であるかを示すうえで重要だ」といった質問に「はい」やそれに近い回答を選んでいた。つまり、国民意識の強い被験者ほど、他者との身体的接触を減らし、自身の衛生状態を良好に保ち、パンデミックの拡大を防ぐ政策を支持する傾向が強かったということだ。この傾向は、ほぼすべての国（あるいは少なくとも私たちがデータを収集できた国）に共通していた。

国民意識と行動との関係で言えば、最も良い結果を出していたのはデンマークだった。同国は世界でもきわめて効果的に国民を結集させ、公衆衛生ガイドラインの徹底を図ることで感染・死亡率を減少させた。2022年9月現在、デンマークは新型コロナウイルス感染症による死者数の総計が7000人未満であると報告している。日本もまた研究対象の国のうち9位と、かなり上位に入っている。実際、日本の死者数は100万人あたりわずか351人と、人口の多さからすれば、デンマーク以上に安全と言える。

反対に、私たちの住むアメリカにおけるパンデミック対策は、世界のどの国よりもはるかに悪い。アメリカでのコロナウイルス感染症による死者数はこれまでに100万人を超え、人口比率を考慮した死亡率は日本の10倍以上にのぼる。いったいなぜアメリカのような国が、デンマークや日本といった他の先進国よりも悪い結果になったのか。アメリカは世界トップレベルの医学研究者を有する、世界で最も裕福な国の1つであり、また、世界でも比較的早い段階でワクチン接種を可能にした国でもある。それにもかかわらず、アメリカ市民はこの危機的な状況のなか、なぜ国民意識を共有して団結できなかったのか。

その答えの大きな部分を占めるのはリーダーシップだと、私たちは考えている。アメリカでパンデミックが発生したとき、当時の大統領（ドナルド・トランプ）は国民へのリスクをひどく軽視し、公衆衛生専門家の意見を終始、信用しなかった。政党によって分断されたアメリカの対応は、政治家たちがウイルスと戦うために政治的対立を超え、統一戦線を強化した他国のリーダーシップとは正反対だったというわけだ。[2]

実際、このパンデミックはリーダーシップと集団行動にまつわる教訓を、命に関わるかたちで全世界にもたらした。こうして「私たち」の潜在的な力がより如実になってきた。この可能性を活用できなければ、世界じゅうで大惨事や疫病が勃発するだろう。だがこの力を活用できれば、多くの人々の安全と長期的な健康が守られる。また、結束した国の多くはいち早く経済活動を再開して制限を撤廃したことから、共通のアイデンティティを通した連帯は、解放をも意味するとわかる。

「オリンピックのパラドックス」

新型コロナウイルス感染症の蔓延は多くの混乱を引き起こした。その一つは、安全上の理由で2021年まで開催が延期された東京オリンピックだ。オリンピックは言うまでもなく連帯を象徴する記念的行事であり、国家のアイデンティティを示す盛大な祭典である。

近代オリンピックの第1回大会は、1896年、ギリシャのアテネで開催された。この大会には14カ国の選手が参加したが、当時は国の代表としてではなく個人名義での参加であった。しかし、1906年までには国単位で争われるようになり、国家のアイデンティティが中心的な役割を果たすようになっていた〔より厳密には、オリンピック競技大会は、個人種目または団体種目での選手間の競争であり、国家間の競争ではない〕。

5つの結び合う輪は、オリンピックのシンボルだ。だが、ある研究によれば、世界平和と結束という、このシンボルが象徴する崇高な目標は、国家間の競争によって引き出された民族主義的感情という、不穏な緊張関係と並存することが示唆されている。

キム・ヨンジュとナ・ジンギョンは、近年の研究論文のなかでこの現象を「オリンピックのパラドックス」と呼び、こう述べている。「オリンピックの目的は、スポーツを通じて全世界の平和と結束を促進することである。だが皮肉にも……オリンピックは一市民としての社会的・国家的アイデンティティを活性化させるだけでなく、国家間の熾烈《しれつ》な競争を浮き彫りにすることで集団間バイアスを生む可能性がある」[3]。そして実際、著者らは2016年と2018年のオリンピック期間中、韓国市民が外集団に向ける態度がそれまでよりも否定的になっていたことを観察した。

これはオリンピックやワールドカップのような国際的なスポーツイベントが、必ずしも国家間の関係を悪化させるということではない。これらの国々は戦場や公海ではなく、サッカースタジアムやスキー場での競争を選んだのだ。その意味は考慮に値する。

逆説的ではあるが、本質的には競争が協力的な行為であることは往々にしてある。これは第1章で述べたとおりだ。私たちがオリンピックで目にする競技では、選手たちが激しい戦いを繰り広げる。だがこの戦いは、より緊密な協力のうえに成り立っている。いかに熾烈な争いであっても、彼らは互いに共有および同意した一連のルールを守ることに合意しているのだ。

国際オリンピック委員会ではこれをオリンピック精神と呼び、「オリンピック精神においては友情、連帯、フェアプレーの精神とともに相互理解が求められる」と述べている。この精神はさまざまなかたちで示されることがある。

AP通信は東京2020オリンピックに際し、「世界有数のアスリートたちは互いに優しさと温かさを示し、祝ったり、励まし合ったり、落胆の涙を拭《ぬぐ》い合う彼らの姿が捉えられた」[4]と報じた。国際協調という精神は競技場を超え、選手や役員が滞在する選手村でも見られた。主催者はこれまでと同様、東京大会でも16万個のコンドームを選手村に配布するように指示をした。[5]だが情勢を鑑《かんが》み、新型コロナウイルス感染症のガイドラインでは、選手同士は性行為をしてはならないことになっていた。そこで主催者は配布したコンドームを使用せず「記念品」として持ち帰るように指示していたのだ（この勧告がどれだけしっかりと守られていたかは疑わしいが）。

人はより高いレベルで、協力して同じルールの下でプレーすることに合意した場合にのみ、平和的に競争することができる。オリンピックはこの原則の好例である。だがこの原則は、他の競争にも当てはまる。政治の世界にもまた、憲法に明記され、制度に組み込まれ、慣習的に確立されてきた、協力を前提としたルールが存在する。ルールが共有されることにより、社会集団や政敵同士は武力や流血に訴えることなく、激しい議論を交わせるということだ。

非暴力的に対立を解決に導くために

これまで私たちが一貫して強調してきたとおり、集団のアイデンティティは必ずしも偏見や差別、嫌悪、軽視につながるとは限らない。こうした反応は避けられないと思われがちだが、それこそがアイデンティティに関してよく見られる偏見である。他の集団のメンバーをどう捉えるかを決定づけているのはむしろ、私たちが制定し、体現している規範である。集団どうしが生産的に関わり合い、非暴力的に対立を解決に導くためには、こうした規範が必要不可欠である。つまり、健全な規範を確立することは、指導者として、あるいは法律や制度をつくる際に、最も重要なことの1つなのである。

争いが増加し、国内あるいは国際的な制度が脅かされ、ルールを放棄してでも勝とうとする政治アクターが多くの国で増加傾向にあるように思われる昨今、この東京オリンピックは、健全な競争は協力のうえに成り立っていることを適切なタイミングで思い出させてくれる大会となった。

だが私たちのリーダーは、楽観的、あるいは悲観的なこれらの教訓から学ぶことができるのか。私たちはどうだろうか。また、私たちは将来の危機にしっかりと向き合うことができるのだろうか。気候変動が進むなか、リーダーは共通の目的を設定して協力し、健全な社会規範を新たに確立する方法を見つけることができるのか。あるいは何百万人、さらには何十億もの人々が窮地に立たされるなか、悪戦苦闘する羽目になるのだろうか。

本書を読んでいる方々がこれらの教訓を心に留め、周囲にも共有してくれることを私たち2人が願っているのはこのためだ。集団を結集し、地域的・世界的な課題に対処するために必要な知見をじゅうぶんな数の人々が持つことで、もしかすると私たちは解決策を見いだし、それを実現できるかもしれない。そうなれば、おそらくより安全で幸せな生活を営むことができ、ひいては組織やコミュニティの繁栄にも貢献できることだろう。

これは私たち2人の希望であると同時に、読者に取り組んでほしい課題である。

2022年9月

ジェイ・ヴァン・バヴェル&ドミニク・J・パッカー

謝辞

科学者として、教師として、市民として、そして人間としての私たちの根本的なアイデンティティは、地域社会とその一員である素晴らしい方々に支えられている。彼らに多大なる感謝を捧《ささ》げる。

学問の師であるウィリアム・カニンガム、アリソン・チャスティーン、マリリン・ブリューワー、ジュリアン・セイヤー、ケン・ディオンにも感謝する。彼らは私たちの知りうる人間の心理についてほぼすべてを教授してくれただけでなく、より多くの知識を得るための手段も与えてくれた。

大学院生だった私たち2人を地下2階の同じ研究室に配属してくれたトロント大学心理学科にもお礼を述べたい。この黴《かび》臭く狭い部屋で経験をともにしたことは、私たちが分かちがたい関係を築く一助となった。

学生や研究室のメンバーにはこのうえなく感謝している。彼らの疑問や意見、行動力はつねに私たちに刺激を与えてくれた。本書で紹介する研究の大半は、彼らなしでは実現しえなかった。ドミニクからは特に、ナターシャ・タラ、ニック・ウングソン、シャン・イー・リン、ジャスティン・アオキ、マシュー・クーグラーに。ジェイからは特に、ジェニー・シャオ、アナ・ガントマン、ハンナ・ナム、レオ・ハッケル、ダニエル・ユドキン、ジュリアン・ウィルズ、ビリー・ブレイディー、ディエゴ・ライネロ、アニ・ステニスコ、エリザベス・ハリス、クレア・ロバートソン、ピーター・メンデ＝

シェドレツキ、オリエル・フェルドマンホール、アンドレア・ペリエラ、フィリップ・パーナメッツ、キム・ドエル、ビクトリア・スプリングにお礼を言いたい。

恩師、同僚、共同作業者、そしてニューヨーク大学、リーハイ大学、その他多くの組織の友人たちにも感謝の気持ちを伝えたい。すべての方々の名前を書くことはできないが、私たちが楽しく、そして興味ぶかい活動ができたのは、彼らがいたからだ。また、大学院時代とその後の人生で数々の困難に見舞われながらも健全に過ごしてこれたのは、マイケル・ウォール、クリストファー・マイナーズ、アマンダ・ケセックのおかげだ。この場を借りてお礼を申し上げる。

優秀なエージェントであるジム・リバインにも感謝する。その助力と見識で本書を完成に導いてくれた、忍耐強く聡明な編集者のマリサ・ビジランテにも感謝している。また、本書の執筆に際して助言を賜《たまわ》り、本書に目を通してくれたハリール・スミス、アニー・デューク、ジョシュ・アロンソン、アダム・ガリンスキー、サラ・グレビー・ゴットフレッドソンなど、すべての方々に多大なる感謝を捧げる。

そして何より、辛抱強く愛すべき家族に永遠の感謝の意を伝えたい——ドミニクからはジェニー、ジュリア、トビー、チャールズ、アリソンに。ジェイからはテッサ、ジャック、アニー、マティ、ブレンダ、コリンに。

of Consciousness: Theory, Research, and Practice 3, no. 1 (2016): 1.

19 Nancy R. Buchan et al., "Globalization and Human Cooperation," *Proceedings of the National Academy of Sciences* 106, no. 11 (2009): 4138–42; Nancy R. Buchan et al., "Global Social Identity and Global Cooperation," *Psychological Science* 22, no. 6 (2011): 821–28.

20 David Waldner and Ellen Lust, "Unwelcome Change: Coming to Terms with Democratic Backsliding," *Annual Review of Political Science* 21 (2018): 93–113; Nancy Bermeo, "On Democratic Backsliding," *Journal of Democracy* 27, no. 1 (2016): 5–19.

21 Sergei Guriev, Nikita Melnikov, and Ekaterina Zhuravskaya, "3G Internet and Confidence in Government," *Quarterly Journal of Economics* (2021), https://doi.org/10.1093/qje/qjaa040.

22 Kahn and Wiener, "Faustian Powers and Human Choices."

23 Bermeo, "On Democratic Backsliding."

24 Waldner and Lust, "Unwelcome Change."

25 Jennifer McCoy, Tahmina Rahman, and Murat Somer, "Polarization and the Global Crisis of Democracy: Common Patterns, Dynamics, and Pernicious Consequences for Democratic Polities," *American Behavioral Scientist* 62, no. 1 (2018): 16–42.

日本語版あとがき

1 Van Bavel, Jay J., et al. "National identity predicts public health support during a global pandemic." *Nature communications* 13.1 (2022): 1-14.

2 Frenzel, Svenja B., et al. "How national leaders keep 'us' safe: A longitudinal, four-nation study exploring the role of identity leadership as a predictor of adherence to COVID-19 non-pharmaceutical interventions." *BMJ open* 12.5 (2022): e054980.

3 Kim, Youngju, and Jinkyung Na. "The Olympic paradox: The Olympics and intergroup biases." *Group Processes & Intergroup Relations* 25.1 (2022): 26-43.

4 Ho, Sally. "At an extraordinary Olympics, acts of kindness abound." Associated Press (August 2, 2021): https://apnews.com/article/2020-tokyo-olympics-acts-of-kindness-sportsmanship-f7484946288e2a078b2a1f9eccbc1232

5 Diaz, Jaclyn. "Athletes at the Tokyo Olympics are being given condoms, and warnings not to use them." NPR (July 21, 2021): https://www.npr.org/sections/tokyo-olympics-live-updates/2021/07/21/1018680679/athletes-at-the-tokyo-olympics-are-being-given-condoms-and-warnings-not-to-use-t

10　アイデンティティの未来

1 William Ewald, ed., *Environment and Change*: The Next Fifty Years (Bloomington: Indiana University Press, 1968).

2 上記に収録。Herman Kahn and Anthony Wiener, "Faustian Powers and Human Choices: Some Twenty-First Century Technological and Economic Issues"

3 *World Social Report 2020: Inequality in a Rapidly Changing World* (United Nations, February 2020), https://doi.org/10.18356/7f5d0efc-en.

4 Keith Payne, *The Broken Ladder: How Inequality Affects the Way We Think, Live, and Die* (New York: Penguin, 2017); Richard Wilkinson and Kate Pickett, *The Spirit Level: Why Greater Equality Makes Societies Stronger* (New York: Bloomsbury, 2011).

5 Niklas K. Steffens et al., "Identity Economics Meets Identity Leadership: Ex-ploring the Consequences of Elevated CEO Pay," *Leadership Quarterly* 30 (June 2020).

6 Mark Rubin and Rebecca Stuart, "Kill or Cure? Different Types of Social Class Identification Amplify and Buffer the Relation Between Social Class and Mental Health," *Journal of Social Psychology* 158, no. 2 (2018): 236–51.

7 Frank Mols and Jolanda Jetten, *The Wealth Paradox: Economic Prosperity and the Hardening of Attitudes* (New York: Cambridge University Press, 2017); Frank Mols and Jolanda Jetten, "Explaining the Appeal of Populist Right-Wing Parties in Times of Economic Prosperity," *Political Psychology* 37, no. 2 (2016): 275–92; Bernard N. Grofman and Edward N. Muller, "The Strange Case of Relative Gratification and Potential for Political Violence: The V-Curve Hypothesis," *American Political Science Review* 67, no. 2 (1973): 514–39.

8 Jolanda Jetten et al., "A Social Identity Analysis of Responses to Economic Inequality," *Current Opinion in Psychology* 18 (2017): 1–5.

9 ギグエコノミーに関する主要な分析については以下を参照した。Alexandrea J. Ravenelle, "Sharing Economy Workers: Selling, Not Sharing," *Cambridge Journal of Regions, Economy and Society* 10, no. 2 (2017): 281–95.

10 Arundhati Roy, "Arundhati Roy: 'The Pandemic Is a Portal,'" *Financial Times*, April 3, 2020, https://www.ft.com/content/10d8f5e8-74eb-11ea-95fe-fcd274e920ca.

11 Intergovernmental Panel on Climate Change, *Special Report on Global Warming of 1.5°C*, United Nations, 2018, https://www.ipcc.ch/sr15/.〔気候変動に関する政府間パネル(IPCC)「1.5℃特別報告書」、2018年、国際連合〕

12 ギャラップの世論調査より。https://news.gallup.com/poll/1615/Environment.aspx.

13 Matthew J. Hornsey and Kelly S. Fielding, "Understanding (and Reducing) Inaction on Climate Change," *Social Issues and Policy Review* 14, no. 1 (2020): 3–35; Kimberly Doell et al., "Understanding the Effects of Partisan Identity on Climate Change," PsyArXiv, January 26, 2021, doi:10.31234/osf.io/5vems.

14 Matthew J. Hornsey, Emily A. Harris, and Kelly S. Fielding, "Relationships Among Conspiratorial Beliefs, Conservatism and Climate Scepticism Across Nations," *Nature Climate Change* 8, no. 7 (2018): 614–20.

15 同上。

16 Kimberly C. Doell et al., "Understanding the Effects of Partisan Identity on Climate Change," *Current Opinion in Behavioral Sciences* 42 (2021): 54–59.

17 Intergovernmental Panel on Climate Change, *Special Report on Global Warming*.〔気候変動に関する政府間パネル（IPCC）「1.5℃特別報告書」〕

18 Frank White, *The Overview Effect: Space Exploration and Human Evolution* (Reston, VA: American Institute of Aeronautics and Astronautics, 2014); David B. Yaden et al., "The Overview Effect: Awe and Self-Transcendent Experience in Space Flight," *Psychology*

Women Are Over-Represented in Precarious Leadership Positions," *British Journal of Management* 16, no. 2 (2005): 81–90; Michelle K. Ryan et al., "Getting on Top of the Glass Cliff: Reviewing a Decade of Evidence, Explanations, and Impact," *Leadership Quarterly* 27, no. 3 (2016): 446–55; Alison Cook and Christy Glass, "Above the Glass Ceiling: When Are Women and Racial/Ethnic Minorities Promoted to CEO?," *Strategic Management Journal* 35, no. 7 (2014): 1080–89.

24 Tom R. Tyler and E. Allan Lind, "A Relational Model of Authority in Groups," *Advances in Experimental Social Psychology* 25 (1992): 115–91.

25 Daan Van Knippenberg, "Leadership and Identity," in *The Nature of Leadership*, 2nd ed., ed. David Day and John Antonakis (London: Sage, 2012).

26 Robert A. Burgelman and Andrew S. Grove, "Strategic Dissonance," *California Management Review* 38, no. 2 (1996): 8–28.

27 Martin Gilbert, "I Shall Be the One to Save London," *Churchill Project* (ブログ), April 14, 2017, https://winstonchurchill.hillsdale.edu/shall-one-save-london/.

28 Andrew Roberts, *Churchill: Walking with Destiny* (New York: Penguin, 2018); Erik Larson, *The Splendid and the Vile: A Saga of Churchill, Family, and Defiance During the Blitz* (New York: Crown, 2020).

29 Roderick M. Kramer, "The Imperatives of Identity: The Role of Identity in Leader Judgment and Decision Making," in *Leadership and Power: Identity Processes in Groups and Organizations*, ed. Daan Van Knippenberg and Michael A. Hogg (London: Sage, 2003), 184.

30 Blake Ashforth, "Petty Tyranny in Organizations," *Human Relations* 47, no. 7 (1994): 755–78.

31 Birgit Schyns and Jan Schilling, "How Bad Are the Effects of Bad Leaders? A Meta-Analysis of Destructive Leadership and Its Outcomes," *Leadership Quarterly* 24, no. 1 (2013): 138–58.

32 Craig Haney, W. Curtis Banks, and Philip G. Zimbardo, "A Study of Prisoners and Guards in a Simulated Prison," *Naval Research Reviews* 9, nos. 1–17 (1973); "The Mind Is a Formidable Jailer," *New York Times*, April 8, 1973, https://www.nytimes.com/1973/04/08/archives/a-pirandellian-prison-the-mind-is-a-formidable-jailer.html; "Stanford Prison Experiment," https://www.prisonexp.org.

33 Philip G. Zimbardo, *The Lucifer Effect: Understanding How Good People Turn Evil* (New York: Random House, 2007)〔フィリップ・ジンバルドー『ルシファー・エフェクト――ふつうの人が悪魔に変わるとき』鬼澤忍、中山宥訳、海と月社、2015 年〕

34 S. Alexander Haslam and Stephen D. Reicher, "When Prisoners Take over the Prison: A Social Psychology of Resistance," *Personality and Social Psychology Review* 16, no. 2 (2012): 154–79; Stephen Reicher and S. Alexander Haslam, "Rethinking the Psychology of Tyranny: The BBC Prison Study," *British Journal of Social Psychology* 45, no. 1 (2006): 1–40; S. Alexander Haslam, Stephen D. Reicher, and Jay J. Van Bavel, "Rethinking the Nature of Cruelty: The Role of Identity Leadership in the Stanford Prison Experiment," *American Psychologist* 74, no. 7 (2019): 809.

35 Haslam, Reicher, and Van Bavel, "Rethinking the Nature of Cruelty." Stanford University Libraries (2018). スタンフォード監獄実験のインタビュー（録音された音声：Source ID: SC0750_s5_b2_21). http://purl.stanford.edu/wn708sq0050

36 Stephen Reicher, S. Alexander Haslam, and Rakshi Rath, "Making a Virtue of Evil: A Five-Step Social Identity Model of the Development of Collective Hate," *Social and Personality Psychology Compass* 2, no. 3 (2008): 1313–44.

37 Robert O. Paxton, *The Anatomy of Fascism* (New York: Vintage, 2007)〔ロバート・パクストン『ファシズムの解剖学』瀬戸岡紘訳、桜井書店、2009 年〕

著者——**ジェイ・ヴァン・バヴェル**(Jay Van Bavel)

ニューヨーク大学の心理学・神経科学准教授。ニューロンから社会的ネットワークにおよぶ、潜在的なバイアス、集団のアイデンティティ、チームのパフォーマンス、意思決定、公衆衛生における心理学・神経科学を研究している。家族、ペットのハムスターであるサニーとニューヨーク市に住み、子供とエレベーターに閉じ込められたまま講義をしたことがある。

著者——**ドミニク・J・パッカー**(Dominic J. Packer)

リーハイ大学(ペンシルベニア州ベスレヘム)の心理学教授。人々のアイデンティティが同調や異論、人種差別や年齢差別、連帯、健康、リーダーシップにどのような影響を与えるかを研究している。家族、愛犬のビスケットとペンシルベニア州東部に住む。

訳者——**渡邊 真里**(わたなべ・まり)

翻訳者。埼玉県出身。法政大学文学部卒業。ソフトウェア開発会社、翻訳会社に勤務後、独立。訳書に『恐竜と古代の生物図鑑』『アンディ・ウォーホルをさがせ!』『生物の進化大図鑑』*『WOMEN 世界を変えた偉大な女性たち』*『CHOCOLATE:チョコレートの歴史、カカオ豆の種類、味わい方とそのレシピ』*(*印は共訳)などがある。

装幀——華本達哉(株式会社aozora)　翻訳協力——オフィス宮崎

私たちは同調する

2023年3月13日　第1刷発行

著　者————ジェイ・ヴァン・バヴェル & ドミニク・J・パッカー
訳　者————渡邊 真里
発行者————徳留 慶太郎
発行所————株式会社すばる舎
〒170-0013 東京都豊島区東池袋3-9-7 東池袋織本ビル
TEL 03-3981-8651(代表)
03-3981-0767(営業部直通)
FAX 03-3981-8638
URL https://www.subarusya.jp/

印刷・製本——株式会社光邦

落丁・乱丁本はお取り替えいたします

ISBN978-4-7991-1122-2

索引

【あ】

【か】

【き】

【く】

【け】

【こ】

【さ】

【し】

【そ】

【た】

【と】

【も】

【や・ゆ・よ】

【る・れ】

【ろ】

【わ】

原 注〔および日本語版のあとがき注〕

1 「私たち」の力

1 Barbara Smit, *Pitch Invasion* (Harmondsworth, UK: Penguin, 2007)〔バーバラ・スミット『アディダスVSプーマ もうひとつの代理戦争』宮本俊夫訳、ランダムハウス講談社、2006年〕

2 Allan Hall, "Adidas and Puma Bury the Hatchet After 60 Years of Brothers' Feud After Football Match," *Telegraph*, September 22, 2009, https://www.telegraph.co.uk/news/worldnews/europe/germany/6216728/Adidas-and-Puma-bury-the-hatchet-after-60-years-of-brothers-feud-after-football-match.html.

3 Henri Tajfel, "Experiments in Intergroup Discrimination," *Scientific American* 223, no. 5 (1970): 96–103.

4 Henri Tajfel, "Social Identity and Intergroup Behaviour," *Social Science Information* 13, no. 2 (April 1, 1974): 65–93, https://doi.org/10.1177/053901847401300204.

5 Amélie Mummendey and Sabine Otten, "Positive-Negative Asymmetry in Social Discrimination," *European Review of Social Psychology* 9, no. 1 (1998): 107–43.

6 Jay J. Van Bavel and William A. Cunningham, "Self-Categorization with a Novel Mixed-Race Group Moderates Automatic Social and Racial Biases," *Personality and Social Psychology Bulletin* 35, no. 3 (2009): 321–35.

7 David De Cremer and Mark Van Vugt, "Social Identification Effects in Social Dilemmas: A Transformation of Motives," *European Journal of Social Psychology* 29, no. 7 (1999): 871–93, https://doi.org/10.1002/(SICI)1099-0992(199911)29:7<871::AID-EJSP962>3.0.CO;2-I.

8 Marilynn B. Brewer and Sonia Roccas, "Individual Values, Social Identity, and Optimal Distinctiveness," in *Individual Self, Relational Self, Collective Self,* ed. Constantine Sedikides and Marilynn B. Brewer (New York: Psychology Press, 2001), 219–37.

9 Lucy Maud Montgomery, *The Annotated Anne of Green Gables* (New York: Oxford University Press, 1997)〔ルーシー・モード・モンゴメリ『完全版・赤毛のアン』山本史郎訳、原書房、1999年〕

10 Jolanda Jetten, Tom Postmes, and Brendan J. McAuliffe, "'We're All Individuals': Group Norms of Individualism and Collectivism, Levels of Identification and Identity Threat," *European Journal of Social Psychology* 32, no. 2 (2002): 189–207, https://doi.org/10.1002/ejsp.65.

11 Hazel Rose Markus and Alana Conner, *Clash!: How to Thrive in a Multicultural World* (New York: Penguin, 2013).

12 Jeffrey Jones, "U.S. Clergy, Bankers See New Lows in Honesty/Ethics Ratings," Gallup.com, December 9, 2009, https://news.gallup.com/poll/124628/Clergy-Bankers-New-Lows-Honesty-Ethics-Ratings.aspx.

13 Alain Cohn, Ernst Fehr, and Michel André Maréchal, "Business Culture and Dishonesty in the Banking Industry," *Nature* 516, no. 7529 (December 4, 2014): 86–89, https://doi.org/10.1038/nature13977.

14 Zoe Rahwan, Erez Yoeli, and Barbara Fasolo, "Heterogeneity in Banker Culture and Its Influence on Dishonesty," *Nature* 575, no. 7782 (November 2019): 345–49, https://doi.org/10.1038/s41586-019-1741-y.

15 Alain Cohn, Ernst Fehr, and Michel André Maréchal, "Selective Participation May Undermine Replication Attempts," *Nature* 575, no. 7782 (November 2019): E1–E2, https://doi.org/10.1038/s41586-019-1729-7.

2 アイデンティティというレンズ

1 Albert H. Hastorf and Hadley Cantril, "They Saw a Game; a Case Study," *Journal of Abnormal and Social Psychology* 49, no. 1 (1954): 129–34, https://doi.org/10.1037/h0057880.

2 Nima Mesgarani and Edward F. Chang, "Selective Cortical Representation of Attended Speaker in Multi-Talker Speech Perception," *Nature* 485, no. 7397 (May 2012): 233–36, https://doi.org/10.1038/nature11020.

3 Y. Jenny Xiao, Géraldine Coppin, and Jay J. Van Bavel, "Perceiving the World Through Group-Colored Glasses: A Perceptual Model of Intergroup Relations," *Psychological Inquiry* 27, no. 4 (October 1, 2016): 255–74, https://doi.org/10.1080/1047840X.2016.1199221.

4 Joan Y. Chiao et al., "Priming Race in Biracial Observers Affects Visual Search for Black and White Faces," *Psychological Science* 17 (May 2006): 387–92, https://doi.org/10.1111/j.1467-9280.2006.01717.x.

5 Leor M. Hackel et al., "From Groups to Grits: Social Identity Shapes Evaluations of Food Pleasantness," *Journal of Experimental Social Psychology* 74 (January 1, 2018): 270–80, https://doi.org/10.1016/j.jesp.2017.09.007.

6 同上。

7 Kristin Shutts et al., "Social Information Guides Infants' Selection of Foods," *Journal of Cognition and Development* 10, nos. 1–2 (2009): 1–17.

8 Géraldine Coppin et al., "Swiss Identity Smells like Chocolate: Social Identity Shapes Olfactory Judgments," *Scientific Reports* 6, no. 1 (October 11, 2016): 34979, https://doi.org/10.1038/srep34979.

9 Stephen D. Reicher et al., "Core Disgust Is Attenuated by Ingroup Relations," *Proceedings of the National Academy of Sciences* 113, no. 10 (March 8, 2016): 2631–35, https://doi.org/10.1073/pnas.1517027113.

10 同上。

11 Y. Jenny Xiao and Jay J. Van Bavel, "See Your Friends Close and Your Enemies Closer: Social Identity and Identity Threat Shape the Representation of Physical Distance," *Personality and Social Psychology Bulletin* 38, no. 7 (July 1, 2012): 959–72, https://doi.org/10.1177/0146167212442228.

12 Y. Jenny Xiao, Michael J. A. Wohl, and Jay J. Van Bavel, "Proximity Under Threat: The Role of Physical Distance in Intergroup Relations," *PLOS ONE* 11, no. 7 (July 28, 2016): e0159792, https://doi.org/10.1371/journal.pone.0159792.

13 "Trump Leads 'Build That Wall' Chant in California," NBC News, May 25, 2016, https://www.nbcnews.com/video/trump-leads-build-that-wall-chant-in-california-692809283877.

14 Xiao and Van Bavel, "See Your Friends Close and Your Enemies Closer."

15 Xiao, Wohl, and Van Bavel, "Proximity Under Threat."

16 Conor Friedersdorf, "The Killing of Kajieme Powell and How It Divides Americans," *Atlantic*, August 21, 2014, https://www.theatlantic.com/national/archive/2014/08/the-killing-of-kajieme-powell/378899/.

17 David Yokum, Anita Ravishankar, and Alexander Coppock, "A Randomized Control Trial Evaluating the Effects of Police Body-Worn Cameras," *Proceedings of the National Academy of Sciences* 116, no. 21 (2019): 10329–32.

18 Timothy Williams et al., "Police Body Cameras: What Do You See?," *New York Times*, April 1, 2016, https://www.nytimes.com/interactive/2016/04/01/us/police-bodycam-video.html.

19 Yael Granot et al., "Justice Is Not Blind: Visual Attention Exaggerates Effects of Group Identification on Legal Punishment," *Journal of Experimental Psychology: General* 143, no. 6 (2014): 2196–208, https://doi.org/10.1037/a0037893.

20 Emma Pierson et al., "A Large-Scale Analysis of Racial Disparities in Police Stops Across the United States," *Nature Human Behaviour* 4, no. 7 (July 2020): 736–45, https://doi.org/10.1038/s41562-020-0858-1.

21 Bocar A. Ba et al., "The Role of Officer Race and Gender in Police-Civilian Interactions in Chicago," *Science* 371, no. 6530 (February 12, 2021): 696–702, https://doi.org/10.1126/science.abd8694.

22 Mahzarin R. Banaji and Anthony G. Greenwald, *Blindspot: Hidden Biases of Good People* (New York: Bantam, 2016)〔M.R. バナージ、A.G. グリーンワルド『心の中のブラインド・スポット：善良な人々に潜む非意識のバイアス』北村英哉、小林知博訳、北大路書房、2015 年〕

3　現実の共有

1 Leon Festinger, Henry Riecken, and Stanley Schachter, *When Prophecy Fails* (New York: Harper and Row, 1964)〔L. フェスティンガー、S. シャクター、H.W. リーケン『予言がはずれるとき――この世の破滅を予知した現代のある集団を解明する』水野博介訳、勁草書房、1995 年〕

2 Solomon E. Asch, "Studies of Independence and Conformity: I. A Minority of One Against a Unanimous Majority," *Psychological Monographs: General and Applied* 70, no. 9 (1956): 1–70; Solomon E. Asch, "Opinions and Social Pressure," Scientific American 193, no. 5 (1955): 31–35.

3 Robert S. Baron, Joseph A. Vandello, and Bethany Brunsman, "The Forgotten Variable in Conformity Research: Impact of Task Importance on Social Influence," *Journal of Personality and Social Psychology* 71, no. 5 (1996): 915–27, https://doi.org/10.1037/0022-3514.71.5.915.

4 Joachim I. Krueger and Adam L. Massey, "A Rational Reconstruction of Mis-behavior," *Social Cognition* 27, no. 5 (2009): 786–812, https://doi.org/10.1521/soco.2009.27.5.786.

5 Sushil Bikhchandani, David Hirshleifer, and Ivo Welch, "A Theory of Fads, Fashion, Custom, and Cultural Change as Informational Cascades," *Journal of Political Economy* 100, no. 5 (1992): 992–1026.

6 Dominic Abrams et al., "Knowing What to Think by Knowing Who You Are: Self-Categorization and the Nature of Norm Formation, Conformity and Group Polarization," *British Journal of Social Psychology* 29, no. 2 (1990): 97–119; Dominic J. Packer, Nick D. Ungson, and Jessecae K. Marsh, "Conformity and Reactions to Deviance in the Time of COVID-19," *Group Processes and Intergroup Relations* 24, no. 2 (2021): 311–17.

7 Jonah Berger and Chip Heath, "Who Drives Divergence? Identity Signaling, Outgroup Dissimilarity, and the Abandonment of Cultural Tastes," *Journal of Personality and Social Psychology* 95, no. 3 (September 2008): 593–607, https://doi.org/10.1037/0022-3514.95.3.593.

8 Philip Fernbach and Steven Sloman, "Why We Believe Obvious Untruths," *New York Times*, March 3, 2017, https://www.nytimes.com/2017/03/03/opinion/sunday/why-we-believe-obvious-untruths.html.

9 Jamie L. Vernon, "On the Shoulders of Giants," *American Scientist*, June 19, 2017, https://www.americanscientist.org/article/on-the-shoulders-of-giants.

10 Kenneth Warren, *Bethlehem Steel: Builder and Arsenal of America* (Pittsburgh: University of Pittsburgh Press, 2010).

11 Carol J. Loomis, Patricia Neering, and Christopher Tkaczyk, "The Sinking of Bethlehem Steel," *Fortune*, April 5, 2004, https://money.cnn.com/magazines/fortune/fortune_archive/2004/04/05/366339/index.htm.

12 Bill Keller, "Enron for Dummies," *New York Times*, January 26, 2002, https://www.nytimes.com/2002/01/26/opinion/enron-for-dummies.html; "Understanding Enron," *New York Times*, January 14, 2002, https://www.nytimes.com/2002/01/14/business/understanding-enron.html.

13 Dennis Tourish and Naheed Vatcha, "Charismatic Leadership and Corporate Cultism at Enron: The Elimination of Dissent, the Promotion of Conformity and Organizational Collapse," *Leadership* 1 (November 1, 2005): 455–80, https://doi.org/10.1177/1742715005057671.

14 同上。

15 Peter C. Fusaro and Ross M. Miller, *What Went Wrong at Enron: Everyone's Guide to the Largest Bankruptcy in U.S. History* (Hoboken, NJ: John Wiley and Sons, 2002)〔ピーター・C. フサロ、ロス M. ミラー『エンロン崩壊の真実』橋本碩也訳、税務経理協会、2002 年〕

16 Ned Augenblick et al., "The Economics of Faith: Using an Apocalyptic Prophecy to Elicit Religious Beliefs in the Field," National Bureau of Economic Research, December 21, 2012, https://doi.org/10.3386/w18641.

17 Festinger, Riecken, and Schachter, *When Prophecy Fails*.〔L. フェスティンガー、S. シャクター、H.W. リーケン『予言がはずれるとき――この世の破滅を予知した現代のある集団を解明する』〕

18 Anni Sternisko, Aleksandra Cichocka, and Jay J. Van Bavel, "The Dark Side of Social Movements: Social Identity, Non-Conformity, and the Lure of Conspiracy Theories," *Current Opinion in Psychology* 35 (2020): 1–6.

19 Paul 't Hart, "Irving L. Janis' Victims of Groupthink," *Political Psychology* 12, no. 2 (1991): 247–78, https://doi.org/10.2307/3791464.

20 Keith E. Stanovich, Richard F. West, and Maggie E. Toplak, "Myside Bias, Rational Thinking, and Intelligence," *Current Directions in Psychological Science* 22, no. 4 (2013): 259–64.

21 Roderick M. Kramer, "Revisiting the Bay of Pigs and Vietnam Decisions 25 Years Later: How Well Has the Groupthink Hypothesis Stood the Test of Time?," *Organizational Behavior and Human Decision Processes* 73, nos. 2–3 (February 1998): 236–71, https://doi.org/10.1006/obhd.1998.2762.

22 Jonathan Haidt, "New Study Indicates Existence of Eight Conservative Social Psychologists," *Heterodox* (ブログ), January 7, 2016, https://heterodoxacademy.org/blog/new-study-indicates-existence-of-eight-conservative-social-psychologists/.

23 David Buss and William von Hippel, "Psychological Barriers to Evolutionary Psychology: Ideological Bias and Coalitional Adaptations," *Archives of Scientific Psychology* 6 (2018): 148–58, https://psycnet.apa.org/fulltext/2018-57934-001.html.

24 Jay J. Van Bavel et al., "Breaking Groupthink: Why Scientific Identity and Norms Mitigate Ideological Epistemology," *Psychological Inquiry* 31, no. 1 (January 2, 2020): 66–72, https://doi.org/10.1080/1047840X.2020.1722599.

25 Diego Reinero et al., "Is the Political Slant of Psychology Research Related to Scientific Replicability?" (2019), https://doi.org/10.31234/osf.io/6k3j5.

26 Eitan, Orly, Domenico Viganola, Yoel Inbar, Anna Dreber, Magnus Johannesson, Thomas Pfeiffer, Stefan Thau, and Eric Luis Uhlmann, "Is research in social psychology politically biased? Systematic empirical tests and a forecasting survey to address the controversy," *Journal of Experimental Social Psychology* 79 (2018): 188-99.

27 Niklas K. Steffens et al., "Our Followers Are Lions, Theirs Are Sheep: How Social Identity Shapes Theories about Followership and Social Influence," *Political Psychology*

39, no. 1 (2018): 23–42.

28 Packer, Ungson, and Marsh, “Conformity and Reactions to Deviance.”

29 Gordon Pennycook et al., “Fighting COVID-19 Misinformation on Social Media: Experimental Evidence for a Scalable Accuracy-Nudge Intervention,” *Psychological Science* 31, no. 7 (July 1, 2020): 770–80, https://doi.org/10.1177/0956797620939054.

4 エコーチェンバーからの脱却

1 Dan M. Kahan et al., “Motivated Numeracy and Enlightened Self-Government,” *Behavioural Public Policy* 1 (September 2013): 54–86, https://doi.org/10.2139/ssrn.2319992.

2 Eli J. Finkel et al., “Political Sectarianism in America,” *Science* 370, no. 6516 (October 30, 2020): 533–36, https://doi.org/10.1126/science.abe1715.

3 Elizabeth Ann Harris et al., “The Psychology and Neuroscience of Partisanship,” PsyArXiv, October 13, 2020, https://doi.org/10.31234/osf.io/hdn2w.

4 Nick Rogers and Jason Jones, “Using Twitter Bios to Measure Changes in Social Identity: Are Americans Defining Themselves More Politically Over Time?” (August 2019), https://doi.org/10.13140/RG.2.2.32584.67849.

5 M. Keith Chen and Ryne Rohla, “The Effect of Partisanship and Political Advertising on Close Family Ties,” *Science* 360, no. 6392 (June 1, 2018): 1020–24, https://doi.org/10.1126/science.aaq1433.

6 Shanto Iyengar et al., “The Origins and Consequences of Affective Polarization in the United States,” *Annual Review of Political Science* 22, no. 1 (2019): 129–46, https://doi.org/10.1146/annurev-polisci-051117-073034.

7 Elaine Chen, “Group Think at the Inauguration?,” *Only Human*, January 24, 2017, https://www.wnycstudios.org/podcasts/onlyhuman/articles/group-think-inauguration.

8 Finkel et al., “Political Sectarianism.”

9 John R. Hibbing, Kevin B. Smith, and John R. Alford, *Predisposed: Liberals, Conservatives, and the Biology of Political Differences* (New York: Routledge, 2013).

10 Ryota Kanai et al., “Political Orientations Are Correlated with Brain Structure in Young Adults,” *Current Biology* 21, no. 8 (April 26, 2011): 677–80, https://doi.org/10.1016/j.cub.2011.03.017.

11 H. Hannah Nam et al., “Amygdala Structure and the Tendency to Regard the Social System as Legitimate and Desirable,” *Nature Human Behaviour* 2, no. 2 (February 2018): 133–38, https://doi.org/10.1038/s41562-017-0248-5.

12 H. Hannah Nam et al., “Toward a Neuropsychology of Political Orientation: Exploring Ideology in Patients with Frontal and Midbrain Lesions,” *Philosophical Transactions of the Royal Society B: Biological Sciences* 376, no. 1822 (April 12, 2021): 20200137, https://doi.org/10.1098/rstb.2020.0137.

13 John T. Jost, Christopher M. Federico, and Jaime L. Napier, “Political Ideology: Its Structure, Functions, and Elective Affinities,” *Annual Review of Psychology* 60, no. 1 (2009): 307–37, https://doi.org/10.1146/annurev.psych.60.110707.163600.

14 Dharshan Kumaran, Hans Ludwig Melo, and Emrah Duzel, “The Emergence and Representation of Knowledge About Social and Nonsocial Hierarchies,” *Neuron* 76, no. 3 (November 8, 2012): 653–66, https://doi.org/10.1016/j.neuron.2012.09.035.

15 Nam et al., “Amygdala Structure.”

16 M. J. Crockett, “Moral Outrage in the Digital Age,” *Nature Human Behaviour* 1, no. 11 (November 2017): 769–71, https://doi.org/10.1038/s41562-017-0213-3.

17 同上。

18 "Average Person Scrolls 300 Feet of Social Media Content Daily," *NetNewsLedger* (ブログ), January 1, 2018, http://www.netnewsledger.com/2018/01/01/average-person-scrolls-300-feet-social-media-content-daily/.

19 William Brady, Ana Gantman, and Jay Van Bavel, "Attentional Capture Helps Explain Why Moral and Emotional Content Go Viral," *Journal of Experimental Psychology: General* 149 (September 5, 2019): 746–56, https://doi.org/10.1037/xge0000673.

20 Rich McCormick, "Donald Trump Says Facebook and Twitter 'Helped Him Win,'" *Verge*, November 13, 2016, https://www.theverge.com/2016/11/13/13619148/trump-facebook-twitter-helped-win.

21 William J. Brady et al., "An Ideological Asymmetry in the Diffusion of Moralized Content Among Political Elites," PsyArXiv, September 28, 2018, https://doi.org/10.31234/osf.io/43n5e.

22 Marlon Mooijman et al., "Moralization in Social Networks and the Emergence of Violence During Protests," *Nature Human Behaviour* 2, no. 6 (2018): 389–96.

23 William J. Brady and Jay J. Van Bavel, "Social Identity Shapes Antecedents and Functional Outcomes of Moral Emotion Expression in Online Networks," OSF Preprints, April 2, 2021, https://doi:10.31219/osf.io/dgt6u.

24 Andrew M. Guess, Brendan Nyhan, and Jason Reifler, "Exposure to Untrustworthy Websites in the 2016 US Election," *Nature Human Behaviour* 4, no. 5 (May 2020): 472–80, https://doi.org/10.1038/s41562-020-0833-x.

25 Andrea Pereira, Jay J. Van Bavel, and Elizabeth Ann Harris, "Identity Concerns Drive Belief: The Impact of Partisan Identity on the Belief and Dissemination of True and False News," PsyArXiv, September 11, 2018, https://doi.org/10.31234/osf.io/7vc5d.

26 Mark Murray, "Sixty Percent Believe Worst Is Yet to Come for the U.S. in Coronavirus Pandemic," NBCNews.com, March 15, 2020, https://www.nbcnews.com/politics/meet-the-press/sixty-percent-believe-worst-yet-come-u-s-coronavirus-pandemic-n1159106.

27 Jay J. Van Bavel, "In a Pandemic, Political Polarization Could Kill People," *Washington Post*, March 23, 2020, https://www.washingtonpost.com/outlook/2020/03/23/coronavirus-polarization-political-exaggeration/.

28 "Donald Trump, Charleston, South Carolina, Rally Transcript," *Rev* (ブログ), February 28, 2020, https://www.rev.com/blog/transcripts/donald-trump-charleston-south-carolina-rally-transcript-february-28-2020.

29 Anton Gollwitzer et al., "Partisan Differences in Physical Distancing Predict Infections and Mortality During the Coronavirus Pandemic," PsyArXiv, May 24, 2020, https://doi.org/10.31234/osf.io/t3yxa.

30 Damien Cave, "Jacinda Ardern Sold a Drastic Lockdown with Straight Talk and Mom Jokes," *New York Times*, May 23, 2020, https://www.nytimes.com/2020/05/23/world/asia/jacinda-ardern-coronavirus-new-zealand.html.

31 David Levinsky, "Democrat Andy Kim Takes His Seat in Congress," *Burlington County Times*, January 3, 2019, https://www.burlingtoncountytimes.com/news/20190103/democrat-andy-kim-takes-his-seat-in-congress.

32 Bryce J. Dietrich, "Using Motion Detection to Measure Social Polarization in the U.S. House of Representatives," *Political Analysis* (November 2020): 1–10, https://doi.org/10.1017/pan.2020.25.

33 Christopher A. Bail et al., "Exposure to Opposing Views on Social Media Can Increase Political Polarization," *Proceedings of the National Academy of Sciences* 115, no. 37 (September 11, 2018): 9216–21, https://doi.org/10.1073/pnas.1804840115.

34 Douglas Guilbeault, Joshua Becker, and Damon Centola, "Social Learning and Partisan Bias in the Interpretation of Climate Trends," *Proceedings of the National Academy of Sciences* 115, no. 39 (September 25, 2018): 9714–19, https://doi.org/10.1073/

pnas.1722664115.
35 Erin Rossiter, "The Consequences of Interparty Conversation on Outparty Affect and Stereotypes," Washington University in St. Louis, September 4, 2020, https://erossiter.com/files/conversations.pdf.
36 Hunt Allcott et al., "The Welfare Effects of Social Media," *American Economic Review* 119 (March 2020): 629–76, https://doi.org/10.1257/aer.20190658.
37 Abraham Rutchick, Joshua Smyth, and Sara Konrath, "Seeing Red (and Blue): Effects of Electoral College Depictions on Political Group Perception," *Analyses of Social Issues and Public Policy* 9 (December 1, 2009): 269–82, https://doi.org/10.1111/j.1530-2415.2009.01183.x.

5 アイデンティティの価値

1 "What Is Truly Scandinavian?," Scandinavian Airlines, 2020, https://www.youtube.com/watch?v=ShfsBPrNcTI&ab_channel=SAS-ScandinavianAirlines.
2 "Nordic Airline SAS Criticised for Saying 'Absolutely Nothing' Is Truly Scandinavian," Sky News, February 14, 2020, https://news.sky.com/story/nordic-airline-sas-criticised-for-saying-absolutely-nothing-is-truly-scandinavian-11933757. この広告は特に右翼団体からの反発を招き、それにより問題が悪化したと見られている。これを受けてスカンジナビア航空（SAS）は、「当社は旅が人を豊かにするという広告の理念のもと、スカンジナビア内外への旅をお客様に提供しています……人は旅することで旅先の文化や人々に影響を与え、影響を受けると私たちは考えています」と説明した。
3 "I Am Canadian—Best Commercial Ever!," CanadaWebDeveloper, April 2014, https://www.youtube.com/watch?v=pASE_TgeVg8&ab_channel=CanadaWebDeveloper.
4 George A. Akerlof and Rachel E. Kranton, *Identity Economics: How Our Identities Shape Our Work, Wages, and Well-Being* (Princeton, NJ: Princeton University Press, 2011)〔ジョージ A. アカロフ、レイチェル E. クラントン『アイデンティティ経済学』山形浩生、守岡桜訳、東洋経済新報社、2011 年〕
5 "The Psychology of Stealing Office Supplies," BBC.com, May 24, 2018, https://www.bbc.com /worklife/article/20180524-the-psychology-of-stealing-office-supplies.
6 "Lukacs: Buckeyes Tradition 40 Years in the Making," ESPN.com, September 12, 2008, https://www.espn.com/college-football/news/story?id=3583496.
7 "College Football's Winningest Teams over the Past 10 Years: Ranked!," *For the Win*（ブログ), August 19, 2015, https://ftw.usatoday.com/2015/08/best-college-football-teams-past-10-years-best-record-boise-state-ohio-state-most-wins.
8 Robert Cialdini et al., "Basking in Reflected Glory: Three (Football) Field Studies," *Journal of Personality and Social Psychology* 34 (1976): 366–75, https://www.academia.edu/570635/Basking_in_reflected_glory_Three_football_field_studies.
9 Leor M. Hackel, Jamil Zaki, and Jay J. Van Bavel, "Social Identity Shapes Social Valuation: Evidence from Prosocial Behavior and Vicarious Reward," *Social Cognitive and Affective Neuroscience* 12, no. 8 (August 1, 2017): 1219–28, https://doi.org/10.1093/scan/nsx045.
10 Robert D. Putnam, *Bowling Alone: The Collapse and Revival of American Community* (New York: Simon and Schuster, 2000)〔ロバート D. パットナム『孤独なボウリング——米国コミュニティの崩壊と再生』柴内康文訳、柏書房、2006 年〕
11 Kurt Hugenberg et al., "The Categorization-Individuation Model: An Integrative Account of the Other-Race Recognition Deficit," *Psychological Review* 117, no. 4 (2010): 1168.
12 Jay J. Van Bavel et al., "Motivated Social Memory: Belonging Needs Moderate the Own-Group Bias in Face Recognition," *Journal of Experimental Social Psychology* 48, no.

3 (2012): 707–13.

13 Katherine E. Loveland, Dirk Smeesters, and Naomi Mandel, "Still Preoccupied with 1995: The Need to Belong and Preference for Nostalgic Products," *Journal of Consumer Research* 37, no. 3 (2010): 393–408.

14 Maya D. Guendelman, Sapna Cheryan, and Benoît Monin, "Fitting In but Getting Fat: Identity Threat and Dietary Choices Among U.S. Immigrant Groups," *Psychological Science* 22, no. 7 (July 1, 2011): 959–67, https://doi.org/10.1177/0956797611411585.

15 Marilynn B. Brewer, "The Social Self: On Being the Same and Different at the Same Time," *Personality and Social Psychology Bulletin* 17, no. 5 (October 1, 1991): 475–82, https://doi.org/10.1177/0146167291175001.

16 Karl Taeuscher, Ricarda B. Bouncken, and Robin Pesch, "Gaining Legitimacy by Being Different: Optimal Distinctiveness in Crowdfunding Platforms," *Academy of Management Journal* 64, no. 1 (2020): 149–79.

17 Steven E. Sexton and Alison L. Sexton, "Conspicuous Conservation: The Prius Halo and Willingness to Pay for Environmental Bona Fides," *Journal of Environmental Economics and Management* 67, no. 3 (2014): 303–17.

18 Rachel Greenspan, "Lori Loughlin and Felicity Huffman's College Admissions Scandal Remains Ongoing," *Time*, March 3, 2019, https://time.com/5549921/college-admissions-bribery-scandal/.

19 Paul Rozin et al., "Asymmetrical Social Mach Bands: Exaggeration of Social Identities on the More Esteemed Side of Group Borders," *Psychological Science* 25, no. 10 (2014): 1955–59.

20 Cindy Harmon-Jones, Brandon J. Schmeichel, and Eddie Harmon-Jones, "Symbolic Self-Completion in Academia: Evidence from Department Web Pages and Email Signature Files," *European Journal of Social Psychology* 39 (2009): 311–16.

21 Robert A. Wicklund and Peter M. Gollwitzer, "Symbolic Self-Completion, Attempted Influence, and Self-Deprecation," *Basic and Applied Social Psychology* 2, no. 2 (June 1981): 89–114, https://doi.org/10.1207/s15324834basp0202_2.

22 Margaret Foddy, Michael J. Platow, and Toshio Yamagishi, "Group-Based Trust in Strangers: The Role of Stereotypes and Expectations," *Psychological Science* 20, no. 4 (April 1, 2009): 419–22, https://doi.org/10.1111/j.1467-9280.2009.02312.x.

23 Toshio Yamagishi and Toko Kiyonari, "The Group as the Container of Generalized Reciprocity," *Social Psychology Quarterly* 63, no. 2 (2000): 116–32, https://doi.org/10.2307/2695887.

6 バイアスに打ち勝つ

1 Chris Palmer and Stephanie Farr, "Philly Police Dispatcher After 911 Call: 'Group of Males' Was 'Causing a Disturbance' at Starbucks," *Philadelphia Inquirer*, April 17, 2018, https://www.inquirer.com/philly/news/crime/philly-police-release-audio-of-911-call-from-philadelphia-starbucks-20180417.html; "Starbucks to Close All U.S. Stores for Racial-Bias Education," Starbucks.com, April 17, 2018, https://stories.starbucks.com/press/2018/starbucks-to-close-stores-nationwide-for-racial-bias-education-may-29/; Samantha Melamed, "Starbucks Arrests in Philadelphia: CEO Kevin Johnson Promises Unconscious-Bias Training for Managers," *Philadelphia Inquirer*, April 16, 2018, https://www.inquirer.com/philly/news/pennsylvania/philadelphia/starbucks-ceo-kevin-johnson-philadelphia-arrests-black-men-20180416.html.

2 "Subverting Starbucks," *Newsweek*, October 27, 2002, https://www.newsweek.com/subverting-starbucks-146749.

3 Rob Tornoe, "What Happened at Starbucks in Philadelphia?," *Philadelphia Inquirer*,

April 16, 2018, https://www.inquirer.com/philly/news/starbucksphiladelphia-arrests-black-men-video-viral-protests-background-20180416.html.

4 "Starbucks to Close All U.S. Stores." https://stories.starbucks.com/press/2018/starbucks-to-close-stores-nationwide-for-racial-bias-education-may-29.

5 Mahzarin R. Banaji and Anthony G. Greenwald, *Blindspot: Hidden Biases of Good People* (New York: Bantam, 2016)〔M.R. バナージ、A.G. グリーンワルド『心の中のブラインド・スポット——善良な人々に潜む非意識のバイアス』〕; Bertram Gawronski and Jan De Houwer, "Implicit Measures in Social and Personality Psychology," in *Handbook of Research Methods in Social and Personality Psychology*, ed. Harry Reis and Charles Judd (New York: Cambridge University Press, 2014).

6 Po Bronson, "Is Your Baby Racist?," *Newsweek*, September 6, 2009, https://www.newsweek.com/nurtureshock-cover-story-newsweek-your-baby-racist-223434.

7 Leda Cosmides, John Tooby, and Robert Kurzban, "Perceptions of Race," *Trends in Cognitive Sciences* 7, no. 4 (2003): 173–79.

8 Donald E. Brown, "Human Universals, Human Nature and Human Culture," *Daedalus* 133, no. 4 (2004): 47–54.

9 Jim Sidanius and Felicia Pratto, *Social Dominance: An Intergroup Theory of Social Hierarchy and Oppression* (New York: Cambridge University Press, 2001).

10 Gunnar Myrdal, *An American Dilemma*, vol. 2 (Rutgers, NJ: Transaction Publishers, 1996).

11 Nathan Nunn, "Slavery, Inequality, and Economic Development in the Americas," *Institutions and Economic Performance* 15 (2008): 148–80; Nathan Nunn, "The Historical Roots of Economic Development," *Science* 367, no. 6485 (2020).

12 Avidit Acharya, Matthew Blackwell, and Maya Sen, "The Political Legacy of American Slavery," *Journal of Politics* 78, no. 3 (2016): 621–41.

13 B. Keith Payne, Heidi A. Vuletich, and Kristjen B. Lundberg, "The Bias of Crowds: How Implicit Bias Bridges Personal and Systemic Prejudice," *Psychological Inquiry* 28, no. 4 (2017): 233–48.

14 Rachel Treisman, "Nearly 100 Confederate Monuments Removed in 2020, Report Says; More than 700 Remain," National Public Radio, February 23, 2021, https://www.npr.org/2021/02/23/970610428/nearly-100-confederate-monuments-removed-in-2020-report-says-more-than-700-remai.

15 Elizabeth A. Phelps et al., "Performance on Indirect Measures of Race Evaluation Predicts Amygdala Activation," *Journal of Cognitive Neuroscience* 12, no. 5 (2000): 729–38.

16 William A. Cunningham et al., "Separable Neural Components in the Processing of Black and White Faces," *Psychological Science* 15, no. 12 (2004): 806–13.

17 Jay J. Van Bavel, Dominic J. Packer, and William A. Cunningham, "The Neural Substrates of In-Group Bias: A Functional Magnetic Resonance Imaging Investigation," *Psychological Science* 19, no. 11 (2008): 1131–39.

18 同上、Jay J. Van Bavel and William A. Cunningham, "Self-Categorization with a Novel Mixed-Race Group Moderates Automatic Social and Racial Biases," *Personality and Social Psychology Bulletin* 35, no. 3 (2009): 321–35; Jay J. Van Bavel and William A. Cunningham, "A Social Identity Approach to Person Memory: Group Membership, Collective Identification, and Social Role Shape Attention and Memory," *Personality and Social Psychology Bulletin* 38, no. 12 (2012): 1566–78.

19 João F. Guassi Moreira, Jay J. Van Bavel, and Eva H. Telzer, "The Neural DeNotes velopment of 'Us and Them,' " *Social Cognitive and Affective Neuroscience* 12, no. 2 (2017): 184–96.

20 Anthony W. Scroggins et al., "Reducing Prejudice with Labels: Shared Group

Memberships Attenuate Implicit Bias and Expand Implicit Group Boundaries," *Personality and Social Psychology Bulletin* 42, no. 2 (2016): 219–29.

21 Calvin K. Lai et al., "Reducing Implicit Racial Preferences: I. A Comparative Investigation of 17 Interventions," *Journal of Experimental Psychology: General* 143, no. 4 (2014): 1765.

22 Salma Mousa, "Building Social Cohesion Between Christians and Muslims Through Soccer in Post-ISIS Iraq," *Science* 369, no. 6505 (2020): 866–70.

23 Ala' Alrababa'h et al., "Can Exposure to Celebrities Reduce Prejudice? The Effect of Mohamed Salah on Islamophobic Behaviors and Attitudes," *American Political Science Review* (2021): 1–18.

24 Emma Pierson et al., "A Large-Scale Analysis of Racial Disparities in Police Stops Across the United States," *Nature Human Behaviour* 4, no. 7 (July 2020): 736–45, https://doi.org/10.1038/s41562-020-0858-1.

25 Keith Barry and Andy Bergmann, "The Crash Test Bias: How Male-Focused Testing Puts Female Drivers at Risk," *Consumer Reports*, October 23, 2019, https://www.consumerreports.org/car-safety/crash-test-bias-how-male-focused-testing-puts-female-drivers-at-risk/.

26 Deborah Vagins and Jesselyn McCurdy, "Cracks in the System: 20 Years of the Unjust Federal Crack Cocaine Law," American Civil Liberties Union, October 2006, https://www.aclu.org/other/cracks-system-20-years-unjust-federal-crack-cocaine-law.

27 Julia Stoyanovich, Jay J. Van Bavel, and Tessa V. West, "The Imperative of Interpretable Machines," *Nature Machine Intelligence* 2, no. 4 (2020): 197–99.

28 Katrine Berg Nødtvedt et al., "Racial Bias in the Sharing Economy and the Role of Trust and Self-Congruence," *Journal of Experimental Psychology: General* (February 2021).

29 Lynne G. Zucker, "Production of Trust: Institutional Sources of Economic Structure, 1840–1920," *Research in Organizational Behavior* (1986): 53–111; Delia Baldassarri and Maria Abascal, "Diversity and Prosocial Behavior," *Science* 369, no. 6508 (2020): 1183–87.

30 Shiang-Yi Lin and Dominic J. Packer, "Dynamic Tuning of Evaluations: Implicit Racial Attitudes Are Sensitive to Incentives for Intergroup Cooperation," *Social Cognition* 35, no. 3 (2017): 245–72.

7 連帯のきっかけ

1 Sylvia R. Jacobson, "Individual and Group Responses to Confinement in a Skyjacked Plane," *American Journal of Orthopsychiatry* 43, no. 3 (1973): 459.

2 同上。

3 Martin Gansberg, "37 Who Saw Murder Didn't Call the Police," *New York Times*, March 27, 1964, https://www.nytimes.com/1964/03/27/archives/37-who-saw-murder-didnt-call-the-police-apathy-at-stabbing-of.html.

4 Mark Levine, "Helping in Emergencies: Revisiting Latané and Darley's Bystander Studies," in *Social Psychology: Revisiting the Classic Studies*, ed. J. R. Smith and S. A. Haslam (Thousand Oaks, CA: Sage Publications, 2012), 192–208.

5 Bibb Latané and John M. Darley, "Group Inhibition of Bystander Intervention in Emergencies," *Journal of Personality and Social Psychology* 10, no. 3 (1968): 215.

6 Levine, "Helping in Emergencies."

7 Richard Philpot et al., "Would I Be Helped? Cross-National CCTV Footage Shows That Intervention Is the Norm in Public Conflicts," *American Psychologist* 75, no. 1

(2020): 66.

8 Peter Fischer et al., "The Bystander-Effect: A Meta-Analytic Review on Bystander Intervention in Dangerous and Non-Dangerous Emergencies," *Psychological Bulletin* 137, no. 4 (2011): 517.

9 Peter Singer, *The Expanding Circle: Ethics, Evolution, and Moral Progress* (Princeton, NJ: Princeton University Press, 2011).

10 Mark Levine et al., "Identity and Emergency Intervention: How Social Group Membership and Inclusiveness of Group Boundaries Shape Helping Behavior," *Personality and Social Psychology Bulletin* 31, no. 4 (2005): 443–53.

11 John Drury et al., "Facilitating Collective Psychosocial Resilience in the Public in Emergencies: Twelve Recommendations Based on the Social Identity Approach," *Frontiers in Public Health* 7 (2019): 141; John Drury, "The Role of Social Identity Processes in Mass Emergency Behaviour: An Integrative Review," *European Review of Social Psychology* 29, no. 1 (2018): 38–81; John Drury, Chris Cocking, and Steve Reicher, "The Nature of Collective Resilience: Survivor Reactions to the 2005 London Bombings," *International Journal of Mass Emergencies and Disasters* 27, no. 1 (2009): 66–95.

12 Drury, Cocking, and Reicher, "The Nature of Collective Resilience."

13 Diego A. Reinero, Suzanne Dikker, and Jay J. Van Bavel, "Inter-Brain Synchrony in Teams Predicts Collective Performance," *Social Cognitive and Affective Neuroscience* 16, nos. 1–2 (2021): 43–57.

14 Suzanne Dikker et al., "Brain-to-Brain Synchrony Tracks Real-World Dynamic Group Interactions in the Classroom," *Current Biology* 27, no. 9 (2017): 1375–80.

15 Jackson Katz, *Macho Paradox: Why Some Men Hurt Women and How All Men Can Help* (Napierville, IL: Sourcebooks, 2006).

16 Henri Tajfel and John Turner, "An Integrative Theory of Intergroup Conflict," *Social Psychology of Intergroup Relations* 33 (1979); B. Bettencourt et al., "Status Differences and In-Group Bias: A Meta-Analytic Examination of the Effects of Status Stability, Status Legitimacy, and Group Permeability," *Psychological Bulletin* 127, no. 4 (2001): 520.

17 John T. Jost and Mahzarin R. Banaji, "The Role of Stereotyping in System-Justification and the Production of False Consciousness," *British Journal of Social Psychology* 33, no. 1 (1994): 1–27; Aaron C. Kay and Justin Friesen, "On Social Stability and Social Change: Understanding When System Justification Does and Does Not Occur," *Current Directions in Psychological Science* 20, no. 6 (2011): 360–64.

18 Kees Van den Bos and Marjolein Maas, "On the Psychology of the Belief in a Just World: Exploring Experiential and Rationalistic Paths to Victim Blaming," *Personality and Social Psychology Bulletin* 35, no. 12 (2009): 1567–78; Bernard Weiner, Danny Osborne, and Udo Rudolph, "An Attributional Ana lysis of Reactions to Poverty: The Political Ideology of the Giver and the Perceived Morality of the Receiver," *Personality and Social Psychology Review* 15, no. 2 (2011): 199–213.

19 Kelly Danaher and Nyla R. Branscombe, "Maintaining the System with Tokenism: Bolstering Individual Mobility Beliefs and Identification with a Discriminatory Organization," *British Journal of Social Psychology* 49, no. 2 (2010): 343–62.

20 Cheryl R. Kaiser et al., "The Ironic Consequences of Obama's Election: Decreased Support for Social Justice," *Journal of Experimental Social Psychology* 45, no. 3 (2009): 556–59.

21 Amy R. Krosch et al., "On the Ideology of Hypodescent: Political Conservatism Predicts Categorization of Racially Ambiguous Faces as Black," *Journal of Experimental Social Psychology* 49, no. 6 (2013): 1196–1203; Jojanneke Van der Toorn et al., "In

Defense of Tradition: Religiosity, Conservatism, and Opposition to Same-Sex Marriage in North America," *Personality and Social Psychology Bulletin* 43, no. 10 (2017): 1455–68.

22 "Protesters' Anger Justified Even if Actions May Not Be," Monmouth University Polling Institute, June 2, 2020, https://www.monmouth.edu/polling-institute/reports/monmouthpoll_us_060220/.

23 Emina Subašić et al., "'We for She': Mobilising Men and Women to Act in Solidarity for Gender Equality," *Group Processes and Intergroup Relations* 21, no. 5 (2018): 707–24; Emina Subašić, Katherine J. Reynolds, and John C. Turner, "The Political Solidarity Model of Social Change: Dynamics of Self-Categorization in Intergroup Power Relations," *Personality and Social Psychology Review* 12, no. 4 (2008): 330–52.

24 John Drury et al., "A Social Identity Model of Riot Diffusion: From Injustice to Empowerment in the 2011 London Riots," *European Journal of Social Psychology* 50, no. 3 (2020): 646–61; Cliff Stott and Steve Reicher, *Mad Mobs and Englishmen? Myths and Realities of the 2011 Riots* (London: Constable and Robinson, 2011).

25 John Drury et al., "Re-Reading the 2011 English Riots—ESRC 'Beyond Contagion' Interim Report," January 2019, https://sro.sussex.ac.uk/id/eprint/82292/1/Re-reading%20the%202011%20riots%20ESRC%20Beyond%20Contagion%20interim%20report.pdf.

26 Stephen Reicher et al., "An Integrated Approach to Crowd Psychology and Public Order Policing," *Policing* 27 (December 2004): 558–72; Clifford Stott and Matthew Radburn, "Understanding Crowd Conflict: Social Context, Psychology and Policing," *Current Opinion in Psychology* 35 (March 2020): 76–80.

27 Maria J. Stephan and Erica Chenoweth, "Why Civil Resistance Works: The Strategic Logic of Nonviolent Conflict," *International Security* 33, no. 1 (2008): 7–44; Erica Chenoweth and Maria J. Stephan, *Why Civil Resistance Works: The Strategic Logic of Nonviolent Conflict* (New York: Columbia University Press, 2011).

28 Matthew Feinberg, Robb Willer, and Chloe Kovacheff, "The Activist's Dilemma: Extreme Protest Actions Reduce Popular Support for Social Movements," *Journal of Personality and Social Psychology* 119 (2020): 1086–111.

29 Omar Wasow, "Agenda Seeding: How 1960s Black Protests Moved Elites, Public Opinion and Voting," *American Political Science Review* 114, no. 3 (2020): 638–59.

8 行動を起こす

1 Lily Rothman, "Read the Letter That Changed the Way Americans Saw the Vietnam War," *Time*, March 16, 2015, https://time.com/3732062/ronald-ridenhour-vietnam-my-lai/; John H. Cushman Jr, "Ronald Ridenhour, 52, Veteran Who Reported My Lai Massacre," *New York Times*, May 11, 1998, https://www.nytimes.com/1998/05/11/us/ronald-ridenhour-52-veteran-who-reported-my-lai-massacre.html.

2 Ron Ridenhour, "Ridenhour Letter," http://www.digitalhistory.uh.edu/active_learning/explorations/vietnam/ridenhour_letter.cfm.

3 Ronald L. Ridenhour, "One Man's Bitter Porridge," New York Times, November 10, 1973, https://www.nytimes.com/1973/11/10/archives/one-mans-bitter-porridge.html.

4 Jeffrey Jones, "Americans Divided on Whether King's Dream Has Been Realized," Gallup.com, August 26, 2011, https://news.gallup.com/poll/149201/Americans-Divided-Whether-King-Dream-Realized.aspx.

5 Benoît Monin, Pamela J. Sawyer, and Matthew J. Marquez, "The Rejection of Moral Rebels: Resenting Those Who Do the Right Thing," *Journal of Personality and Social Psychology* 95, no. 1 (2008): 76; Kieran O'Connor and Benoît Monin, "When Principled Deviance Becomes Moral Threat: Testing Alternative Mechanisms for the

Rejection of Moral Rebels," *Group Processes and Intergroup Relations* 19, no. 5 (2016): 676–93.

6 Craig D. Parks and Asako B. Stone, "The Desire to Expel Unselfish Members from the Group," *Journal of Personality and Social Psychology* 99, no. 2 (2010): 303.

7 Jasmine Tata et al., "Proportionate Group Size and Rejection of the Deviate: A Meta-Analytic Integration," *Journal of Social Behavior and Personality* 11, no. 4 (1996): 739.

8 José Marques, Dominic Abrams, and Rui G. Serôdio, "Being Better by Being Right: Subjective Group Dynamics and Derogation of In-Group Deviants When Generic Norms Are Undermined," *Journal of Personality and Social Psychology* 81, no. 3 (2001): 436; Arie W. Kruglanski and Donna M. Webster, "Group Members' Reactions to Opinion Deviates and Conformists at Varying Degrees of Proximity to Decision Deadline and of Environmental Noise," *Journal of Personality and Social Psychology* 61, no. 2 (1991): 212; Matthew J. Hornsey, "Dissent and Deviance in Intergroup Contexts," Current Opinion in Psychology 11 (2016): 1–5.

9 Charlan J. Nemeth and Jack A. Goncalo, "Rogues and Heroes: Finding Value in Dissent," in *Rebels in Groups: Dissent, Deviance, Difference, and Defiance*, ed. Jolanda Jetten and Matthew Hornsey (Chichester, UK: Wiley-Blackwell, 2011), 17–35; Charlan Jeanne Nemeth and Joel Wachtler, "Creative Problem Solving as a Result of Majority vs. Minority Influence," *European Journal of Social Psychology* 13, no. 1 (1983): 45–55.

10 Linn Van Dyne and Richard Saavedra, "A Naturalistic Minority Influence Experiment: Effects on Divergent Thinking, Conflict and Originality in Work-Groups," *British Journal of Social Psychology* 35, no. 1 (1996): 151–67.

11 Randall S. Peterson et al., "Group Dynamics in Top Management Teams: Groupthink, Vigilance, and Alternative Models of Organizational Failure and Success," *Organizational Behavior and Human Decision Processes* 73, nos. 2–3 (1998): 272–305.

12 Codou Samba, Daan Van Knippenberg, and C. Chet Miller, "The Impact of Strategic Dissent on Organizational Outcomes: A Meta-Analytic Integration," *Strategic Management Journal* 39, no. 2 (2018): 379–402.

13 同上。

14 Solomon E. Asch, "Opinions and Social Pressure," *Scientific American* 193, no. 5 (1955): 31–35; Solomon E. Asch, "Studies of Independence and Conformity: I. A Minority of One Against a Unanimous Majority," *Psychological Monographs: General and Applied* 70, no. 9 (1956): 1–70.

15 Stanley Milgram, "Behavioral Study of Obedience," *Journal of Abnormal and Social Psychology* 67, no. 4 (1963): 371; Stanley Milgram, *Obedience to Authority* (New York: Harper and Row, 1974)〔スタンレー・ミルグラム『服従の心理』山形浩生訳、河出書房新社、2008年〕

16 Dominic J. Packer, "Identifying Systematic Disobedience in Milgram's Obedience Experiments: A Meta-Analytic Review," *Perspectives on Psychological Science* 3, no. 4 (2008): 301–4; Jerry M. Burger, "Replicating Milgram: Would People Still Obey Today?," *American Psychologist* 64, no. 1 (2009): 1.

17 Stephen D. Reicher, S. Alexander Haslam, and Joanne R. Smith, "Working Toward the Experimenter: Reconceptualizing Obedience Within the Milgram Paradigm as Identification-Based Followership," *Perspectives on Psychological Science* 7, no. 4 (2012): 315–24.

18 Bert H. Hodges et al., "Speaking from Ignorance: Not Agreeing with Others We Believe Are Correct," *Journal of Personality and Social Psychology* 106, no. 2 (2014): 218; Bert H. Hodges and Anne L. Geyer, "A Nonconformist Account of the Asch Experiments: Values, Pragmatics, and Moral Dilemmas," *Personality and Social*

Psychology Review 10, no. 1 (2006): 2–19.

19 Dominic J. Packer, "On Being Both with Us and Against Us: A Normative Conflict Model of Dissent in Social Groups," *Personality and Social Psychology Review* 12, no. 1 (2008): 50–72; Dominic J. Packer and Christopher T. H. Miners, "Tough Love: The Normative Conflict Model and a Goal System Approach to Dissent Decisions," *Social and Personality Psychology Compass* 8, no. 7 (2014): 354–73.

20 Dominic J. Packer, Kentaro Fujita, and Alison L. Chasteen, "The Motivational Dynamics of Dissent Decisions: A Goal-Conflict Approach," *Social Psychological and Personality Science* 5, no. 1 (2014): 27–34.

21 同上。

22 Darcy R. Dupuis et al., "To Dissent and Protect: Stronger Collective Identification Increases Willingness to Dissent When Group Norms Evoke Collective Angst," *Group Processes and Intergroup Relations* 19, no. 5 (2016): 694–710.

23 Dominic J. Packer, "The Interactive Influence of Conscientiousness and Openness to Experience on Dissent," *Social Influence* 5, no. 3 (2010): 202–19.

24 Amy C. Edmondson, "Speaking Up in the Operating Room: How Team Leaders Promote Learning in Interdisciplinary Action Teams," *Journal of Management Studies* 40, no. 6 (2003): 1419–52.

25 Amy C. Edmondson and Zhike Lei, "Psychological Safety: The History, Renaissance, and Future of an Interpersonal Construct," *Annual Review of Organizational Psychology and Organizational Behavior* 1, no. 1 (2014): 23–43.

26 Charles Duhigg, "What Google Learned from Its Quest to Build the Perfect Team," *Sunday New York Times Magazine,* February 25, 2016, https://www.nytimes.com/2016/02/28/magazine/what-google-learned-from-its-quest-to-build-the-perfect-team.html.

27 American Foreign Service Association, "Constructive Dissent Awards," 2019, https://www.afsa.org/constructive-dissent-awards.

28 Monin, Sawyer, and Marquez, "The Rejection of Moral Rebels" ; Alexander H. Jordan and Benoît Monin, "From Sucker to Saint: Moralization in Response to Self-Threat," *Psychological Science* 19, no. 8 (2008): 809–15.

9 効果的に導く

1 Sinéad Baker, "'We're Just Having a Bit of an Earthquake Here': New Zealand's Jacinda Ardern Was Unfazed When an Earthquake Hit during a Live Interview," *Business Insider,* May 25, 2020, https://www.businessinsider.com.au/earthquake-interrupts-jacinda-ardern-in-live-interview-new-zealand-2020-5.

2 Michelle Mark, "Iconic Photo of Boy Feeling Obama's Hair Was Taken 10 Years Ago," *Insider,* May 9, 2019, https://www.insider.com/photo-of-boy-feeling-obamas-hair-taken-10-years-ago-2019-5.

3 Howard E. Gardner, *Leading Minds: An Anatomy of Leadership* (New York: Basic Books, 1995)〔ハワード・ガードナー『「リーダー」の肖像――20 世紀の光と影』山崎康臣、山田仁子訳、青春出版社、2000 年〕

4 Taylor Branch, *Parting the Waters: America in the King Years 1954–63* (New York: Simon and Schuster, 2007).

5 Henry Mintzberg, *Mintzberg on Management: Inside Our Strange World of Organizations* (New York: Simon and Schuster, 1989)〔ヘンリー・ミンツバーグ『人間感覚のマネジメント：行き過ぎた合理主義への抗議』北野利信訳、ダイヤモンド社、1991 年〕

6 "Truman Quotes," Truman Library Institute（ブログ）, 2021, https://www.trumanlibraryinstitute.org/truman/truman-quotes/.

7 Julian Barling, *The Science of Leadership: Lessons from Research for Organizational Leaders* (New York: Oxford University Press, 2014).

8 Xiao-Hua Frank Wang and Jane M. Howell, "Exploring the Dual-Level Effects of Transformational Leadership on Followers," *Journal of Applied Psychology* 95, no. 6 (2010): 1134; Xiao-Hua Frank Wang and Jane M. Howell, "A Multilevel Study of Transformational Leadership, Identification, and Follower Outcomes," *Leadership Quarterly* 23, no. 5 (2012): 775–90.

9 Niall O'Dowd, "Mary Robinson, the Woman Who Changed Ireland," *Irish Central*, March 8, 2021, https://www.irishcentral.com/opinion/niallodowd/mary-robinson-woman-changed-ireland.

10 "Address by the President, Mary Robinson, on the Occasion of Her Inauguration as President of Ireland," Office of the President of Ireland, December 3, 1990, https://president.ie/index.php/en/media-library/speeches/address-by-the-president-mary-robinson-on-the-occasion-of-her-inauguration〔1990年12月3日、アイルランド大統領府〕

11 Viviane Seyranian and Michelle C. Bligh, "Presidential Charismatic Leadership: Exploring the Rhetoric of Social Change," *Leadership Quarterly* 19, no. 1 (2008): 54–76.

12 Niklas K. Steffens and S. Alexander Haslam, "Power Through 'Us': Leaders' Use of We-Referencing Language Predicts Election Victory," *PLOS ONE* 8, no. 10 (2013): e77952; Martin P. Fladerer et al., "The Value of Speaking for 'Us': The Relationship Between CEOs' Use of I- and We-Referencing Language and Subsequent Organizational Performance," *Journal of Business and Psychology* 36, no. 2 (April 2021): 299–313, https://doi.org/10.1007/s10869-019-09677-0.

13 Leon Festinger, Henry Riecken, and Stanley Schachter, *When Prophecy Fails* (New York: Harper and Row, 1964)〔L. フェスティンガー、S. シャクター、H.W. リーケン『予言がはずれるとき――この世の破滅を予知した現代のある集団を解明する』〕

14 Roderick M. Kramer, "Responsive Leaders: Cognitive and Behavioral Reactions to Identity Threats," in *Social Psychology and Organizations*, ed. David De Cremer, Rolf van Dick, and J. Keith Murnighan (New York: Routledge, 2011).

15 Kimberly D. Elsbach and Roderick M. Kramer, "Members' Responses to Organizational Identity Threats: Encountering and Countering the Business Week Rankings," *Administrative Science Quarterly* 41 (1996): 442–76.

16 同上。

17 David De Cremer and Tom R. Tyler, "On Being the Leader and Acting Fairly: A Contingency Approach," in *Social Psychology and Organizations*, ed. David De Cremer, Rolf van Dick, and J. Keith Murnighan (New York: Routledge, 2011).

18 Kurt T. Dirks, "Trust in Leadership and Team Performance: Evidence from NCAA Basketball," *Journal of Applied Psychology* 85, no. 6 (2000): 1004.

19 同上。

20 S. Alexander Haslam, Stephen D. Reicher, and Michael J. Platow, *The New Psychology of Leadership: Identity, Influence and Power* (New York: Routledge, 2020); Michael A. Hogg, "A Social Identity Theory of Leadership," *Personality and Social Psychology Review* 5, no. 3 (2001): 184–200.

21 Ashleigh Shelby Rosette, Geoffrey J. Leonardelli, and Katherine W. Phillips, "The White Standard: Racial Bias in Leader Categorization," *Journal of Applied Psychology* 93, no. 4 (2008): 758.

22 David E. Rast III, "Leadership in Times of Uncertainty: Recent Findings, Debates, and Potential Future Research Directions," *Social and Personality Psychology Compass* 9, no. 3 (2015): 133–45.

23 Michelle K. Ryan and S. Alexander Haslam, "The Glass Cliff: Evidence That